文化认同论

郑晓云 ◎ 著

中国社会科学出版社

图书在版编目(CIP)数据

文化认同论 / 郑晓云著 . —北京：中国社会科学出版社，1992.8（2018.5 重印）

ISBN 978-7-5004-1239-7

Ⅰ.①文… Ⅱ.①郑… Ⅲ.①文化-研究 Ⅳ.①G0

中国版本图书馆 CIP 数据核字（2008）第 193552 号

出 版 人	赵剑英
责任编辑	任 明
责任校对	刘 娟
责任印制	李寡寡
出 版	中国社会科学出版社
社 址	北京鼓楼西大街甲 158 号
邮 编	100720
网 址	http://www.csspw.cn
发 行 部	010-84083685
门 市 部	010-84029450
经 销	新华书店及其他书店
印刷装订	北京君升印刷有限公司
版 次	1992 年 8 月第 1 版
印 次	2018 年 5 月第 3 次印刷
开 本	710×1000 1/16
印 张	18.5
插 页	2
字 数	293 千字
定 价	85.00 元

凡购买中国社会科学出版社图书，如有质量问题请与本社营销中心联系调换
电话：010-84083683
版权所有 侵权必究

目　　录

再版自序 ……………………………………………………（1）
初版自序 ……………………………………………………（4）

一　作为文化核心的文化认同 ……………………………（1）
　（一）文化认同：文化存在与发展的主位因素 …………（3）
　（二）文化认同在文化结构中的地位 ……………………（23）
　（三）文化认同与文化模式 ………………………………（34）

二　文化认同的过程与形成 ………………………………（48）
　（一）文化认同是一个长期的文化过程 …………………（48）
　（二）个人认同 ……………………………………………（58）
　（三）群体认同 ……………………………………………（70）

三　文化认同与民族认同 …………………………………（90）
　（一）民族认同是民族构成的一个要素 …………………（91）
　（二）水与源：民族认同与民族特征 ……………………（103）
　（三）民族认同与民族发展 ………………………………（109）

四　文化认同的机制与类型 ………………………………（115）
　（一）民族兴衰与文化认同 ………………………………（115）
　（二）政权与文化认同 ……………………………………（127）
　（三）文化认同机制的类型 ………………………………（136）

五　文化认同与文化变迁 …………………………………（145）
　（一）什么是文化变迁 ……………………………………（145）
　（二）文化认同的新构建及其价值 ………………………（156）
　（三）文化认同与文化变迁 ………………………………（163）

（四）文化认同与人类文化的未来发展 …………………（176）

六　全球化时代的文化认同 ………………………………………（186）
　　（一）我们所处的全球化时代与文化认同 …………………（187）
　　（二）全球化时代文化认同的势态 …………………………（193）
　　（三）全球化对非全球层面上的文化认同的影响 …………（197）
　　（四）全球文化认同的构建与当代人类的和平 ……………（203）
　　（五）余论 ……………………………………………………（207）

七　专题研究 ………………………………………………………（210）
　　（一）论当代全球发展环境中的中华民族认同 ……………（210）
　　（二）中华民族认同与中华民族 21 世纪的强盛 ……………（230）
　　（三）澳门回归后的文化认同与整合研究 …………………（239）
　　（四）泰国北部傣泐人文化认同的变迁与重构 ……………（273）

主要参考书目 ………………………………………………………（284）

再版自序

本书于1992年由中国社会科学出版社出版，是中国大陆的第一本研究文化认同问题的学术专著，这一点出版社的编辑已写在了书的封面上。当时的时代背景正是中国学术理论建设的又一个新时期，也可以说是恢复时期。因为在20世纪80年代，尽管中国大陆"文化大革命"已经结束，改革开放的势态已经确定，但是众所周知当时的政治意识形态中仍然有较多巨大的反复，在"文化大革命"中被全面否定的各个学科的理论建设还处于一个新的恢复和起步阶段，很多学科的学科理论建设还仍然是空白。这一时期很多学者也推出一系列涉及不同学科理论建设的论著，这些论著中有很多并不是具体针对现实发展中的问题所做的研究，而是对不同学科的理念、结构、方法等进行探讨，同时这一时期也翻译出版了一些西方的学术著作。应该说这个时期是中国学术建设新的起点，正是由于不少学者投身于基础理论的勇敢探索与建设，才促成了今天学术的繁荣。本书的主题就是在这样一个背景之下产生的，本书出版时的中国大陆文化认同问题仍然是学术研究中的一块处女地，但是笔者在对民族文化的研究过程中深深地感受到了文化认同问题对各民族发展、文化的存在以及人类文化之间相互理解的重要性，并且可以作为一种理解文化、解释文化的重要途径甚至是一种工具，因此在当时没有很多可以参考的国内外理论成果的情况下，笔者对文化认同的理论进行了建构，对文化认同的内涵、过程、结构、功能等进行了探讨。在当时的学术背景之下，以这本书为标志的文化认同问题研究的开拓不仅是一种学术建设的开始，同时"这种现象也是现代化迫近中国的先兆"，"在今天认同这个概念俨然成为人文和社会科学研究作品的时代标志之一"。（张海洋著《中国人的多元文化与中国人的认同》P249，民族出版社，2006）今天文化认同研究已经成为可热门的主题，它不仅涉及社会问题研究、人类文化比较、民族问题研究、国际关系研究、哲学研究甚至国防研究等众多领域。不仅国内很多学者的学术著作中涉及到文化认同问题，近年来也翻译出版了很多国外学者关于文化认同及相关问题研究的著作，使这一研究领域呈现出一种繁荣的景象。笔者 2007 年 5 月 23 日通过 GOOGLE 网站输入"文化认同"一词，搜索到的条目有 3,670,000 条之多。同样地，这本书出版以后至今仍然被频繁引用，成为大陆公认的基础学术著作之一。截止 2017 年 8 月 28 日，百度学术统计的初版与再版引用已达 444 次，在学术著作中已属可观，显示了这本书的影响力。虽然不能说这本书影响了文化认同这一个领域研究的发展，但它毕竟是中国第一本文化认同研究的学术著作，相信它对推动这一个的领域的研究起到过积极的作用。对笔者来说，只要在当代中国的学术理论建设中起到了一点作用，也就是一生的欣慰了。

由上所述，由于这本书产生于一个特殊时代背景之中，在当时的研究过程中所能参考的资料有限，更多的是使用了中国境内的一些民族志资料，其中有很多来资料自于笔者的田野研究，因此在今天看来这本书仍然有很多不完善之处，尤其是随着学术的发展它已经不能概括很多新的领域，例如全球化对文化认同的影响。但是这本书对于文化认同的基本理念、内涵、功能，文化认同对于人类文化存在、发展的意义等学术上基本的要素仍然是具备的、是有价值的，尤其是对文化认同的概念界定今天仍然为学术界肯定，因此作为一本学术的基础著作仍然是值得一读的。在本次再版的修订过程中，只是对一些字句进行了修订，没有对内容进行大的改动，目的是为了保持这本书的原有风貌。为了体现笔者对文化认同问题研究的一些新的成果，在这一次再版的书中收录了几篇相关的论文，同时将笔者对当代文化认同问题的体会写成《论全球化时代的文化认同》一文作为后面的一章，这样既照顾到了这本书的原貌，同时也将我对当代文化认同问题的一些思考包括在内，就此机会呈现给读者。

近年来随着全球化过程所带来的全球政治、经济、文化的变化以及全球传媒、因特网络的迅速发展，一些民族和国家格局的变化，不同种族、宗教之间冲突的加剧，不论个人、种族、民族、国家以及不同宗教和不同文明区域之中，关于文化身份、文化归属、文化理解和文化交流都已经成为日益显现的热点问题。在全球化过程中容易使人们丧失自己的文化根基甚至迷失在全球文化的海洋之中，带来文化身份的迷惑，而很多民族文化和宗教文化之间的对立往往都是站在自己的文化认同基点上的，在全球化的过程中构建一种以本国文化认同为基础同时又以其他国家达成更多关于人类发展的全球性的共识，等等问题，不仅使文化认同问题成为一个涉及到从个人到社会、国家、全人类的热点，因此文化认同问题在当代的显现是这一个时代发展的必然，对文化认同问题的研究和应用，仍然将有广阔的前景。如果从个人到不同的民族、国家、宗教、文化区域的人们都能够明确自己的文化身份，都能够对人类不同的文明和文化达成更多的认同，达成人类在全球发展中更多的共识，那么对人类的和平发展将会是非常有益处的。通过对文化认同问题的研究不仅能够破解很多民族、国家以及不同文明背景、不同宗教对立的奥秘，同是为我们找到破解这些难题的途径提供了一种可靠的工具。近年来笔者游学30余个国家，体验了不同的文明，深深感受到不同民族、不同国家和不同文明之间互相认识、交流、理解的重要性。没有交流就没有认识，没有认识就没有理解，而没有理解也就没有矛盾化解的可能。如果人类文化之间都能够有更多的理解，人们也许地球上的和谐度会变得更高，一些冲突会被化解。

本书原名《文化认同与文化变迁》，在这次修订以后的出版更名为《文化认同论》，其实这是这本书最初的书名，在当时考虑到文化变迁是一个重要的主题，因此加上了文化变迁作为书名。但事实上文化变迁问题并不是这本书要重点讨论的问题，这本书的重点仍然是对文化认同的内涵、原理、功能以及文化认同和文化发展之间的关系的全面研究。

初版自序

经过一年的准备与潜心写作，本书终于完成了初稿。一年之中春夏秋冬匆匆从窗前掠过，本书中酝酿了多年的主题及要探讨的问题，现在终于有了一个初步的结果。一方面怀有了结一桩心愿的欣慰，而另一方面又有面对世人评说的不安。

我1983年于云南大学历史系毕业后，即分配到云南省社会科学院民族学研究所从事研究工作。在大学里尽管学习过一些民族理论及民族史的课程，但当实际深入到少数民族活生生的社会中时，才深感社会这本大书的厚重。在随后几年内，我先后累积有二余年的时间在少数民族地区进行实地调查研究，并重点研究了基诺、傣等民族。在这个过程中，除了实地调研外，也接触了一些国外民族的资料，力求在实地调研的基础上，把视野放得开阔些，思考的问题广一些。文化认同问题的思考即是基于这几年的研究之上的。

在几年的研究中，常常从实际中得出这样的疑问：为什么人类会形成不同的文化？人又如何被塑造成不同文化中的人？民族文化的价值何在？一个民族的文化对于其存在与发展有何意义？这些问题在近年的文化研究中也是热点问题。在研究中我深深地感受到，民族文化对于民族来说所具有的价值犹如鱼与水的关系，也深感民族虚无主义对于民族发展的深重危害。一种文化是一个民族长期劳动创造的结果，而在一个民族的现代发展中，民族文化亦具有重要的价值，这是我的基本认识。但要从理论上阐述清楚这个问题，就感到很难了。通过长期的思考，我感到在文化的存在与发展，文化相互间交流与融合中，对于文化的认同——包括对自己民族文化的认同与对异文化的认同两个方面，是一个核心的问题。人们因为具有了对自己民族文化的认同，因而才对这种文化赋予了热爱的情感，具有与这种文化相应的心理体验，维护这种文化中的价值并以之来规范自己的行为。而失去了认同也就相应地要失去这一切。同样，能认同异文化，才能吸收异文化中的有益成分以充实自己，获得新的发展。不能达到对异文化的认同，那么，文化之间的交流就十分困难。这其中对自己文化的认同是一个阻碍因素。因此，沿着文化认同这条脉络，可以深入地了解到很多文化问题的实质。《文化认同与文化变迁》这本书就是对此进行的初步探讨。希望通过对文化认同的产生、存在、发展的探讨及其与文化存在、文化发展之间的关系的剖析，揭示文化认同与文化发展的规律，揭示民族文化所具有的特殊价值及其意义。

在一个民族、一个国家的发展中，其文化的发展是一个十分重要的因素，甚至关系一个民族、一个国家的前途。一个民族、一个国家如果丧失了自己的文化，那么就难以获得发展。同样，一个民族如果不能汲取外部有益的文化充实自己，并不断地扬弃本民族文化中不利于自身发展的东西，那也将阻碍自身的发展，这其中的适度点在于创造一种以自己民族、国家的文化为基础，不断地融合吸收外部文化中先进因素的机制。

今天，我们中华民族正处在一个发展建设的新时期。我们民族几千年来创造积累起来的辉煌的文化既是一笔无价的财富，又是我们进行现代化建设的基础。我们既要发扬光大我们中华民族博大精深的文化，又要完善吸收其他民族文化中有益成分的机制。在我们民族内部，维持并强化炎黄子孙对中华民族及其文化的认同，就是一种民族发展，文化繁荣的强大的凝聚力与内动力。只要这种认同不改变，那么炎黄子孙对中华民族的深厚感情，归属意识就不会改变，民族的利益与自己的利益就不会分离，为了维护自己民族的文化认同与利益，就能舍身奋斗。在过去，无数民族先烈为了维护这种认同而前赴后继；今天，我们仍然需要这种精神。当然，文化认同的维持，文化认同与民族发展的关系是一个颇为复杂的过程，本书也正是基于上述目的，力求探索其间的规律的。

本书的写成是我近年来不断学习探索的结果，但也是在借鉴前人的成果的基础上才得以完成的。既然是一种探索，那么就难言完美，甚至大有可商榷的地方。暂且让它作为一家之言存在，让世人评说，由时间检验。

一 作为文化核心的文化认同

人类生存在一个五彩缤纷的大千世界里。不仅因为地球上复杂的气候及地貌使人类的生存环境多姿多彩，人类本身所处的社会环境及生存的方式也千姿百态。这除了受不同的地理环境的影响外，造成人类生存方式万般差异的就是人类自身所创造出的文化。人类的文化包容了人类在实践中所创造出的物质文明与精神文明。文化是人类区别于动物的根本标志。如果说人类从生物意义上来说仍是一种动物的话，那么人类自产生了文化以后就走出了自然王国中的动物圈，迈进了一个由文化建构而成的自由王国。

人类在与自然相依存及劳动实践中创造、发展了文化，但是由于文化不是同时同代被创造出来的，人类文化产生以后便不可能是相同的；由于文化发展的环境与条件的差异，人类文化呈现出千差万别的状态。文化存在差异，这已成为一条定理。在处于信息时代的今天，不论打开电视机还是拿起报刊，我们都很容易发现人类文化的差异：埃及的金字塔与印度的佛塔不同；西方人吃饭用刀叉，中国人用筷子；一些民族信奉伊斯兰教，而另一些民族则信奉基督教、佛教，甚至是原始宗教；一些国家是民主共和国，而一些国家则是君主立宪国，甚至今天仍保留着王室；或许，一些民族、国家间正在进行着意识形态及价值观念的大论战。即使在一个国家里，文化的差异也十分明显。在中国，除汉族因分布地域不同而有文化上的差异外，不同民族间的差异更是十分明显：藏族信奉佛教，而佤族信奉的是万物有灵的原始宗教；傣族居住竹木结构的干栏式竹楼，而白族则居住土木结构的"三坊一照壁"院落，草原上的蒙古族居住"蒙古包"。在婚姻形态上汉族结婚为女嫁男家，傣族结婚为男"嫁"女家，畲族婚后不落夫家，在云南泸沽湖畔的摩梭人中，至今仍存在母系"女儿国"，不少人终身不嫁不娶。

在人类文化存在着较大差异的同时，人类对于文化的理解也是不同的，并且生活于不同文化中的人们思维方式与行为规范都是以自己的文化为基准的。在一种文化体系中正常的现象，在另一种文化中却难以理解、接受。如中部非洲一些民族少女成年要割除外生殖器官，太平洋一些群岛上的民族猎取人头的习俗等被人视为野蛮的习俗，但在这些民族中却是正常的。当然，在人类中也存在着人类所共有的文化现象。另一方面，处于不同文化中的人们对自己的文化有着心理上的爱恋，在不同的文化发生冲突时还可能转化为文化感情。如果这种文化是存在于一个民族中的话，它就会沉淀于这个民族的意识之中，成为稳定的因素。浪迹天涯的犹太人、吉普赛人历经千百年的沧桑仍保留着自己古老的文化，今天遍及全球的华裔都不会忘记自己是龙的传人，依然注重本民族的传统文化，就反映了不同文化存在的稳定性。

文化之间存在差异并不为奇。问题是感受到差异后会提出这样的问题：人类是否生存在一个无序杂乱的文化环境中，是什么造就并维系了不同的文化，人们为什么会按照一定的规范去生活？同是人类，为什么人们对事物会有不同的看法，为什么会有不同的伦理观与价值观，甚至还有文化观之间的冲突？同一民族为什么会有相同的文化；如把房屋建成一种统一的式样，有一样的服饰传统？等等。人类的文化差异，可以提出无数的问题。但每一个愿意思考这些问题的人都会感到，在这些纷繁复杂的文化现象后面，有一种潜在的、一致的力量在支配着不同文化中人们的行为，凝合着人类不同的文化的存在与发展。这种力量给每一个来到世界的人划定了他的生活规范与行为准则。在其成年前的社会化过程中，必须融进其所处的这种规范中，而当其成年后要逾越这种规范时又万分艰难，要承受外部的压力。作为一个民族来说，不逾越这种无形的规范，就陷入故步自封的境地而难以获得发展，但要逾越这种规范就要引起震荡。

这种巨大的、潜在的、一致的、黏合着一种文化的力量是什么？是文化认同。

揭开文化认同之谜，我们就可以揭开文化差异存在之谜。

揭开文化认同之谜，我们就可以获得理解人类文化存在与发展的新思路。

揭开文化认同之谜，我们就可以知道文化冲突的实质所在。

揭开文化认同之谜，我们就可以知道，什么样的机制才能使一个民族的文化获得发展。

（一）文化认同：文化存在与发展的主位因素

1. 文化认同的起源

文化认同是人类对于文化的倾向性共识与认可。这种共识与认可是人类对自然认知的升华，并形成支配人类行为的思维准则与价值取向。由于人类存在于不同的文化体系中，因而文化认同也因文化的不同而各异。不同的文化有不同的文化认同，文化认同也因此而表现为对其文化的归属意识，同时也可能成为区分不同文化的边界，即在文化意义上的"我"和"他"的边界。文化认同的涵盖随着人类的文化群体的形成、整合及人类文化的交融而扩大。文化认同是一个与人类文化发展相伴随的动态概念，是人类文化存在与发展的主位因素。

人是文化的主体，人创造并发展了文化，但又受到文化熏陶与左右，人在受文化约束的同时，又不断地从已有的文化中迈出新的步子，创造出新的文化——尽管这个过程中的机制十分复杂。离开了人，文化也就不复存在，而人离开了文化，人类也就无异于其他动物。因此不少人类学家早就提出人类是文化网中的动物这一著名的论断。尽管这种看法把人在文化中的地位放在一种较为被动的处境中，但它揭示了人与文化的不可分割的联系。科学地讲，人类通过实践创造了文化，但文化又稳定而长期地存在于人类自身之中，反过来又影响，甚至是支配人类的行为与实践。人类通过实践又不断改变固有的文化，创造出新文化。这就是人类文化产生与发展及人与文化的互动关系，人在文化被创造的过程中处于一个中间的环节上。让我们以最简单的例子来说明这一点：人在与自然的依存中认识到应该建盖一所长久安身的住房，这就是文化的开始，也就是文化发生的动因。但是建造什么样的房子，怎样建，用什么样的材料，建成什么样的式样，这就是文化被创造的过程，当一所不论是干栏式还是哥特式的房子被建立起来后，人就创造了一种新的文化。这个过程就反映了文化产生过程中人的主导地位。当然，文化所包括的不仅仅是房子，它还包括了衣、食、行、用、生产方式、风俗习惯、伦理道德、制度等一切人类创造的文明。但不论是什么样的文化因素，它被创造的过程与建房的过程是相同的。文化被创造出的过程本身也是一种文化过程,因为不同的人类群体创造文化的过程与方式往往是不同的。这也是人类文化存在差异的根源所在。

人类是有高级思维的动物。人类处于文化创造中间环节上,文化的创造不仅仅要通过人的思维,被创造出的文化也必然地要反映在人的思维上,并且经过长期的积淀,在人的大脑中形成稳定的思维定式。反映在认识上,就是一种稳定的认识,并且按照这种认识去行事。这是一个实践—认识—反作用于实践的简单过程。作为个人来讲,这种过程十分简单。但作为人的文化群体而言,人们在实践中通过认知的积淀,形成对事物的一致的认识,并以此支配人们的行为及文化的创造,这就是一个极其复杂,更有意义的过程。这就是文化认同产生的基点。因此文化认同的起源首先是人类对于自己所处的环境的认识,这种认识通过思维加工后积沉于人脑中,形成定式进而依据这种定式来创造出文化,支配自己的行为,这是文化认同的早期阶段。人的认识、思维的定式存于一个人的群体中,形成了对某一种文化现象一致认可,并反映到人的行为中,就成为文化认同。

人类之所以会形成文化的认同,是因为人类是以群体为单位而生存的,因此必然地会形成对事物的共识。人类对于事物的认识或者文化的创造可能从个人开始,最终却往往以群体为载体而存在。这其中经过了整合的过程,个人的文化创造及对事物的认识通过活动传达给更多的人,但这个过程中有可能因为它有违反已形成的思维定式而被否认,也可能为他人所接受,形成共识,并影响到整个群体的行为与创造。这种从个人到群体的文化整合是文化认同形成的重要途径之一。当然,人类对事物的共识也可能是从群体开始的。如人类需要避风安身的场所,进而形成人类生存离不开住房的共识,并创造不同的住房,这就是从群体开始的认识,不同类型的住房仅仅是文化表现形式上的差异。人类因生存的物质需求所进行的文化创造及其认同是人类文化认同产生的第一个要素。

人类以群体为单位生存。由于地域的阻隔而使人类分别生存于不同的环境中,因而人类出现了不同的文化创造与认同,创造出了不同的文化。人类早期在认同不同文化的同时,也产生了对于自己的血缘群体的认同。随着代表这个群体的文化符号,如图腾及其他民族族标的产生,人们不仅会知道自己所属的血缘群体或集团,也认同自己的血缘集团的文化符号。人们能够根据这种认同分别出自己属于哪一个血缘或文化群体，这就产生了血缘族属的归属认同，并随着民族的形成而形成民族认同，构成文化认同的一个新的、重要的层次，并在婚姻缔结、族体发展方面形成庞大而复杂的认同体系。在婚姻方面，人们首先形成的认同是将婚姻关系排除在直系血亲之外，这一点在人类的历史发展中都先后取得了认同。但这个人类婚姻史上的革命性转变是十分痛苦的过程，人类在这一点上认同的形成也是十分艰难的。因为在今天人们已认同一夫一妻制婚姻及排除近亲通婚的同时，在不少民族中仍存在着对远古婚俗的怀念，存在着认同上的矛盾。在云南的各少数民族中，至今仍然流传着远古时代兄妹通婚而使人类得以延续的动人故事。如在基诺族中，最动人的情歌是"巴什"情歌，即歌颂氏族内血缘婚俗的情歌，并且在每年过年时都要唱。这种情歌的代代相传不仅使氏族内血缘婚姻的动人故事打动着人们的心，也动摇着一些人在现实生活中的信念，进而违背规矩而步入近亲通婚的禁区。人类取得将婚姻关系排斥在直系血缘之外的认同是一致的，但自此之后由于文化的差异，形成的婚姻上的认同却又是千姿百态的。有的民族认同表兄妹之间的近亲通婚，如汉族过去就认为这种通婚是亲上加亲；而有的民族则不持这种认同，将婚姻关系限制得更远。有的民族把婚姻关系限制在民族之外，而有的民族则认同民族内有限制的婚姻关系。在人类大多数民族都认同一夫一妻制的婚姻制度时，有的民族仍认同一夫多妻的婚姻关系，至于缔结婚姻的形式更是五花八门。

在族体方面，人们有了以血缘为纽带的族体认同后，随着民族、民族部落、民族国家的形成，人们也同样形成相应的认同。由于民族在发展，对外文化交融的过程中存在民族的融合、文化的交融、认同的撞击与对立，使原有的对民族的民族认同与对本民族文化的认同转变成一种民族意识与民族感情，人们的文化认同进入一个新的阶段。而这个阶段认同的改变、保留，新的认同的形成，都将直接地影响到一个民族的发展。这个问题我们将在后面详加研究。在这一时期需要明确的是文化认同与民族认同是有区别的，民族的存在与发展只是人类存在过程中的一个阶段。民族有形成、发展、消亡的过程，而文化认同不仅仅伴随人类的始终，同时也往往是跨民族的，即一种文化认同往往存在于不同的民族中。文化认同包容了民族认同，而民族认同却不能包容文化认同。当社会发展到今天的信息时代，人类在文化的认同上就超越了民族、地域乃至于国家的范围，在很多人类共同性的问题上取得共识，如人类和平、人口控制、保护生态环境等同时也促成了对不同民族文化的互相认同及更多人类共同文化的认同。文化的认同从一个个远古时代的血缘群体逐步扩大到民族、跨民族直至人类的共识阶段，这是一个逐步扩大，在不同时期有其特定内涵的过程，因而文化认同是一个动态的概念。

对于族属及为维系自身繁衍而形成的婚姻上的认同是人类文化认同产生的第二个要素。

人类的认同起源于与自然的依存中对实践活动自然与自身的认识。但当人类在这些因素所导致的认同产生后，却又有一种偏离于这种自然基础的要素产生，并形成特殊的认同，促使认同更加复合化，那样是宗教以及由此导致宗教心理及禁忌、规范人类最古老而至今仍具有生命力的宗教是自然崇拜、万物有灵为核心的宗教，而不同的民族有不同的宗教，一个民族由于共同的宗教信仰而形成对于某种神灵的一致认同。这种对神灵的认同成为一个民族的文化象征与黏合剂。世界很多民族中的原始宗教都说明了这一点。聚居于云南的白族崇拜本主，在每个白族人村落中都建有本主庙，供奉各种被崇拜的本主，如天神、圣母等。以本主崇拜为核心，加上祭祀的礼仪、禁忌等，构成了白族特有的信仰体系，也是白族人民区别于其他民族的一个重要特征。对于本主，白族人民有共同的信仰，也就是说有这种信仰的一致认同。景颇族认为自然界为一种神灵"腊"所支配，它的化身附于自然现象及其变化的各个方面，因而又出现了万物有灵的现象。天地日月、雷雨风火、农业生产等都有其神灵，受其支配。对于人，则与自然界不同，是由另一种叫"南拉"的神所主宰，不仅活人受其支配，人死后，这个"南拉"依然存在。景颇族在这种神灵观念上建立了灵魂不死以及自己的祖先崇拜观念。在景颇族的神与人之间的使者是巫师"董萨"。景颇族的这种宗教作为其文化的一个组成部分区别于其他民族，而在这一民族中，人们认同共同的神灵"腊"、"南拉"神的使者"董萨"以及相的宗教内涵。

由于宗教的产生而使一个民族在信仰上有了共同的认同，同样由于这种在一致认同的基础上所产生的信仰体系对一个民族社会生活的方方面面都产生了影响。不同民族都有由信仰而形成的本民族所认同的禁忌、规矩、神话、节日。汉族的清明节、景颇族的"木脑纵歌"节、傣族的泼水节、纳西族的三朵节,等等,这些盛大的节日无不与其宗教信仰相关联。这种文化现象不仅是一个民族文化的有机组成体,也是文化之间相区别的标志之一,而在这其中,对这种文化现象的认同既是其存在的基础,又是民族归属的标志。

人类社会在发展,人类精神文化也在发展,由单一走向复合,放射到人类社会生活的各个方面,今天的人类精神文化已形成了一个庞大的体系。但在其起源之时,无不与自然崇拜相关联。不同的精神文化产生于不同的人类群体中——不论是血缘或地缘群体,而一种文化得以存在、发展,它的基础是其载体——人们对这种文化的认同。原始宗教的产生及其导致的文化复合现象,是人类文化认同产生的又一来源。

以上简单地概述了人类文化认同产生的三个方面,劳动实践,自身发展的族体归属、自然崇拜为核心的原始宗教。这也就是人类文化起源及构成的三个方面:物质文化,包括衣、食、住、行;精神文化,包括宗教信仰、歌舞、文学、节庆以及介于物质文化与精神文化之间的文化体系,如行为模式、婚姻制度、社会组织制度、风俗习惯,等等。作为文化认同,它融于人类文化的各个方面,是文化产生后的产物,但作为文化存在的主体——人的主观要素,它又伴随人类文化的始终,维系着人类文化的存在,影响着文化的发展,尤其是在以一种文化体系作为民族特征的阶段,文化认同在文化存在中起着纽带的作用。

2. 文化认同对个人文化行为的影响

人类的文化认同一旦形成,事实上也就在人们的头脑中形成了一个支配人的行为、创造、左右人的观念的认同体系。之所以用"体系"一词,是因为人头脑中对事物的认同是多方面的,有对民族、家庭、婚姻的认同,也有对风尚、道德等等的认同。一切文化现象,诸如文字、语言、服饰、建筑与居住、节日等,都与人们的认同体系有联系。文化现象往往是潜在于人们头脑中的认同的再现,也就是说一切人类的文化现象,都可能存在潜化的信息底模,即人们的文化认同。在中国近代形成的国家称呼中,美、英、法、意、奥、德等国家分别被称为"国",即美国、英国等,而一些小国家,如越南、缅甸、老挝等国在近代中国却不被称为越南国、缅甸国等,一些学习中文的外国朋友往往都对此不解。事实上,这与中国历史上的国家认同有直接的关系。在古代中国,强盛的秦、汉、唐等帝国以自己的帝国为天朝上邦,而其四周的土地不论远近都被认为是未开化的土地,其人民也称为"蛮"、"夷"、"狄"等,这些字的构成中分别有"虫"、"弓"、"火"等内容,形象地表达了人们对这些地区的未开化程度的认识。由于这种帝国中心、天朝上邦的认同的延续,在鸦片战争之后,西方的枪炮毁灭了中国人天朝上邦的梦境,于是列强也有了与中国平等的"国"的称呼,但列强之外的国家,仍未被与列强平等地作为国家看待。在今天,国家不分大小一律平等,沿用的称呼也只是一种习惯,而在过去,对其他国家的称呼却有着不同的文化背景。

在云南西双版纳的哈尼族中,居住形式在外人看来是很难以理解的。走上哈尼族的竹楼,会发现竹楼内被隔成两大间,一间有一个火塘,而且每间有一个楼梯。原来,在哈尼族中,男女是分开居住的,一家人男性住一间,走自己的楼梯,女性则另住一间,夫妻也不能住在一起。这种居住形式能保留到今天,与哈尼族在这一点上的认同有直接关系,也就是说这种居住习俗为这一民族所共同认可和遵守。溯其渊源可以有种种解释,尽管今天其形成的真正原因本民族也说不清,但一经形成,为一个民族所认同,这种居住形式也就作为一种传统长期地被保留下来。这其中也典型地反映出了作为可见的文化现象与潜在于民族中的文化认同的关系。

人的创造与行为是受人的意识所支配的,不仅物质文化有其潜在的文化意义,人的行为也是一样的。每一个人都生存于一个为人们所认同的文化环境中,人的行为也同样要受人们的认同所约束,超越一种文化的认同而行事,在这一种文化中则是越轨行为。人们按照文化认同去支配自己的行为,在人的社会化过程中,每一个人都融于本文化的认同之中,因此一般情况下人们的行为是不会超出认同的范围的。在中国漫长的封建社会中,妇女备受封建礼教的摧残。作为社会所认同的封建礼教是妇女行为的准则。在社会生活中"男女授受不亲",男女有严格的行为区分,《礼记·曲礼》说:"男女不杂坐,不同椸,不同巾栉,不亲授。叔嫂不通问……女子许嫁,缨非有大故不入其门。姑姊妹女子已嫁而反,兄弟弗与同席而坐,弗与同器而食。"这种对男女行为的规定为社会所认同,贯穿于中国的封建社会,而在这其中深受约束的又主要是地位低下的妇女。其次妇女必须守贞守节,贞操与守节被看作是妇女的头等大事，出嫁之日如不是处女要受人之唾，而失身于他人就等于失去了生存的价值。在明清时期广为人颂，对妇女行为有较大影响的《女论语》中道："女子……主身之法，惟务清贞。清则洁，贞则身荣。"在《新五代史·杂传》中记载有这样一个故事：虢州司户参军五凝病死任上，他的妻子李氏背着丈夫的遗骸，携年幼的儿子返乡。路过开封要住旅店，店主因怀疑她是私逃出的女子，拉住她的胳膊强将她拉出店门。李氏仰天长恸说："我为妇人，不能守节，而此手为人执邪？不可以手并污吾身！"为了贞洁，拿起一把斧子把胳膊砍断了。翻开中国的史籍方志，到处可见对为守贞洁而不惜亡身的"烈女"的赞誉。中国封建社会中的妇女生活在礼教的牢狱中，这种礼教为全社会所认同，不仅男性，作为受约束的妇女自身也融于这种认同之中，以这种认同支配自己的行为，作为处世的准则，因而才会出现不少像李氏那样的烈女、节女。

一方面是人们以一种认同为自己的行为准则，另一方面如果有违这种准则，则被视为越轨行为。在上面所谈到的中国封建社会中妇女的状况，不论在今天的人看来是如何地难以理解，但在那个时代，严格遵守社会所认同的礼教，才是一个人正常的行为规范，反之则大逆不道。在今天，男女见面可以自由地握手致意在过去是不可想象的，与五代时期李氏的行为是两极的对立。在这其中，从"男女授受不亲"到男女握手致意，表示友好的平常，并无生物学上的意义，完全是不同时代文化认同的差异，这其中也清楚地反映出了文化认同与个人行为之间的关系。

文化认同与个人的行为不仅有时代的差异，也有文化的差异。不同文化背景中的认同对个人的行为是有不同影响的。如在汉族的婚姻缔结仪程中，人们所认同的是明媒正娶，私奔是为世人所鄙视的，属于异动行为。而在苗族中，抢婚、私奔却是为社会所认同的正常行为。男女青年在年节的集会等场合相识，并有了爱慕之情，执意要结为百年之好，一般都私自订下婚期，择日悄悄跟男友出走，随后才请人前来提亲。而在一些地区的苗族中，男方会在晚间派一些伙伴到女方家，将姑娘强行拉走，随后再来提讲婚约。这一切在苗族社会中是为人所认可的，而这种行为的前提是人们已有的认同，但是离开了这一文化背景，相同的行为不但有不同的解释，还会导致不同的后果。

认同与个人的行为虽然有文化背景所造成的差异，但也存在人类共同的对个人行为规范的认同。如反对偷盗及对人身的非法攻击，提倡人与人之间的互助友爱、尊老爱幼、相互尊重，遵守社会公德、秩序等，这几乎是人类不分民族、国家、文化的共识。

3. 文化认同对文化存在与发展的影响

从上面的分析中我们已经看到：文化认同对于人的文化创造与个人的行为有着较大的影响，人的文化活动往往是受已经形成的认同支配的。同样，文化的存在与发展，往往也取决于文化认同。当人们一致地认为一种文化有其存在的意义，或者说这种文化有进一步发展的必要，那么人们就会出于不同的动机而保留或改进、发展这种文化；相反，如果人们认为一种文化没有存在的意义，或出于各种原因不得不放弃一种文化时，那么也就敲响了这种文化的丧钟。因此我们可以这样说，文化被创造往往是必然的，但能否存在与发展就不一定是必然的。尽管我们不能忽视文化存在与发展的外部因素，如文化冲突、融合、传播等等因素，但文化认同在不同的特定条件下有抵制外部因素的作用，文化认同在特定的条件下能决定文化的命运。

在海外广大的华人社会中，虽然历经几代人的沧桑，但其传统文化中的很多因素却能保留下来，如节日、宗教、饮食习俗、语言的保留是较典型地反映人们对本民族文化认同的方面。以澳大利亚为例：来自东南亚不同国家的华裔都强烈地忠于华语，尽管有许多障碍和各种制度有碍华语教学与使用，但华语仍在华裔中较好地保留着，华语的使用情况占据非英语家庭使用本民族语的第三位，仅次于意大利语和希腊语。据1986年的人口统计，总共有13769人在家讲华语，占华人的72%。[①] 语言是一个民族的重要标志，是人类文化的重要组成部分，作为华裔，在异语言环境中保持华语这一民族文化特征，正是基于对本民族的认同之上的。

毛利人是新西兰的土著民族，在漫长的岁月中，毛利人依靠勤劳与智慧创造出了自己的文化，但是毛利人社会发展水平是较低的，在17、18世纪尚处于新石器时代，阶级分化刚刚开始，使用的生产工具主要

---

① 纪宝坤：《澳大利亚华人》，《民族译丛》1990年第1期。

是石斧,生产力水平较低。随着18世纪中叶新西兰的被发现及白人的移来,毛利文化开始进入了一个融合的时期,其存在与发展面临着新的选择。随着欧洲白人移入的增多,毛利人不久便沦为少数民族。欧洲移民带入新西兰的是资本主义生产方式及欧洲的文化,使毛利人社会受到前所未有的冲击:森林及土地资源受掠夺,人口锐减,文化沦丧,毛利人曾经历了一个消沉的时期。19世纪末,毛利人自觉意识开始增强,不断地为争取自身发展的权利而努力,在政府的帮助下,毛利人通过不懈的努力,使社会经济有了较大的发展。在这个过程中,毛利人与外来的欧洲人之间的文化融合不断扩大,时至今日,毛利人在吃、穿、住、用等方面都与欧洲移民没有太大的区别。在第二次世界大战以后,毛利人进入了城市化的进程,至今居住于城市的毛利人占总人数的75%以上。毛利人有接受现代教育及就业的权利,也与其他民族自由通婚,但在这个文化大融合的过程中,毛利人在物质生活上虽然有了较大的提高,同时传统文化的丧失也是显而易见的,因此不少毛利人中的有识之士看到要使毛利人获得真正的平等与发展,要使毛利人不至于被融合,就必须使本民族的意识与文化得到发展,民族文化较快消失的状况得不到扭转,毛利人作为一个民族就要受到致命的威胁。因为一个民族已不具有自己的文化,那么这个民族也就已融进其他民族中而不复存在。正是基于这种认识,在毛利人中,尤其是知识阶层人士的民族意识日益增强,在政府的配合下,自20世纪60年代起掀起了一场毛利文化复兴运动,具体的内容是:(1)加强毛利语的教学与运用,在学校开设毛利语课程,在电视、广播、报刊等传播媒介中增加毛利语的使用,1974年新西兰政府规定毛利语与英语同为官方语言。(2)恢复毛利人传统的社会联络方式,增强民族感情与团结。传统的毛利人聚会及社会活动的场所是其村社中叫马雷(Marao)的聚会厅,毛利人迎客、喜庆、丧葬、聚会都在这里举行,是毛利人社会联络的重要方式。今天这种场所在许多毛利人居住区都已恢复,成为毛利人继承保持传统文化的重要场所。(3)弘扬毛利人的艺术。毛利人的传统音乐、舞蹈、雕刻、编织等曾一度几乎丧失,今天这些艺术又得以恢复与发展,并通过毛利人艺术学校传授给青年人,在毛利人居住区,还建立了不少毛利艺术中心及文化博物馆,除为来访的宾客表演毛利舞蹈、展示毛利艺术外,还常常组织团体出国表演,扩大国际影响,今天,毛利文化已融入新西兰社会的各个方面，获得了新的发展。在建筑、文学、艺术等方面都采用毛利艺术，越来越多的欧裔居民也热衷于毛利文化，使毛利文化的很多内容成为新西兰文化的象征。

在毛利人的文化复兴运动中，毛利的文化认同是其思想基础。弘扬民族文化的意义并不在于这些文化有致用的价值，而在于使之作为一个民族的内聚力而使这一个民族得以存在，获得发展。毛利文化有存在的价值，文化的复兴所显示的正是这一民族的存在。如果丧失了对民族文化的认同，融于现代物质文明中的毛利人不再认为这一民族文化有存在的价值，那么也就谈不上文化的复兴。同样，正是有了对民族文化的新认同，才使毛利文化得以复兴与发展，又增强了人们对于本民族的认同感。①

聚居于云南省景洪县境内的基诺族是近年来社会变迁较快的一个民族，20世纪80年代这10年是基诺山区发生天翻地覆的10年：经济有了前所未有的增长，社会开放，对外交往空前扩大。在这个过程中，基诺族这个在20世纪50年代仍处于原始社会末期的民族，其传统文化中的很多方面在明显地趋于消失：本民族的服饰基本已为商品服装所代替，传统的干栏式木结构住房正被汉族砖木平房所代替：1986年1924户基诺人中建起汉族式砖房的仅有197户，到1990年已有895户建起砖房，本民族的传统住房在10年内照此速度下去将基本消失。除此之外，本民族的语言使用率也在降低，很多风俗习惯也已消失，在基诺族中接受汉文化的速度比周围的傣、哈尼等民族要快得多：汉语十分普及，很多成年人从小就教自己的孩子讲汉语。学习文化的热情提高：基诺族的教育发展之快是远近闻名的，全民族中小学生入学率达98%。笔者1987年在景洪县第二中学所作的调查中发现，基诺族中学生学习成绩优于汉、傣、哈尼等族学生而名列榜首。基诺青老两代人的文化差异明显扩大，青年人对外部事物的接受能力较强：爱听流行歌、穿时髦衣服、崇拜电影明星、跳交谊舞、迪斯科。这一切变化的实质是基诺族目前正处于一个文化认同的交融时期，传统的民族文化的消失及新的文化现象的出现都与认同的改变有直接的关系，基诺族正在迅速地认同异文

---

① 主要资料来源：《重放异彩的毛利文化》，载《走向现代化》一书。四川民族出版社。结论笔者曾与新西兰学者鲁姆尼先生共同讨论过。

化。以住房为例：基诺族认为祖宗居住的房子应该换一换，而住汉族式房子显得时髦，因而毫不惋惜地放弃传统建筑。这完全是一个观念问题，而非使用价值带来的冲击，因为已有一些建了汉式住房的家庭因发现较之传统住房有明显的缺点，如不防湿等，从而推倒重建传统式住房。在笔者1988年于基诺山区作的青年人价值观念的调查中发现83%的青年人认为本民族文化落后，79%的青年人希望走出山区。在这种认同之下，民族文化的很多方面被人们放弃，从而追求外部的新鲜事物是必然的，而不会引起人们心理上的震荡。目前这种观念仅仅是在与外部的比较中所导致的价值转变。人们还未意识到民族文化及传统对于民族存在、平等与发展有何价值，在这种较高的层次上达到全民族的共识，形成新的认同。

在上述的几个例子中，我们分析了文化认同对于文化的存在与发展的影响。从中我们可以看到：文化认同感的强弱对于文化的存在与发展起着重要的作用。一种文化其认同强烈，那么这种文化就能得到存在与发展，这一点在文化融合的进程中更能反映出来，在异质文化的冲击下不但能存在，而且能找到新的位置，获得新的发展。如同存在于西方文化汪洋中的中国文化一样，遍布于世界各地的华裔们不但使其文化不被融合，而且其存在还向其他民族展示了龙的传人的存在，成为海外华人的精神力量。相反，如果一种文化的认同感不强，那么这种文化的存在就是有限的，在文化融合中就很容易丧失。

当然，这其中也有很复杂的因素，文化认同的强弱与否也取决于不同的背景。当一个民族的文化在融合过程中有决定这一个民族发展的价值；或一个民族受到压迫时，需要以民族文化作为生存的武器；或一个民族处于上升时期，民族自豪感较强等等相似的情况下，文化认同都会增强，甚至出现极端。在这种情况下，文化的存在与其文化认同的背景一样能显示出特殊的意义。文化不仅要存在，而且外部因素对于这种文化的局部冲击都会引起全局的震荡，如对某个民族宗教的冲击往往可能损伤这个民族的民族感情，从而诱发政治问题及民族冲突，就属于这个范畴。除此之外，在文化认同与文化的存在与发展的关系中还有一点是非常重要的，那就是一个民族能否把文化放在一个发展的最佳位置上，也就是说用什么样的价值尺度去衡量自己的文化，对于文化的存在与发展是至关重要的。这种对文化的看法、价值观及处置意识也是文化认同的构成要素。如果文化仅仅被认同为致用的物品，而没有其他的价值，那么这种文化就十分容易消失，被取代，如同汽车取代牛车、枪炮取代刀一样。当然文化的很多表浅层次上的构成的改变并不至于影响到整个文化的存在，人类文化也是在自觉与不自觉地不断更新的。但是当人们对于文化有一种新的认同，也就是把文化放在一个新的价值天平上的时候，那么这种文化不仅能存在，也能不断获得发展，显现出新的、过去未曾显现出的价值。如把文化作为民族平等、存在的标志，把文化作为民族的凝聚力，作为增强民族自豪感的武器，那么这种文化就会在其所依托的群体中获得强烈的认同感，文化也就能够存在，甚至把争取文化的存在作为争取自身存在与发展的权利一样看得同等重要。换句话说，争取到了自己文化的存在，也就争取到了自己的存在；反之，自己的文化没有了存在的机会那么自己也就不复存在。在这一点上，世界很多民族都已有先例。如美洲的印第安人对自己的文化所具有的强烈的认同意识，对于自己文化的保留，根本的意义不在于这种文化能创造多少经济价值，也不是因为生活所必需，而是把文化看作是自身存在的标志，人类文明长河中的轨迹，保留自身的文化就是争取自身的权利。在这种认同之下，印第安人文化的很多方面在现代文明的冲击之下仍旧能够存在。新西兰的毛利文化复兴也是同样的事例，在对民族文化的新的认同之下，民族文化不仅得以保留，而且还获得了新的发展。

文化认同尽管在很多情况下对文化的存在与发展起着重要、乃至决定性的作用，但认同仅仅是文化存在与发展的一个重要因素，还不是决定文化存在与发展的全部因素，文化的存在与发展有主观的因素，也有客观的因素。文化认同本身也不是一成不变的，它也随着时代的发展而改变，随着外部客观环境的变化而变化。作为主观因素，它可以对外部环境的变化起到积极的或消极的影响，也就是说在外部环境之中它的变化可能是超前的，也可能是滞后的。它可能在一种文化的种种要素尚未发生变化之前已经发生变化，这也就是我们将在后面加以探讨的认同超前现象。同样，文化认同也可能在文化要素已发生变化之后仍未变化，这尤其表现在文化的物质层的变化上，如生活用品的改变并不一定导致人们原有的生活习惯与观念的改变，这就是认同滞后现象。认同的稳定、超前、滞后，与其文化的其他要素是有互动关系的。认同处于何种状态是由多种因素决定的，如民族危机、文化融合、物质积累、对事物的认识的改变等。同样，处于不同状态的认同，对于文化的其他要素也将起到不同的影响。认同的超前，能带动事物的变化，而认同的滞后可阻碍、延缓事物的变化。事物的变化又往往不以认同为准绳，文化的其他要素的变化也能导致认同的最终改变。文化认同与文化的其他要素之间这种互动关系就是文化认同与文化的存在与发展之间的基本辩证关系。

4. 文化认同的文化功能

以上我们对文化认同的产生、文化认同与文化的关系、文化认同与个人行为的关系等方面作了探讨。那么，作为一种存在于文化中的文化群体共识与文化归属意识，文化认同有哪些功能呢？

第一，文化认同是文化群体中基本的价值取向。在长期的生存及各种因素作用下所形成的文化认同，是具有稳定性的。对于一种文化一旦形成认同，那么就必然地在一定时期内在人们的头脑中形成稳定的势态，人们按照这种势态去选择文化。而与人们头脑中的文化认同相对应的文化要素之所以能为人们所认同，就在于这些文化不但符合人的生存、享乐等需要，也符合人们的心理需要。由于文化认同具有主观性，因此文化认同所导致的文化价值取向也就不一定与客观事物相吻合，人们只是按照自己的认同来作为选择文化的价值尺度，与自己的认同相吻合的事物可能就具有价值。对于存在于自己文化体系中的各种要素，如风俗习惯、经验、信仰、艺术等，一经认同之后，往往可能被规范化、制度化、法律化，乃至于神化，具有较高的价值，而相反的事物则可能在这个文化群体中不具有价值，还可能受到排斥。因此，由于文化认同的差异，同一事物在不同的文化中可能具有不同价值。在一种文化中被视为一文不值的东西在另一种文化中可能被奉为至宝，事物的价值往往不再是客观的，而是由人们的认同来决定。由文化认同所导致的对文化的价值取向是一种主观的价值取向，在这种取向之下显示出来的文化价值往往是一种抽象的价值。但不可忽视的是一种文化现象既然为人们所认同，并在相应的文化中具有较高的价值，那么它必然在这一种文化中产生过，或正在产生着作用。也正因为如此，不同的文化中存在着不同的对于文化的最高价值取向。西方人的价值观中强调人与自然的对立，力求探索与开拓外部世界，通过改变客体来满足主体的需要，崇尚个性独立，个人奋斗与公平竞争。而中国人则强调天人合一，注重个人的身心与其所处的环境与社会的协调，形成以人伦礼教为中心的理性的价值取向。在这两种价值取向之下人的行为模式以及社会习尚等都是不同的，这就是不同的文化认同所导致的最高价值取向。1984年秋，美国一些心理学家作了一次电视调查，他们列出了一个价值观的序列单，要求参加测验的电视观众从对项目重要性的理解，排出顺序，1986年，中国《英语世界》杂志以同一内容对中国读者进行调查，对比统计结果是：美国：（1）身家安全；（2）和平的世界；（3）自由；（4）自尊；（5）幸福；（6）才智；（7）成就感；（8）舒适的生活；（9）真正的友谊；（10）宗教意义上的得救；（11）内心世界的和谐；（12）平等；（13）国家安全；（14）圆满的爱情；（15）美的世界；（16）欢乐；（17）充满激情的生活；（18）社会的承认。

中国：（1）国家安全；（2）和平的世界；（3）自由；（4）才智；（5）自尊；（6）真正的友谊；（7）成就感；（8）圆满的爱情；（9）身家安全；（10）平等；（11）幸福；（12）内心世界的和谐；（13）充满激情的生活；（14）社会的承认；（15）美的世界；（16）欢乐；（17）舒适的生活；（18）宗教意义上的得救。

美国人第一位的是"身家安全"，中国人则是"国家安全"，而"身家安全"排在第九位。中国人把"真正的友谊"放在第六位，美国人将之放在第九位。中国人把"社会的承认"放在第十四位，而美国人将之放在第十八位，美国人把"幸福"放在第五位，中国人把它放在第十一位。[①] 这些项目的顺序选择，反映了中美两种文化下不同的价值取向。中国人的选择正好与上述的以人伦礼教为中心的价值取向相吻合，国家安全、真正的友谊、社会承认看得比美国人重，也就是说较美国人有更为强烈的群体意识，注重人与国家、社会之间的联系，相反，美国人把身家安全、幸福等放在首要的地位，反映了美国人注重个人价值的价值取向。

原始平均主义是许多民族中至今仍然存在的一种认同，在中国西南的诸多民族中至今仍可看到活生生的实例。在佤、基诺、景颇、怒等民族中，过去土地都是公有的，人们按照人口的多少平均分配土地，共同

---

① 《社会》1987年第3期。

劳动，平均分配劳动收获。人们上山打猎，不论谁打到猎物，都要按参加打猎的人数平均分配猎物。即把猎物的各个部分按人头切成相等的份数，兽皮也不例外。在许多民族的家庭生活中，也有很多方面体现着平均。西双版纳傣族的家庭财产都是按人均占有的，收入的现金及粮食都是按人头分配，出生几个月的小孩也可分到与成人相等的数额。在摩梭族人家庭中，每餐饭好吃的菜都由主妇平均分配。平均的事例存在于社会生活的方方面面，而平均的观念却深深地印在人们的头脑中，平均作为一种准则为人们所认同。人们都会自觉地在这种认同之中行事，并且由于这种认同的存在，人们体现平均的上述种种事例都已在社会中制度化，并且把平均作为一种社会公认的价值尺度，在这种价值尺度之内的事例是社会所赞许的，而相反则为社会所不容。在认同平均的价值取向下，人们团结互助，谁家建房或有困难，红白喜事等，家家户户都会不请自去相帮。对于公有的财产与资源，人们都会自觉维护而不予侵犯，可以说平均主义对于维系社会的和谐与团结起到了积极的作用。人们所认同的这种价值取向与其文化是相适应的，谁如果有违这种群体的价值取向，就为他人所不容，这一点在这种文化之外的价值比较及冲突下显得十分明显。笔者曾亲自经历这样的事例：1984年当处于原始社会末期的基诺族中实行由集体经营转向个体家庭经营为主体的大包干生产责任制时，在龙帕寨（又名诺寨）有几户农民承包了原属集体的几十亩砂仁地，并加以精心管理，当砂仁成熟时，全寨农民纷纷前去收摘，不承认这几户农民的承包，认为集体的财产怎么能成为几户人家所有，由此而引起纷争。这个事例的后面事实上也就潜藏着这样一个文化因素：这几户人家的勇敢举动有违人们所认同的平均、公有的价值取向。同时，这个寨子原养有一群黄牛，承包给谁大家都认为不当，于是每隔一段时间宰杀一头，按照传统的方式分配到各户，牛皮也切成小块均分，直至牛被杀完为止。这样做虽然使集体的财产受到损失，但并未有违人们平均的价值取向，相反显得十分平均，深受人们的欢迎。但是，相同的承包事例在个体家庭发展已较完善的汉族社会中是较容易的。平均主义与今天的发展有种种冲突，如商品观念及竞争意识淡漠，人们不愿冒富，在获取财富中无进取精神等。但这一切适合于这些民族社会发展实际，作为其传统文化中一个重要组成部分的平均主义价值准则一旦被消除，那么这个社会原有的秩序也就将改变。因此不了解这种文化认同，也就不能理解这些社会中很多事例的实质。

藏族人民信奉藏传佛教，佛教中的教义及伦理为广大藏族人民所认同，并以此作为这个社会的最高价值取向。人们的观念、情感、行为等都屈从于这种取向，人们希望通过对佛的虔诚与崇拜来消除自身的"罪孽"、积善积德，来世进入极乐世界。在这种价值取向之下，人们对今生今世所抱的希望是不大的，而注重的是"来世"，今生只是通往来世的极乐世界的一段旅途。因此人们对于佛的虔诚与崇拜到了局外人难以理解的地步。在藏传佛教的圣地拉萨的大昭寺、哲蚌寺、色拉寺等名寺外面，每日进香磕长头、转经的人日夜不断、川流不息。不少人来自川、滇、青、甘等省。远来的信徒往往积蓄多年、变卖家产，一步磕一个长头历经几年跋涉到达西藏。信徒们对自己的财富看得很轻，但对佛的奉献看得很重，人们宁可忍饥挨饿，也要去转经磕头；平日茶里一滴酥油也舍不得放，也要积攒油到佛前添灯。可以这么说：藏族人民对于佛境的向往超出了一切，而对于信仰的需求自然也超出了对物质财富的要求。这就是文化认同带来的不同文化中价值取向的差异。

第二，文化认同是民族形成、存在与发展的凝聚力。一般意义上的民族都依托于一种文化，换句话说，每一个民族都有自己民族的文化，也有对于自己民族文化的认同。民族是在不断融合发展中形成的，除了血缘上的联系外，文化认同即是一个民族形成与发展的最重要的内聚力：以一种文化认同为核心，在长期的融合发展中外部的各种文化群体始终以此为向心力，融合进一个民族的主体，人们对一种文化的认同，对一个民族的归属意识，是一个民族存在与发展的先决条件。如果一个民族不认为自己属于哪一个民族，对一个民族的文化亦无认同，那么也就不可能有长期的存在与发展，以血缘为纽带联系起来的人的群体在文化融合中很容易就会被融合进其他民族。相反，如果人们对一个民族及其文化有强烈的归属意识，那么这一民族尽管历尽沧桑，不论这个民族中表现为物质现象的文化，如住房、衣着等等发生什么样的变化，这一民族仍旧会存在与发展。在民族形成与发展中，文化认同是最核心而又最为稳定的因素，一个民族文化中其他部分都可能发生变化，但民族的文化认同却能长期存在。一个民族如果文化认同一旦改变，那么这个民族也就很容易消亡。

在当今世界，犹太民族是一个历经苦难的民族。早在17、18世纪，犹太人就已处于反犹太主义浪潮的冲击之下，遍布于世界各地的犹太人在几个世纪以来不断地遭受到各种迫害，大多数犹太人从事低下的职业。在第二次世界大战中，德国法西斯更是疯狂地迫害、屠杀犹太人，企图从肉体上消灭犹太人。尽管如此，分布于世界各地的犹太人依然顽强地生存着，而且各地的不少犹太人在生活方式等方面都已融于当地民族及生活环境中，这其中最重要的因素就是犹太认同意识的存在。在过去受迫害的时期，犹太认同意识作为反抗迫害、民族团结、情感需要及民族生存的精神力量而激励着犹太民族在逆境中生存。美国犹太史教授迈克尔·迈尹指出："每当犹太人受迫害越深重，就对自己的信念越坚定。"在论及美国犹太人的认同意识时他说："以前对大多数美国犹太人来说，犹太认同意识或是一种宗教的基础的道德观念，或是民族团结的一种松散联系。如今对大屠杀的醒悟使许多人产生了更加坚定的犹太身份意识，正如西欧、甚至苏联等其他地方犹太人一样，美国犹太人以决心防止同化这一更微妙的压力来维护认同意识，而当年希特勒是企图通过肉体毁灭来消除这种意识。"[1] 今天，犹太人已不再受到迫害，人们"对犹太人作为一个民族的前途的关心似乎要比关心犹太宗教大得多"[2]。从犹太人的民族生存历程中，我们可以看出认同对于一个民族的生存与发展所起的巨大作用。这种认同意识是精神压迫，乃至于肉体消灭都难以改变的，只要这种认同存在，人们分布于天涯海角，生活在不同的文化背景中，这个民族都会以自己的方式而存在。

在民族形成与发展的长期过程中，认同始终是强大的内聚力。在今天人类诸多民族中，很多大民族都曾经历了不断的大分化与大融合，但长期的分化与融合中都有这样的规律：即一些民族被融合，而一些民族获得发展，成为融合了其他民族文化的主体民族。历经分化与融合的一些大民族都有其悠久而强大的文化认同，不断的分合都是以之为轴心运转的。有了这种认同为轴心，不断的民族分合、战乱、政权割据等等都不能改变一个民族的存在与发展、繁荣的趋势。这一点在华夏民族的形成与发展中就十分明显：华夏民族是汉族的先民，而今天的中华民族又是以汉族为主体的，包容了诸多少数民族的一个屹立于东方的大民族，

---

[1] 《反犹太主义与犹太认同意识》，载《民族译丛》1990年第3期。

[2] 同上。

但这个民族的形成与发展也是经历了漫长的历程的。在夏、商、周至春秋时期，华夏民族已基本形成，这个时期作为一个民族而存在最明显的标志是与其他民族之间开始划开界限，也就是有了自我存在的意识，并形成了区别于其他民族的在族体上的认同。因为这个时期华夏民族处于域外其他民族——夷狄入侵的威胁之下。也正是这种威胁促使华夏民族自我存在意识的增强，出现了华夏民族与四周其他民族之间森严的界限。"非我族类，其心必异"① 这一个时期华夏民族在文化上已有了一致的认同，即以周礼作为这一民族文化的核心，周礼所至的地区称为夏，识周礼、文化高的人称为华，华夏合称为中国。对周礼以外的文化低的民族称为蛮、夷、戎、狄。② 周礼为人们所认同，它包括了生活方式、生产方式、宗教信仰、风俗习惯及语言文字等共同的文化体系。在人们观念中，周礼及华夏民族置于中央及优越的地位："中国者，盖聪明绚智所居也，万物财用之所聚也，贤圣之所教也，仁义之所施也，诗书礼乐之所用也，异敏技术之所试也，远方之所观赴也，蛮夷所义行也。"③

在过去人们单纯地依靠种族和血缘来区分夷夏，而到这个时期则主要是以周礼来辨夷夏了，文化认同开始成为华夏民族的内聚力。

在春秋战国时期，华夏民族中产生了一批伟大的思想家，如孔子、孟子、老子、墨子、荀子等，出现了"百家争鸣"的思想繁荣局面，这种局面同时也促进了华夏民族的文化认同。尤其是孔子、孟子等的思想及学说，对后来的汉民族发展进程起到了深远的影响，在长期的封建社会中为人们所认同，最终为中华民族的形成与发展奠定了思想基础。正是有了共同的文化认同，到战国末期，天下统一已成为大趋势，最后出现了秦统一天下，建立了华夏大地上第一个"大一统"的帝国的局面。秦统一以后，"大一统"的思想成为华夏民族立国安邦的思想基础。秦统一了文字、货币、度量衡等，这一切作为共同的文化为世人代代认同，对中华民族的发展起到了积极的作用。到汉代华夏民族逐渐称为汉族，居住区域、人口都有了扩大，经济上出现了空前的繁荣。而汉

---

① 《左传》成公四年。
② 详见范文澜《中国通史》修订版第2卷。
③ 《史记·赵世家》。

王朝对统一国家在政治、经济上的进一步巩固使汉民族的文化认同也更加牢固。这一时期对于居住于四周的民族也不再像春秋时代那样敌视，而是在"大一统"的思想基础之下采取一种与汉民族协调的政策，开始对四周开疆拓土、设郡治理，从此也奠定了汉民族与各少数民族共处，最终形成中华民族这一大族体的格局。

由于有了共同的文化认同，即对汉民族的认同感，对共同的语言、文字、礼教、典章制度等的认同，以及四周少数民族对中央政权的归属认同，在汉以后的几千年内，中华大地上尽管历经战乱，政权不断更替，先后形成了三国、魏晋南北朝、五代十国等不同的政权割据局面，也有魏晋时期的民族大融合、元朝蒙古族入主中原、清朝满族入关建立政权等大动荡、大分化、大融合时期，但久分必合，以汉文化为主体的中原文化仍是中华民族发展强大内聚力及主流。而这种文化主流的核心仍是文化的认同，这其中既有族称的认同，也有对中原这块土地的地位的认同以及思想文化、礼教伦理的认同。以儒家思想来说，几千年来不论处于哪个时期，都为人们所认同、推崇，成为民族强有力的精神黏合剂。正是因为这种文化认同的存在，中华民族才能融合发展到今天。而在几千年的沧桑变化中，作为文化的一些表层的东西，如物器、服饰、居住、政体与制度等等都已历经无数变革，只有以汉民族为主体的文化认同稳定存在，而且还不断地在分化融合中得以加强与发展。

今天，文化认同仍然是中华民族文化的核心。今天的中华民族在以汉文化为主体的基础上融合了其他民族文化而形成了一个屹立于东方的伟大族体。但是今天的中华民族不是一个血缘族体，而是一个文化族体。在这个族体之内有56个民族，不同民族有自己的民族文化，各民族的文化都有存在、发展、繁荣的权利。在汉族中也有文化的差异，因此客观而言又不能说中华民族具有共同的文化。那么作为一个大族体，共同的东西是什么呢，联系这个族体的核心是什么呢，就是文化认同。尽管不同民族有自己的文化，但以汉文化为主体的中华文化为各个民族所认同，中华大地、中华民族为各民族所认同，这就是中华民族的内聚力。因此，从华夏民族到中华民族的形成，是通过文化认同而达到的。

第三，文化认同是文化群体的黏合剂。一个民族一般而言是依托于一种文化的。但在人类社会中，由于多种因素的影响，一种文化现象却往往并不以一个民族为依托，而是跨民族的。如果这种文化现象同时存在于不同的几个民族中，那么在这一点上几个不同的民族就有一致的认同，具有相同文化意识及归属感。由于共同的认同，可以把几个不同文化背景的民族在特定的条件及意义下结合起来，形成一个文化意义上的群体。这种文化群体虽无共同的族源，但在文化意义上却有共同的意识、利益感及文化的归属感。为不同文化背景的民族所认同的文化现象是较多的，如风俗、宗教、伦理、思潮、艺术等。在这其中，宗教是最活跃、对文化群体具有较强黏合力的因素。当今世界佛教、基督教、伊斯兰教这三大宗教都有众多信仰者，由于宗教的传播以及为人们所接受是跨越了其原有文化而形成共同的信仰与认同的，人们的思维、情感、行为方式都不同程度地受信仰的约束，乃至于融进其所认同的宗教信仰之中，从而使分属于不同民族的人们在信仰的范畴内具有一致的认同，由一种宗教信仰的长期融合而形成不同民族构成的、以文化为纽带联系起来的文化群体。以中国新疆维吾尔自治区内伊斯兰教信仰为例，在新疆境内共有维吾尔、哈萨克、回、柯尔克孜、乌兹别克、塔吉克、塔塔尔、撒拉、东乡、保安等十个民族信仰伊斯兰教。伊斯兰教的教义、戒律与宗教仪式都集中在其经典《古兰经》中。每个信徒——穆斯林的宗教职责为：表白自身的信仰，即念诵"除安拉外，再无神灵，穆罕默德是神灵的使者"。人们遵循伊斯兰所倡导的价值观而在现实生活中《古兰经》所规定的行为规范渗透到社会生活的各个方面。由于共同的对伊斯兰教的信仰以致带来的对其相应文化体系的认同，新疆十个不同的民族对伊斯兰教文化都有一致的认同并以此来规范自己的行为：依据《古兰经》的规定，日行五次礼拜，每周星期五午后要举行聚礼；每年两次会礼，分别在开斋节和宰牲节举行。伊斯兰教教徒每年教历九月——赖买丹月，成年人除病人、孕妇、旅行者外，都要斋戒一个月，在斋月中，每日破晓到日落禁止进食与房事；缴纳定量课税，凡身体健康、经济宽裕者一生内要去圣地麦加朝觐。开斋节与宰牲节为各信仰伊斯兰教民族人民共同的节日，除此之外还有朝拜麻札（圣徒墓）的共同风俗。在生活方面也有种种共同的内容，如妇女外出遮面，严格的禁食礼，教徒要食清洁食物，戒食自死物、血液和猪肉。这些民族由于伊斯兰教的影响，不仅在信仰上，在社会生活的很多方面都有很多共同之处，甚至有共同的心理状态。一种文化在不同的民族中达到了一致的认同，从而使不同的民族联系成一个以伊斯兰教文化为内核心的文化群体。当然不仅伊斯兰教有这种凝聚力,世界上很多宗教都有这种效应,如佛教在亚洲众多国家中都产生了广泛的影响。

除宗教之外,一些贤哲伟人的思想所导致的思潮也同样在不同文化背景的民族中获得认同,在其社会中产生广泛的影响。中国古代伟大的贤哲孔子所创立的儒家学说,近代伟大的思想家马克思所创立的马克思主义学说,都对后世产生了巨大的影响,为众多文化背景不同的民族人民广泛认同。这一点我们将在后面详加探讨。

(二) 文化认同在文化结构中的地位

在上面概论性的一节中,我们对文化认同的内涵及意义等问题进行了初步的研究,为了更进一步了解文化认同在文化中的核心地位,我们有必要将文化认同放到文化结构中来加以考察。同时,把人类文化各个方面的认同作一个条理性的归纳,这样我们就可以更清楚地了解文化认同的全貌。

1. 文化认同与文化意义的结构

人类的文化是由各种文化要素所构成的有机体。构成这个体系的要素包括:

(1) 精神方面:包括宗教信仰、价值观、意识、伦理道德、文化心理、经验等。

(2) 行为方面:包括人的行为模式、生活方式、生产方式、婚姻、家庭模式及各种风俗习尚、节日等。

(3) 制度方面:包括政治、经济社会制度,体制、法律、典章等。

(4) 物质方面:指人类劳动与自然物质相结合的产物,包括各类形形色色的衣、食、住、行、用及劳动工具等物化的文化现象。

以上四个方面就是人类文化的基本结构。不论是何种文化,其构成都不外乎这四个方面。但如果我们从文化的特性来区分文化,那么我们可以把文化分为本文化与泛文化两个方面。本文化指一个人们群体中所创造出的,区别于其他文化的文化内容,如一个民族独有的民族文化,一个国家的特有文化等,例如为中国人所专有的毛笔、围棋、京剧等;而泛文化则是指因地理环境、文化传播等因素造成的存在于不同文化中的共同的文化现象,一种文化中有很多内容往往是起源于其他文化中,通过文化传播而获得的。

从文化的内在联系来看,作为一个有机体内的各种构成要素之间都有着千丝万缕的联系,都不是单一的存在,一种要素既是文化体系的构成要素,同时又是文化的产物。如节日既是一种风俗,往往又贯穿着宗教信仰、审美意识等内容,同时还具有娱乐、联系群体感情的功能,但尽管文化要素之间具有相互之间的种种关联,整个文化内部的构成也存在着内外不同的层次。一种文化都有其构成的核心,也有其构成的外层,这种层次的构成是以文化要素的稳定程度及对文化的塑模的意义大小为标志的。从一般的情况来讲,上面文化构成的四个方面的顺序即是文化构成由核心向外层展开的顺序。在每一种文化中,其构成最核心、最稳定,把文化塑造成一种特定的文化模式的部分往往是文化的精神方面,而最外层一般都是文化的物质方面,也是文化体系中最不稳定的方面。精神文化是存在于人的意识之中的,而物质文化则是存在于身外的要素。文化的物质方面、文化行为方面、制度方面分别是人的精神世界与自然物质、人类生物行为相结合的产物,而人类文化的一切要素都要反映到人的精神世界中。人类创造物质文化中有对自然的认识、审美等因素贯穿其中,而人类的行为则受价值观、伦理道德的约束,这就是文化核心与文化外层的相互关系,人类的文化的构成往往是按照这种从内到外的顺序展开的。以宗教为例:信仰是宗教的核心,是存在于人的精神世界内的因素,但是由于有了信仰,人们的行为也就自然地要受信仰的支配与约束,形成人的宗教意义中的文化行为,如佛教中不食荤、不杀生、六根清净的行为戒律,基督教中的圣诞节、在教堂内举行婚礼等与宗教相关的习俗。对神的崇拜是宗教文化的核心层次,其次就是宗教文化的第二个层——文化行为层。为了让信徒领会神的旨意,约束人的思维与行为,把人的情感、思维行为等纳入信仰的范畴,作为宗教文化中第三层次的制度层的宗教经典也相应产生,作为物质要素的文化第四层次也是宗教文化中重要的组成部分:宗教场所、宗教艺术、宗教用品等是宗教活动中必不可少的物质构成。自宗教产生后,不论佛教、道教、伊斯兰教、基督教等都创造了博大的宗教文化,构成了一个神的世界,但不论何种宗教经典、戒律、习俗、艺术、建筑等,其核心都是基于对神的崇拜这一精神因素之上的。宗教文化的这种结构,展示了文化结构中以精神文化为核心的内在联系。

人是文化的创造者,同样文化中的一切构成都是通过人来实现的,文化结构归根到底是人的文化活动的结果。美国著名人类学家格尔茨认为"文化的系统性是通过人来实现的,并没有什么超越人的文化超载体"。① 对于整个文化结构中诸因素之间的关系调节,人起着决定性的作用,也就是说人可以把文化中的某一个要素调整到在这个文化体系中的显要位置上,亦可将一种文化要素调离原来的位置,这也就是同一种文化要素,在不同的文化中有不同的地位的原因所在。以饮食习俗为例:人类的饮食本质上是满足人类的生存需要,但饮食习俗在不同的文化中就有着不同的意义。在中国,迎来送往少不了请客吃饭,红白喜事、谈生意要请客,过春节的年饭更占有重要的地位,工作再忙、再遥远也要回家赶上一顿喜气洋洋的团圆饭。而在伊斯兰信徒中,对饭食的禁忌是信仰虔诚的基本标志,尤其是禁食猪肉,成了信教与非信教者之间的界限之一。可见,人对于文化内不同内容的位置调节,总是根据某种特殊的意义所作出的,这种意义归根到底仍是人的意识中的内容,是精神文化的构成。人类的物质创造与行为等都是人类文化的精神方面与自然物质世界及人的生物体相结合的结果。物质文化是人类赖以生存的基础,而精神文化则是人类文化的根基。精神文化又是以人为直接载体的,这也决定了精神文化在文化结构中的核心地位。当然,精神文化并非无源之水,它的发生与发展脱离不了人类的实践活动与客观物质世界,但精神文化往往是长期积淀的结果,具有较大的稳定性。在整个文化的构成中,物质文化、制度文化等都易改变,但长期积淀在人的精神中的要素却难以改变,在一定的时期,精神文化中的很多要素都会超越于客观而存在,并不以客观的改变而变化,进而支配人的思维、行为与创造,这一点在人类长期的历史发展中已得到了广泛的验证。

在人的文化中,精神文化不仅有存在的独立性,同样还泛化到了文化的方方面面,贯穿于人类的文化的始终。人类文化中的一切要素除精神文化外,都是精神文化与其他因素相结合的结果。

文化认同属于精神文化的范畴。精神文化是文化构成中的核心,而文化认同则是精神文化中的核心。在精神文化所包括的宗教、价值观、

---

① 《格尔茨的"深度描绘"与文化观》,《中国社会科学》1989年第2期。

意识、文化心理、民族性情等要素中,其特性都是围绕着认同展开的。在文化与认同的关系中,认同才能存在,存在必然已被认同,认同是文化的主要的核心因素。同样贯穿于文化方方面面的精神文化,其特性的形成必然也是为这一文化群体所认同,甚至是由于人们的认同所决定的。人们接受一种宗教,那么表明人们已放弃了原有的信仰而认同于这一新的信仰——在文化认同中,文化的归属意识是其重要构成。由于有了宗教认同,一种宗教在一个文化中才能得以泛化到文化的方方面面,形成一种新的文化体系。而价值观、审美意识等,都是人们对一种文化有了认同,才进一步形成对这一文化的价值尺度与审美意识,与认同相适合的必然具有价值,也同样是美的,相反与认同相抵触的文化则不具有价值,也就不美。如在古代中国,妇女缠成"三寸金莲"般的小足才是美,缠足之风也长期存在,在今天这种认同已经改变,在人们看来那是一种畸形的审美观。由此可见价值与美感往往都具有相对性。除此之外伦理道德、经验等都是因为人们有了认同,才得以存在。一种道德观的出现,如不为人们所认同,那就不能规范,人们的言行,相反会被视为异端邪说,较之于其他方面,这一点更为敏感。因此,精神文化诸因素中的很多特性往往并不是客观的,在特定的时限中甚至没有客观的尺度可言,而是取决于人们认同什么。认同于宗教,那么人们的精神世界就是神的世界,而认同了无神论,人们的精神世界中就是与此相反的一种境界,从而也就有了相应不同的价值意识、伦理与审美观。

  文化认同在精神文化中的核心地位也同样决定了其在整个文化结构中的地位。文化认同在文化构成中既是一种独立存在的要素,也同时泛化到文化中的各个方面,简言之,文化构成中的每一个要素,只要是相对稳定的,就都包括了人们的认同。当然,由于文化的交融与传播,某些文化构成尽管存在,但并不一定就已为人们所认同,尽管如此,这些要素迟早与既存的认同要发生关系,要么逐渐被认同,要么受到排斥。从总体上讲,文化构成可以被分为两大部分,一部分是文化的各种构成,一部分即是文化认同,文化认同可以被视为文化的灵魂,二者相交融,构成文化中不同的意义结构。如果我们把文化中的各种要素按照上述文化结构的状况排列视为一种常规结构的话,那么由于文化认同的不同,文化中常规的构成也就会有不同的意义地位。一种处于文化外层的要素有可能作为其核心构成,而在常规状态下作为文化核心构成的要素就有可能成为外层要素而存在，这一切，都是由于文化认同的不同赋予了不同的文化要素以不同的意义。各种文化要素依据文化认同而组合起来的文化结构就是我们所指的意义结构。如前所述，在这种意义结构中，一种文化体系中处于核心位置的要素，在另一种体系中就可能处于非核心的位置。在中国历代都十分注重祭祀祖宗，从家庭到家族，平民到皇帝都要供奉祖宗的牌位加以祭祀，但在西方信仰基督教的民族中，就不祭祀祖宗，这就是说对于祖宗的祭祀这一文化现象在两种文化之中所处的地位截然不同，这就是文化认同所导致的文化意义结构的差异。综上所述，我们得出这样的结论：文化结构有两方面的构成，一方面是客观构成，即任何文化中的人都要有吃、穿、用、行、享受与娱乐等文化内容，尽管这些内容在形式上不同，但功用基本都是相同的。文化的另一方面结构构成即是意义构成：相同的文化内容在不同的文化体系中有不同的意义，而意义结构的构成又是由于文化认同所决定的。文化的客观构成特性与意义构成特性相结合，才使得文化体系之间出现差异，千姿百态。所谓文化结构实质上就是一个意义结构，文化结构的差异；即文化意义结构的差异。

2. 文化认同的层次

在上面的论述中我们已经指出，文化认同不仅处于文化核心的地位，同时也泛化到文化构成的方方面面之中。基于这一前提，我们可以把文化认同分为以下层次：

第一，对文化本体的认同。文化本体也就是一定范围的人们所拥有的文化，对这些人来说，也可称为本文化，这一层次是文化认同的最高层次。人们生存于一种文化之中，对于哺育了自己的文化的认同，是对其他事物认同的前提。这种认同往往不是具体的，而是概念性的，对一种文化的共识与归属。在这一层次上来说，文化并不是以某一要素为其象征，而是一个整体的概念。亦如你知道你是日本人、中国人或法兰西人，但并不一定对相应的文化构成有透彻的了解，仅知道自己来自何种文化，对其有归属意识，并且不以文化中的种种变化而动摇，这种归属意识是较为稳定的，这在今天海外华人中就反映得较为明显。遍及海外的华人在生活方式等方面已融进当地的文化之中，但至今第三代、第四代人对于本民族的归属意识并未改变。在这种意识之下，华人特有的风俗如春节、中秋节，以及在节日中的种种文化习俗仍被作为华人的文化存在而保持着。

由于有了对文化本体的认同，也才承认这种文化中的价值取向，并且认同属于这种文化本体之下的种种具体的文化。对文化本体的认同是最基本的，也是人们最朴素的认同。仅仅是对文化本体有一个概念性的认同，就有可能将这种认同与自己的感情、心理等结合起来，把文化本体作为一种情感的寄托。这样，属于这种文化内的种种构成要素也因此而与人们的价值、心理、感情等结合起来。

侨居异乡的人们对于文化本体的认同典型地反映了文化认同在对文化本体的认同这一层次上的稳定性。这种稳定性在与异文化的比较中不仅反映得十分突出，甚至具有各种特殊的意义：可能作为民族感情的寄托，也可能作为自己文化存在的一种价值与象征。而长期生活在自己文化中的人，尽管与异文化并没有较多的比较，但对本文化的认同却也是根深蒂固、潜移默化的，随着年龄的增长，文化塑造了一代又一代的人，同时也使一代代人形成了对本文化的认同。形成人们对本文化的认同有两个方面的因素：一是人的文化过程。在这个过程中，人在不断地调适自己与所处的文化环境及所接触的文化的关系，接受自己所处的文化对自己的塑模。作为对文化的认同，也就在这个过程中初步形成，每接受一种文化要素，亦即对这一要素产生了认同，并在随后的时间内随着这种要素所给人的信号的加强而使这种认同稳定下来。尽管人们在成年后对自己的文化及原有的认同会有一些新的逆反与改变，但并不可能完全放弃既成的文化认同而形成新的认同。这就是为什么今天很多侨居他国的华人感到很难彻底融于异国社会中的原因所在。其二是族源、血统所形成的文化认同。在人类社会的很长一段时期内，文化都是有民族性的，以民族为载体的，因此属于什么民族并对本民族具有归属感，同样也就对自己民族所依托的文化有认同。因为当某一种文化以某一民族为载体时，文化与民族是相融的，我属于什么民族，那么这一民族的文化也就必然地是我所属的文化；相反，我认同某一种文化，也就可能说明我属于某一民族，当然，这一推论有其前提而不能泛化；因为当文化处于交融时期，甲民族与乙民族之间对于对方文化的某些方面彼此发生认同是十分正常的，在这个意义上来讲，人出生于什么民族中，也就可能先入为主地使人形成对自己文化的认同，在人的思想中形成一个主观的概念。出生于美国的意大利裔人,对自己的民族文化并没有多少了解,并且已经是第二代或是第三代人,但对自己的民族却有认同,这种认同驱使人们去了解自己民族的文化,并参与象征自己民族文化的活动来强化与维持对本民族文化的认同。[①] 这很典型地说明了民族成分对人的文化认同具有先入为主的影响这一事实。尽管这一点对于人的文化认同的形成仍不够全面,但却是有强大影响力的。人们出生后随着个人的文化进程,对本民族的归属意识及文化对其长期的塑模,就能使人形成一套相对完整的认同体系。

对本文化的认同往往还不以个别文化要素为转移,因为它是一个最高层次上的概念,它所象征的往往是一个民族、一种文化,其存在与其价值在各种文化环境中及文化融合中的相互关系,个别的文化要素只是在这其中被赋予特殊的意义。特别要指出的是对本文化的认同最有意义的时期是文化交融的时期,而当一种文化处于封闭状态之下,这种认同的价值与意义是不大的,亦如人类如果同属一个民族、一种文化时,也就不可能有民族、文化间的区分。而当文化处于交融状态中,人们对于自己的文化认同才会因交融所带来的文化冲突而在意识中变得强起来,因为在文化交融中涉及到了文化价值乃至于文化的存在与前途,因此对本文化的认同往往表现为民族文化心理、文化价值、文化意识、自尊、情感等具有情感特征的方面。

第二,对家庭、家族等血缘关系的认同。在上面一节中我们讨论了对于族体的认同问题。作为一个民族,尽管有其共同的渊源关系,但长期的历史发展的结果使人们对民族只有概念性的、情感上的认同,同一民族内部的人们已没有直接的血缘意义上的关系。但作为一个民族及社会的基层构成——家庭、家族等,则可以反映出民族认同的基本意义。这种认同不再是对民族族体及文化的概念性的归属意识,而是具体的。

在人类社会中,由血缘所联系起来的家庭、家族等社会关系是最原始而又最基本的社会关系。而民族的形成也是以此为其伊始的。因此,由血缘为纽带所维系起来的基本社会组织也就是一个民族的缩影,对于血缘关系的认同自然也就具有重要的意义。对于家庭、家族等血缘关系

[①] 参见《第二代和第三代意裔美国警官的民族认同:其存在与意义》,载《民族译丛》1991年第1期。

的认同，即使相应的文化能稳定地传承，而这种关系的扩散，又影响到了一个民族，乃至一个国家的结构与发展。

中国最初的国家政治就是起源于以血缘为纽带的家族政治，国家是由家族发展而成的。在上古社会，华夏民族所活动的区域还未形成统一的疆域，王把自己的兄弟亲友作为诸侯分封到各地，各自统治一块地域，这就是"国"。天子之位是世袭的，由直系血缘的嫡长子继承。这种分封一国之君，是以王的家族分离出来的，并形成一个分支家族的"祖"；他们的继承者就是"宗"。因此，一个家族的祖，同时也就是一个国家的"祖"。在随后的中国国家政治生活中，这种祖宗与政治密不可分的特征一直延续着，尽管其政治上的意义超过了血缘关系的意义，但其最基本的关系仍是血缘关系，每一个朝代的皇帝死后都依据其功绩及继承关系冠一个某祖、某宗的号，并立庙祭祀，如唐高祖、唐太宗、宋太祖、元太祖、明太祖等等。而在民间同样也是分宗的，不同的宗有其祖，并立庙祭祀，这其中也同样是以血缘为纽带的。因此，对祖、宗的认同，事实上也就是对血缘和国家的认同，而国家又表现为一种宗族关系的放大。作为以血缘为纽带联系起来的家族，也还有其更基本的构成——家庭。在家庭及其血缘关系的认同上，构建起了对于家族的认同。

王玉波先生曾对中国传统的家族认同心理作了较为深入的研究。[①]他指出中国传统的家族认同是一个多层次的结构。第一个层次，是对祖宗的认同，因为对同一血缘亲属关系的认同才能形成对血缘亲属关系的认同。由于有了对祖宗的认同，也就把祖宗神圣化，并加以崇拜与祭祀，这是中国传统文化心理的一个重要特征。第二个层次，是父子关系的认同，这是家族认同的核心，只有在父子关系认同的基础上，才能形成上下扩延至祖孙关系的认同，左右推展到兄弟及伯叔子侄关系的认同，从而形成对整个家族关系的认同，从家世的延续来说，没有父也就没有子；而没有子，也就是中国最忌讳的"断了香火"。从维持家庭生计来说，在男耕女织传统社会中，父子又是维持家业，积聚家产的主要力量。在父子关系的认同中，由于"父母是生身之本"，又是家庭中的主要供养人、父系祖先的现世代表，子对父的认同是建立在宗法的人身

---

① 《传统的家族认同心理探析》，载《历史研究》1988年第4期。

依附关系之上的,这也为"父为子纲"及子对父绝对的顺从的孝道奠定了基础。而父对子也有认同,则是因为父认为子是自己生命的延续,父子认同,是与对祖先的认同相联系的,子不但是父自身生命的延续,也是祖宗生命的延续。第三个层次,是兄弟之间的认同。兄弟之间的认同是建立在共同的血缘的基础之上的,但当兄弟长大成亲后,并导致了家庭的扩散,兄弟之间的认同会因各种因素而减弱。再一个层次,是把对家族的扩大为对同宗族人的认同,这是对祖先认同的必然结果,它使家庭关系扩大化,同宗族的人往往有着共同的认同心理及其他方面的一致利益。

家族、家庭的认同构成了社会的基本关系。在中国的这种认同之下,同一祖先的家族被看作一个整体,在这个整体中,所有成员都是自己人,而不属于自己家族系统的都是外人。家族的利益高于一切,家族关系被作为最核心的社会关系,家族伦理被作为最高道德准则,把家族价值置于个人价值与社会价值之上。这种传统的家族认同,对社会产生了巨大的影响,王玉波先生归纳了几个方面的影响:(1)传统的家族认同心理和家族主义价值观,使人们极为重视家族力量的扩大与延续,以多子为福,把子孙的繁衍作为重要的价值目标。(2)使家庭关系十分稳固,乃至在家庭直到外部因素(如天灾、人祸)的强烈冲击,成员之间的关系也依然如故。(3)使个人缚于家族群体之中,丧失了个性独立及自由。(4)一方面使家族成员的个人丧失了独立性,另一方面又使人养成了依赖性。(5)一方面使家族内部有强固的凝聚力,一方面又导致了对异姓的强烈的排斥力。(6)使家族利益高于一切,造成小群体的家族与大群体的社会之间的矛盾。人们为了家族利益,往往无视以致损害社会利益。(7)必然导致家族成为封闭体系,使自然经济得以维持,使家族成员闭目塞听、孤陋寡闻,养成单向向后看的思维方式,总是习惯于在祖先的经验和训示中、在小圈子内而故步自封。

中国人这种对于家族、家庭等血缘关系的认同,事实上是民族认同具体化了的缩影。今天从民族起源上来说,汉族虽然不能说清楚自己具体的祖宗,但都认同于炎黄,共称炎黄子孙。对于现世的人来说,家族的祖宗则可能是具体的,对于祖宗的认同,导致了中国传统社会中基本的社会关系。如果我们把视野扩大到整个人类文化中来看,我们就可以发现不同的对于家族、家庭的认同所导致的基本的社会关系是不同的,家族、家庭是人类社会中的基本构成，但其意义因认同的差异而各异。中国人传统认同之下的家庭关系是一种人身依附关系，是建立在家庭成员之间不平等的基础之上的，而由家庭扩大而构成的家族关系则是一种宗法关系，这种认同的产生有其特定的历史与社会背景。在今天西方商品经济高度发达下的家庭关系则与此相反，是建立在家庭成员之间平等的基础之上的，而不是一种人身依附关系，家族除了有血缘的定义外，更多地具有经济及政治上的定义，很多大的经济实体都是以家族为单位来加以控制的，如美国的洛克菲勒家族。中国人传统的婚姻所导致的是一种人与人之间的不平等的依附关系，妇女一嫁了终身，并且这种传统在今天仍起着较大的影响，而美国人对婚姻的认同则是一种身份、契约、财产或信托、法律实体关系。①

第三，对于自身文化体系中其他要素的认同。

如前面我们曾经论述到的那样，认同既是一种独立的存在，同时又泛化到了文化的各个方面。也就是说，不论何种文化要素的存在都包括了人们的认同，这种认同源于人们对事物的认识、经验与创造。在这一层次的认同中，主要有两方面的意义：其一，是对各种文化要素的一般意义上的认同，也就是说在这种认同之下的文化构成这一意义与其自身的特性是相吻合的，在文化构成这一定义结构中不具有超出其本身意义的特殊意义，如居住、服饰等，其定义就在于为人们提供居住的场所及保暖。但在这其中，人们创造同一文化时却包含了不同的认同，因而也就使文化有了差异，这表现在文化的物质方面就尤为明显。人们总是依据自己的认同来进行文化活动与创造的。以农耕文化为例，亚热带的山地居民们在农耕中大都选择了"刀耕火种"的农耕方式，即放火焚烧地表上的植被后进行农作物的耕种。在中国的南方民族中，这种农耕方式也广泛地存在着，人们在耕种之前砍倒耕地上的杂木及树林，晒干后放火焚烧，随后在焚烧后的地上进行耕种。这种农耕方式存在，即是地理环境使人们形成的对这种耕作方式的认同，这种耕作方式对于居住于热带、亚热带的人们来说无疑是最佳选择，因而人们认同于这种耕作方式，这是这一点上认同的第一层次，但具体到不同的地区，人们"刀耕

---

① 参见古德《家庭》，社会科学文献出版社1986年版；唐奈：《美国婚姻与婚姻法》，重庆出版社1986年版。

火种"的方式与内容又有不同,即有不同的认同。在中国南方,苗、瑶、彝等民族有随耕地迁徙的习惯,即一块地耕种数年后由于地力减退而开辟新的耕地,人们也随之迁徙;而基诺、布朗等民族则是采取让耕地轮歇的方式耕种,即将地力减退的耕地荒弃数年,让森林复生后再耕种。此外,不同民族种植不同的作物,具有不同的保护耕地的方法及农业祭祀,都反映了认同的具体差异,但从总的方面来讲,人们对于选择什么样的耕作、方式及如何耕作,都有自己的认同,造成同一意义上的文化的差异。进一步说,人们由于生存的需要而创造了同一种文化,但人们同时也是依据不同的认同来进行同一种文化的创造的,这也就使得文化有了差异。人的一切文化中都体现了不同的认同,认同的差异导致了文化不同的意义与价值。

其二,对于文化各个方面的认同,使得文化既具有其自身的意义,如衣、食及日常用品的致用意义,同时由于认同的差异而又导致一些文化要素具有超越原有意义,而具有特殊的意义。如住房、服饰、语言、文字等,既具有其自身的意义与价值,但又被作为一个民族、一种文化的象征,日本人的和服、印度妇女的沙丽、蒙古人的蒙古袍等,这方面的例子不胜枚举,这就使得这些文化要素具有了原有价值之外的新的意义,而这种新的意义与价值又是认同所赋予的。需要进一步说明的是文化要素的这种新的意义与价值往往是在文化交融与共存中才产生的。没有对比,这些文化要素也就很难具有超越原有价值的价值,但在不同文化共存的情况下,不同的文化要素就有可能出于不同的因素而被赋予新的意义与价值,乃至于上升到文化感情与意识的范畴。

第四,对异文化的认同。对异文化的认同是文化认同的重要内容,也是本书中要着重探讨的。对异文化的认同发生于文化交融的过程中,它涉及一种文化的存在与发展。能否认同与自身文化不同的文化,取决于自身文化中的种种因素,如是否危及自身文化的存在,是否与本文化中的价值、宗教意义相抵触,是否与本文化的审美观、情感相吻合等。不相抵触则可能被认同,而两种文化的这些方面相抵触,则可能不被认同,甚至引起两种文化之间的冲突。这其中复杂之处在于对异文化的认同与否所导致的将是两种不同的后果。同时,此时不被认同的事物彼时却可能被认同,对异文化的认同既是自身获得发展的一种外因,同时也可能导致自身文化的消失。本书将在后面对这一问题详加探讨。

(三) 文化认同与文化模式

在上面的研究中，我们已经探讨了文化认同与文化存在的关系及文化认同在文化结构中的地位。在本节中，我们将探讨文化认同与不同的文化的形成与存在之间的关系，这样我们就可以更直观地将文化认同这一无形的因素放到具体的文化体系中来加以考察。

文化是人类长期创造、积累、发展的结果，但是由于影响人类的文化创造的因素不同，如地理环境、文化传播等，人类的文化创造又是有差异的，因而人类的文化也就五彩缤纷，各不相同。其次，通过长期的创造与发展，人类的文化都不是零散的，而是以体系为单位而存在的。在长期的文化创造与发展中，各种文化的构成在不断地整合、定型、形成相对稳定的结构，这种结构就是一个文化体系的构架。由于文化体系之间各有其构成的文化特质及外部特征，因而它是相对独立的，区别于其他体系的，并且有自己的价值取向，因而也可以称为一种文化模式。

首先提出"文化模式"这一概念的是美国人类学家露丝·本尼迪克特（Ruth Benedict）。在其著名的人类学著作《文化模式》中她提出了这一概念。她把文化看成是一个模式化的整体，而这种文化模式的形成是一个整合的过程。在这个过程中，一些文化特质被不断地强化、规范化，而一些特质则可能被抛弃，这就是模式化的过程。文化整体"不仅仅是其各部分之和，而且是产生一个新实体的各部分的独特安排和相互关系的结果"。作为一种文化模式，不仅有其内部构成，更重要的是文化的各个部分按照不同的意向的特殊构成，这就是文化之所以形成不同的模式的原因所在，亦即我们在上节中所提出的"意义结构"的论点。本尼迪克特进一步写道："一种文化，就像一个人，或多或少有一种思想与行为的一致模式。每一文化之内，总有一些特别的，没有必要为其他类型的社会分享的目的。在对这些目的的服从过程中，每一民族越来越深入地强化着它的经验，并且与这些内驱力的紧迫性相适应，行为的异质项就会采取愈来愈一致的形式。当那些最不协调的行为被完全整合的文化接受后，它们通过最不可能的变化而使它们自己代表了该文化的具体目标。我们只有理解那个社会的情感与理智的主要动机，我们才能理解这些行为所采取的形式。"

在露丝·本尼迪克特的理论中，一种文化的整合与发展，有其特定的具体目标与"情感与理智的主要动机"，认识到文化发展，亦即文化的"模式化"的内在驱动力，这无疑是有重要的意义的，尽管其理论带有心理学的倾向而受到一些人类学家的批评，但"文化模式"这一概念的提出及其开拓性的研究对于认识文化的实质有着重要的启示：人类的文化在长期的发展中形成了不同的模式，同时这种模式又是按照一定的目的与动机而整合的。

让我们把问题回到文化认同上来。我们借用文化模式的概念，目的仍在于更清晰地说明一种文化认同与一种文化之间的相互关系，如果我们把一种体系化了的文化看作是一种文化模式，依据我们在前面对文化认同的研究，我们就可以较露丝·本尼迪克特更高一层来看文化模式的实质。她对文化的研究局限于心理学的范畴，因此在其用希腊神话中的"酒神"、"日神"去规范其所研究的民族的文化模式时，多是以这些民族的气质、人格为研究基点的，这在学术界已有定论，因而曾受到一些学者的批评。事实上，文化模式既是一种客观存在，但模式的形成又是多种因素相作用的结果，文化认同就是其中的一个重要因素。虽然不能说是文化认同导致一种文化模式的产生，但是文化认同却伴随着一种文化模式的形成，对于强化模式中的很多要素起着积极的作用，这些要素一经强化，也就致使一种文化趋于模式化。而一种文化模式的形成，也同时使一套认同体系形成。换句话说，每一种文化模式都有其认同体系，形成主客体相互对应的关系。下面，让我们选择三个不同文化模式的民族来探讨文化认同与文化存在的关系。

1. 摩梭人的文化模式与认同

在云南滇西部美丽的泸沽湖畔，居住着神秘的摩梭人。摩梭人至今仍然保存着母系大家庭。这种母系大家庭是摩梭人社会文化的核心，也是摩梭人形成自己的文化模式，区别于其他文化模式的重要特征。在其文化中，一个女性长者与其子女共同组成一个大家庭，这个大家庭一般都居住于一个较大的院落中。在婚姻方面，多数人不嫁不娶，过着一种"走婚"式的婚姻生活。少年行过成年礼后，就可以开始恋爱生活，恋爱关系一旦确立，那么就进入"走婚"阶段：成年女子在大家庭中都有自己的住房，情郎晚上来到女子家里与其同宿，次日又离开。这种关系可能维持终生，也可能数日数月，一切取决于双方的感情。女子有了孩子，可以得到较好的照料，孩子生下来后，其父一般都要来送礼认子，但不承担抚养的责任，子女的抚养与教育都落在其母及兄弟即其舅舅身上，孩子的世系因此按母方计算。一个家庭中的男子也同样是晚出早归，晚上到爱人那里同宿，早上归来，在家中承担着生产劳动与养育姐妹孩子的义务。在家庭中，妇女有着较高的地位，尤其是最年长的妇女，她们不仅受到家人的尊重，还有安排家庭生活，支配经济及在婚姻生活中的自决权力。年长妇女掌管着一个家庭的生计，居住在家庭院落最中心的一间房子"义梅"之内，这间房屋有象征全家人生计的、长年不灭的大火塘，这也是女性地位的象征。在摩梭人的文化中，一切社会关系与人们的情感都是围绕着这种家庭模式展开的，而这种模式中的一切因素，亦为人们所认同，这种认同可以分解为以下几个层次：

(1) 对母系的认同。摩梭人对祖宗的认同有两个方面：一是共同的祖宗反映出人们的同宗关系，二是祖宗的性别反映出男女在社会中的地位，摩梭人既认同男性祖宗，也认同女性祖宗，因而既崇拜男祖，也崇拜女祖。在摩梭人家神圣的火塘后，有一块石桩被认为是这个家庭中宗祖的牌位，一日三餐，大家庭的女性家长都要祭祀，把饭菜供在祖宗的石桩下。在每年的十月二十五日，还要举行隆重的祭祖活动。在摩梭人所祭祀的祖宗里，同时是男女祖宗，这反映了男女的平等。在这一祖宗牌位前的火塘边上吃饭的人，也就是一个祖宗的后裔，火塘本身也是一个家庭的象征，而每天由女性家长祭祖，则是女性世系传承关系的反映，因为现实社会中人们世系的传递及将来实质上的宗，都是女性。此外，在每年七月中，摩梭人还要祭祀，而且要持续数日，这亦是现实生活中女性这一性别意义的反映。母系在摩梭人文化模式中是核心的要素，对于同宗及母系的认同，为人们现实生活中的种种社会关系奠定了基础。

(2) 对婚姻的认同。摩梭人中盛行男不婚女不嫁的"走婚"，这种婚姻形式也早已为人们所认同。客观而言，走婚只是一种独特的婚姻模式，因为它具有婚姻的两个基本要素：性爱与生育后代。摩梭人在走婚中所结成的事实婚姻关系，是以双方的感情为基础的，成婚双方都有自己择偶的标准以及情恋的过程，最终而形成走婚关系。在走婚关系形成之后，双方的情爱自由都受这种关系的限制。双方生育了孩子之后，其父都要请村中的老人吃饭，送礼认子，而不存在只知其母不知其父的事实。在目前，大多数走婚者都较为稳定，能维持较长的关系。

摩梭人认同这种婚姻模式，与其文化其他方面的认同是相关的。在其社会中，妇女受到普遍的尊重，人们也崇拜女神，从而使妇女形成了较为独立的没有依附性的人格，妇女有自己较为完整的行为规范，操持着家庭生活，抚养子女。而走婚这种形式正好与社会对妇女的这种认同相吻合，妇女在这种婚姻关系及其相关的家庭关系中最能体现其独立的意识，而不必因为婚姻而改变自己的人格。在走婚关系中，双方都较为平等，不附带其他诸如经济等方面的条件。摩梭人的情感世界，是一个充满激情而又追求自由的空间。其婚姻的模式与这种情感世界亦相吻合，不会因性和爱情而导致心理上的扭曲，因而其社会中一般也不会出现不正常的性越轨行为，摩梭人平和的心境也因此而得以维持。

正是在这种认同之下，摩梭人的婚姻被放在了文化结构中的主要位置上，从而也强化了对这种婚姻的认同，形成了文化的价值取向。走婚是这一民族的重要标志，而能否维持这种婚姻形式具有了超越婚姻的意义，上升为特定的民族感情与意识。1967年、1972年、1975年，摩梭人曾经历经三次"婚姻改革"，很多摩梭人被迫违背传统，解散大家庭，组成一夫一妻制的小家庭。然而到了20世纪80年代，随着民族政策的落实，不少摩梭人又从一夫一妻制的小家庭中走出来，回到传统的大家庭中，重新开始走婚生活。以温泉乡洼拉坪村为例，1975年被迫结为一夫一妻制家庭的有23对，后有14对散伙，恢复了传统的走婚生活，在这14对中，有12对仍是过去的夫妻。可见，夫妻关系是人们的愿望，而恢复到传统的模式中去，使之与民族的文化认同相吻合更为人们所重视。首先，从这个过程中也反映出了认同的稳定性及对文化行为的作用：在历次强制性的"婚姻改革"中，摩梭人传统的走婚作为一种形式已被改变，但并未改变人们对此的认同。由于这种认同的存在，因而在条件允许的情况下，这种婚姻形式又得以恢复。如果在这个过程中认同亦随之而改变，那么今天这种婚姻形式也就不会再恢复。再次，今天走婚这种婚姻形式对这个民族内部来说是与其文化认同相吻合的一种文化行为，是其文化的重要构成。对外而言，由于几经曲折，对摩梭人婚姻的态度一方面强化了其认同，另一方面已经成为一个可能损伤其感情的敏感问题。

（3）家庭及家庭关系的认同。摩梭人社会中没有一夫一妻制的小家庭，人们都是依附于母系大家庭的。一个母系大家庭由一个年长妇女及其子女、女儿的子女共同组成，一般是三至四代人。在母系大家庭中也没有妻子及新生子女陪伴身边，这种家庭关系尽管与一夫一妻制家庭有实质上的区别，但这其间的种种关系仍然十分和谐，大家庭成员间的情感亦非常融洽，关键的原因就在于人们认同其走婚的婚姻形式所导致的这种家庭关系。

首先，人们对母系大家庭有较深的认同。在摩梭人的社会中，人们对女祖有崇拜，对母性较为崇敬，年长妇女更是普遍受人敬重，因而人们对母系有较强的归属意识，具体到其大家庭中，就是对母亲的依附。人们认为生活在母亲的身边才是最温暖的，母亲的家才是自己的家，亦是自己老有所靠、老有所终的家。因此人们不愿意离开这个家，而是尽力维护好这个大家庭的利益与和睦，对上辈尽到赡养之责，对下辈尽到抚育之责。只要是这个大家庭的成员，都要尽到这些义务。另一方面，大家庭已构成了摩梭人社会独立的基层单位，大家庭的内部关系是血缘关系，具有较强的排他性，这表现在对配偶的排斥上就更为典型。此外一个大家庭不与其他大家庭发生类似汉族中家庭、宗族的关系，因而摩梭人社会中没有宗族。再从经济生活的态度来看，摩梭人认为其大家庭有较大的优越性：①安排生产劳动时有较多的人手，同时走婚的男女也可在妻方大家庭人手不足时前来帮助。②摩梭男子有外出做生意，走马帮的传统。男子外出时大家庭内成员间可以相互照应。③大家庭内共同劳动共同消费，不会有收入的分配及分家、分财产的纠纷，从而维持了家庭的和睦。在这一点上，摩梭人与周围居住的汉族有较强的比较：汉族为一夫一妻制的小家庭，劳动起来人手少，且兄弟一结婚就分家、分财产，往往还产生纠纷，父亲去世之后相互就少有照应，这一切在摩梭人看来都是不合理的。在笔者深入摩梭人居住区调查时，谈及这个问题时，很多摩梭人都说："汉族人很可怜。"由于有这种比较及自身的优越感，也强化了摩梭人对家庭的认同意识。

在对家庭的认同之下，摩梭人家庭内部关系的认同有以下几层：①母子、母女关系。母子、母女关系是人们认为最为亲近的关系，子女对母亲不仅仅是一种直接的血缘关系，同时也有终身生存上的依赖关系，在摩梭人中，母亲被喻为火塘内的火苗。民间的格言这样说道："不是一个根，不是一条心"，"最亲的人是一个母亲的人，最温暖的地方是母亲住的义梅"。这些格言反映了人们对于母亲的认同。同时，人们也因此而极力维护母亲的团结，排斥其他关系，把对母亲的这种关系作为一种价值准则。②舅侄之间的认同。舅侄之间的关系是大家庭中的重要关系。在大家庭中，男子承担着抚育自己姐妹的子女的责任，承担着一个父母对于自己子女的所有义务，而自己对子女的义务又同样地全部由其母亲的兄弟承担下来。子女们对自己舅舅的尊重超出自己的父亲，而对养育自己的年迈的舅舅的供养也作为自己义不容辞的职责。舅侄之间的这种关系既有父子之间的内容，亦等同于其他民族中的父子关系，但又不是由于父子之间的血缘关系而带来的，完全是由于其文化中的认同而导致的。其社会中一方面从总体上认同这种关系的存在，具体到个人，对自己的姐妹的子女也就有相应的认同，从而去尽应尽的义务。男子在家庭中被喻为支持家庭生计的"锅桩石"。③父子之间的认同。摩梭人生育后数日，生父就要带上礼物去认自己的孩子。因而父子之间也存在血缘上的认同关系。但是因对于子女养育关系的错位，父子之间的感情必然地要受到影响。但是由于有这种认同的存在，也使父亲与母亲大家庭之间有了必然的联系。不论是情感上还是在日常生活上，每当需要，父亲都会去尽力相帮。如果没有父子之间的这种认同关系，那么这些起码的相关关系也就不存在了。④夫妻之间的认同。既然已确定了走婚关系，那么也就形成了事实上的婚姻关系。走婚双方都有相互的这种婚姻关系的认同，并有相应的义务与情感寄托，同时认同于走婚这种婚姻生活形式。在这个过程中，双方都在生活上相互关心，有好吃的留给对方，而女方常常会为丈夫缝制衣物。在走婚期间一般不能再寻新欢。除了对走婚的认同外，而摩梭人对于男婚女嫁却不能认同，在其社会中娶妻是不光彩的，而妇女由于是母系传宗接代的主体，世代都是以母亲计算世系，因而也不肯出嫁，这一点也反映了大家庭的认同所形成的排他现象。对于非母系血亲进入大家庭生活是为人们所排斥的，人们认为娶嫁都会导致大家庭的分裂，一些民歌唱道："妻子来了，新鬼也跟来了。"而对于女青年"让我出嫁不可能，妈妈留我生娃娃"。①

（4）社会对个人的认同。人是维系文化的主体，在摩梭人社会中，

---

① 转引自《永宁纳西族的母系制》，云南人民出版社版，第433页。

人在文化中的地位也是有区别的，这主要反映在年龄上，未成年的孩子不能获得社会的认同，自然也还不能去扮演相应的角色，只有成年的人才能获得社会的认同，认同其为摩梭社会中真正的一员，成年礼就是获得社会认同的开端。行过成年礼的孩子可以享有大人的一切权利：独自参加社交活动，结交异性朋友、走婚，穿着与大人相同款式的衣服，参加生产劳动及其他经济活动，死后也可以与大人同葬，而未行成年礼的人是不享有上述权利的。摩梭人的成年礼一般在十三岁举行，举行成年礼是一桩大事，要举行隆重的仪式，请来亲朋参加，受礼者要拜祖先，然后由母亲为他换上成人的服装，自此以后，受礼者就可以获得社会的认同，与其他成年人一起生活。同时，个人对社会来说，也有一个认同的过程，这主要是其社会化的过程。受礼之后，作为其社会文化中正式的一员，自然地要认同其文化中的种种规范，把社会认同的规范作为个人行为的准则。这样，摩梭人的文化就具有了代代传递的环链。成年礼的隆重，也让受礼者意识到这一份责任，把"我是摩梭人"这一概念更深地扎在脑海里。

（5）对其他文化要素的认同。对于母系为特征的婚姻家庭的认同，展开了摩梭人的种种社会关系，构筑起了自己的文化模式。同时，文化中的其他要素，也是与此相适应的。摩梭人的建筑就典型地反映了这一点：比较典型的大家庭院落都是四合院式的，包括正房、东西厢房及门楼。正房称为"义梅"，是全家人吃饭、休息、议事的地方，也是一家的重器——火塘所在地及家长的住地，其他房间则分别为喇嘛教经房及家庭成员的住房。"义梅"是家庭活动的中心，也是院落的中房。房中象征家庭的火塘又是"义梅"的中心。火塘上有圆铁架，有的直径达七八十公分，重数十公斤，也是一个家庭财富的象征。火塘内的火世代不能熄灭，象征着一个家庭的兴旺发达，最有意义的是"义梅"，也是女性家长的住房，她亦是象征家庭的火塘的守护者，"义梅"具有特殊的意义，这种建筑格局与其社会关系十分吻合。人们世世代代认同于"义梅"的所有内容，事实上也是对文化其他方面的认同。大院落的另一组成部分也包括了妇女们的单间居室。一般有几个成年妇女，就有几间居室。居室内有小火塘，妇女们结成走婚关系后，男子便每天晚来早去，过"走婚"生活。在院落内，没有为青壮年男子们准备居室，他们每晚出去与走婚女子同宿，无处可去的男子是要遭人笑话的，只能与年长不能再走婚的男子挤着住。居住是这样,摩梭人的服装也一样反映着其婚姻的认同。摩梭人的服装在行成年礼前后是不同的:未成年时男女服装是同一式样,没有多少变化,而行成年礼时,母亲就要为子女换上能分辨男女性别的服装。成年之后的着装不仅有性别的区分,更重要的是从此社会认同你成为真正享有各种权利的一员,也可以恋爱,过走婚生活了。由这些例子可以看出,摩梭人物质文化中的很多方面的认同也是与其文化中核心的认同,即母系的认同相适应的。

从以上分析我们可以看出,摩梭人的文化作为一种有别于其他文化的模式,其内部的种种要素都是相关联的,从对女祖的崇拜开始,人们盛行母系制,从而导致了母系大家庭的存在以及与此相适应的婚姻形式及其他物质文化方面的要素产生。这一切与人们的情感需要也十分吻合。作为这一文化模式的主位因素——对这种婚姻与家族模式的认同,则是维系这一模式存在的灵魂,在这种认同之下,这一模式中的核心部分——维系母系大家庭的完整及走婚生活已成为重要的价值取向。在20世纪60年代至80年代以强制性的"婚姻改革",到再次向传统的恢复,就是对摩梭人文化认同的最有说服力的验证。由于认同而强化了这些文化要素所组合的文化模式的内聚力。

2. 傣族的文化模式与认同

傣族是分布于中国南方的一个民族,主要聚居于西双版纳、德宏、临沧等地区。傣族有自己的文化模式,因此而明显地区别于其他民族。对于很多民族来说,文化模式与民族是相等同的,即一个民族就是一种文化模式,而一种文化模式也是以一个民族为依托的。傣族也不例外,其文化模式与族体是相吻合的。因此从傣族的文化认同体系来说,民族认同仍然是文化认同体系中的最高层次,一切对傣族文化的认同都是建立在"我是傣族"这一基本的民族认同之上的。傣族与其他民族一样,民族认同是根源于生物传承的意义之上的,即自己父母的血统,决定了自己的族属。成人之后因血统而认同自己民族的文化,因为有了对民族的认同,从而导致了对民族文化中各种要素的认同。傣族今天的文化模式主要由傣语、傣文、干栏式建筑、饮食习俗、婚姻家庭模式、傣族服饰、南传上座部佛教、民族节日等典型的文化要素组成。在对民族的认同之下,傣族人对这些文化要素都有较深的认同,从而构成了傣族文化模式中的认同体系。下面我们对这些典型的文化要素及其认同进行简单的考察。

（1）傣语、傣文。傣族的语言属汉藏语系壮侗语族壮傣语支。傣文则是拼音文字。对于傣族人民来说，语言的掌握是其所处的社会环境决定的，而文字在傣族传统社会中则为男子专识，因此文字的主要传播渠道是佛寺，入寺的小和尚都懂得傣文。作为一种人类交流的工具，傣族人民对于傣语傣文的认同是自然的，它是傣族人民共同的文化特征与思想交流的纽带。从文化认同的意义上讲，这种语言代表了一个民族，那么也可以说以此为母语的人民就是同一个民族，可以获得在一个族体中的相互认同。语言与人们的思维是相融的，傣语中独有的语法结构以及对事物的表达方式都与人们的思维习惯相吻合，这也强化了人们对母语的认同，这一点尤其是在几种语言相交流的社会环境中就显得更为突出。今天傣族除与周围民族的传统接触外，更多的是耳闻汉语，读汉文，但用本民族的语言与文字表达其思想及情感时仍是最完善的。其三，傣语傣文在文化交融中作为一种象征，具有特殊的、象征一种民族、一种文化的意义。傣族人民长期与哈尼、布朗、景颇等民族相邻，但傣族是大民族，相邻的小民族中很多人都会傣语；而傣族不学其他小民族语，这在文化上就具有了超越语言文字本身的意义，它象征的是一个民族的地位，傣族对于其他小民族的语言在这一意义上讲是不能认同的。与此相反，出于社会交往的需要，其他民族却可能认同傣语。在今天，傣族社会已十分开放，同处于祖国的民族大家庭及以汉语为主体的外部环境中，傣族人民使用自己的语言文字又是傣族与其他民族平等的权利与象征，这是傣族对语言文字的认同。

（2）干栏式建筑。傣族居住干栏式建筑，又称"竹楼"，这是傣族的一个重要文化特征。干栏式建筑为木竹结构二层建筑，下层无围墙，一般堆放柴火及拴牛，上层住人。上层室外有阳台，室内分为两个部分，外间为煮饮、吃饭、客人居住的场所，里间为全家人的居室，不再分隔。从傣族所处的热带自然环境来看，干栏式建筑有防潮湿的明显优点，但更重要的是这种建筑形式作为一种民族传统文化而为人们所认同，成为傣族文化的特征之一。在这种基础之上，傣族人都一致地选择这种建筑形式，认同于这种建筑形式所导致的生活规范。如卧室的住宿形式，不论何种家庭关系的成员，只能是一家人都同住一间不分隔的卧室。如果改变了这种建筑形式，也同样意味着背叛自己的民族文化，这也是傣族认同这种建筑形式的心理基础之一。笔者在傣族地区进行调查研究时，曾向很多傣族人问过这样的问题：为什么要建竹楼而不建汉族式的平房？回答基本是一致的：我们是傣族，所以我们要住竹楼。这一回答就是认同于这种建筑形式的具体体现。可见，认同、民族及其文化形式三者在傣族中是相统一的。

（3）婚姻家庭模式。傣族社会中，青年人的恋爱婚姻是自由的。傣族人追求以情爱为基础的婚姻，一旦这种基础丧失，那么婚姻也就将随之瓦解。青年人自由恋爱，这为全社会所认同。人们通过日常生活、娱乐、劳动相互了解，或在各种街天、节日等场合认识、交往，直至建立感情，待爱情成熟后，便可告知父母操办婚事。婚后如果出现感情、个性等方面的不协调，夫妻之间的离异也是较自由的，既可由男方提出也可由女方提出，因而傣族社会中离婚率也是较高的，它反映了傣族人民对情爱及个性自由的追求，这一点亦为整个傣族社会所认同，成为社会的基本价值取向之一。家庭生活的模式德宏与西双版纳两大傣族聚居区各有不同。在德宏，婚后男到女家居住，而在西双版纳，则是婚后女到男家居住二三年，才能视情况决定是否自立门户，这是两种模式，亦是两种不同的认同。以西双版纳为例，傣族人民认为婚后男到女家是自古以来的民族传统，是傣族人就必须遵守，在这个意义上讲这也是傣族人民区别于其他民族的特征之一。傣族人认为这种婚姻模式是最合理的，因为它对社会的和谐起着重要的作用，也与傣族人民的情感需求相吻合：第一，不论生男生女，将来在家庭中获得的权利都是相等的，婚后视情况夫妻既可居住于女方家，亦可回男方家居住，相互之间无依附关系。对老年人来说，不论生男生女生多生少，将来身边都可以有人照顾。第二，在傣族社会中妇女地位较高，她们是传统市场交易的主宰者，在家又掌管家庭财物，安排家庭生活，因此男到女家也与此传统相协调。

（4）民族服饰。傣族过去男女都有自己民族的服饰，但今天男性服饰已经被遗弃，只有女性服饰还完整地保留着。傣族女装上身是短袖圆领的紧身衣，下身是围裙，不仅能显出傣族妇女苗条的身材，更有飘逸的美感。但是，傣族妇女服装被完整地保留到今天，除了美感外，更重要的是它具有特殊的、为人们所认同的象征意义，即民族身份的象征。在人们的观念里，不穿傣装的妇女是背离民族文化、忘了自己的民族身份、不安分的妇女，这些人就会受人讥议。当地其他民族的女装在傣族社会里至今得不到人们的认同，相反，傣族女装的象征意义在今天的开放社会中被强调得更重。因此，尽管傣族女青年们对城市中漂亮的时装也十分垂青，但绝大多数傣族妇女都不愿违背传统的认同，而去做一个离经叛道的人，这是傣族妇女传统装束得以保留的根本原因所在。

（5）南传上座部佛教。傣族全民信仰南传上座部佛教。在傣族地区，基本上村村寨寨都有佛寺，男孩六七岁就要进佛寺当一段时间的小和尚，然后还俗。人们对于各种宗教祭祀都十分认真，同时也严守佛教的戒律。尤其是每逢大的宗教节日，几乎全体傣族人都不例外地加入到祭祀等宗教活动中去。人们信仰佛教，一方面是人们对它的认同，另一方面佛教中的很多内容亦形成了人们在宗教意义上的认同。从前一个方面来讲，在人们的观念中，佛教已经与傣族融为一体：是傣族就必定是佛教信徒，在过去不进佛寺当和尚的男子就是"生人"，即不是真正的傣族，从而得不到社会的认同，甚至成不了婚。人们相信佛教的来世轮回观，但更看重信教者因为受到法规戒律的约束而显得有礼教，能受到人们的尊重。从后一方面来说，佛教中的法规戒律也使人们形成很多认同，如不偷、不杀、不淫、与人为善等等，这都是傣族社会中的共识。由于这种认同，人们把佛教看作是民族文化的重要组成部分。在20世纪60年代，傣族人民对佛教的信仰受到了强烈的冲击，佛寺被改作他用，人们不能进香供佛，不能再入寺当和尚。但是尽管外面的这些因素改变了，人们头脑中对于佛教的认同并未因此而改变。因此在20世纪80年代初当宗教政策得以落实时，人们的信教活动又如雨后春笋般恢复起来，甚至一些未进过佛寺当和尚的已婚男子都离了婚而进寺当和尚，为的是获得社会中对于一个男子的传统认同。

（6）民族节日。傣族主要有三个盛大的节日：傣历新年（又称泼水节）、开门节、关门节。傣历新年在公历每年4月中旬，一般历时三日：第一日人们杀猪宰鸡，集中到江边赛龙舟；第二日"赶摆"，即赶集、游玩；第三日就是盛大而热烈的泼水了。关门节、开门节，时间在公历每年7月及10月。傣族的三大节日都属于宗教节日，节日期间主要是进行盛大的祭祀活动，而在开门节与关门节两个节日之间的三个月内，人们要恪守佛教中的一些特殊的规矩，如不能出远门、青年人不能结婚，老年人要集中做佛事，住到佛寺中去等。共同的节日是人们文化认同的具体体现，也因此而起到了联系一个民族的作用。人们有对民族的认同，才认同这一节日是自己的节日。在节日中，人们的情感得到了满足，而更重要的节日也在强化着人们对于民族及其文化的认同。

以上所举的仅是傣族文化模式中的几个典型的构成要素。当然，作为一种文化，其构成的要素远远超过了这些方面。由于各种有别于其他文化的要素的组合而构成了一种有别于其他文化的模式。在傣族社会中，就是种种独特的文化现象，诸如泼水节、服装、饮食等等，这种种文化要素为人们所认同，并代代相传，认同即成为将各种文化要素联系成一个整体的无形的潜网。

3. 布朗族的文化模式与认同

布朗族的文化模式中也十分典型地反映出文化认同对于文化整合——模式化的作用。布朗族目前有 8 万余人，大多数分布于西双版纳境内的布朗山、西定、八达等地，另一集中分布的地区是镇康县。布朗族有自己的民族文化，如语言、宗教、婚姻习俗、歌舞、文学、生产方式等等。其邻居民族中最大的是傣族。和其他与傣族为邻的民族所不同的是，布朗族认同于傣族的文化，并因此而大量吸收傣族的文化加以整合，形成一种文化混合并存的文化模式。布朗族的认同中，首先，对自己民族的认同感是强烈的，有作为一个民族独立存在的较强的意识。其次，对自己的民族文化也有较强的认同，如原始宗教中的自己的神灵崇拜，婚姻家庭的形式等等，然而与此同时，最有意义的是布朗族对傣族的文化有鲜明的认同。他们认为民族不分大小都是平等的，因而傣族有的东西布朗族亦应该有。在布朗族的观念中傣族的文化不应仅为傣族所专有，并且不必寻究这种文化之源，也就是说傣族的文化不等于傣族这一族体。在这种认同之下，布朗族吸收了很多傣族的文化：在服饰方面，布朗族妇女的服装基本与傣族相同，尤其是布朗族年轻妇女，从发式到着装与傣族妇女基本无异。在民居建筑形式以及居住习俗方面：布朗族也建干栏式竹楼，其外形式样与傣族相同，内部的使用亦与傣族相同，外间为烧火做饭，休息之地，内间住人。在语言方面，布朗族既有自己的民族语但又精通傣语，不少男子通傣文。在宗教信仰方面，布朗族既有自己的原始宗教，又在傣族之后接受了南传上座部佛教，有着虔诚的崇拜，村村有佛寺，男孩亦进寺当和尚。在节日方面，由于宗教的因素，佛教中的开门节、关门节亦是布朗族的两大宗教节日，同时还与傣族人民一道过泼水节。在婚姻习俗方面，布朗族婚后也盛行从妻居，即婚后安家女方家，二三年后才能搬出自立门户，所不同的是在这个过程中男子只是晚上到女方家住宿，早上归家。此外傣族男子重要的文化特征之一——文身，在布朗族中亦盛行。总之，大量来自傣族的文化要素与布朗族自己的文化相整合，形成了布朗族的文化模式。外来人初进布朗山寨，甚至不能分辨所到之处是布朗族村寨还是傣族村寨。

在这其中，布朗族在很多方面往往是主动去吸收，适应傣族的文化。在其文化认同的模式中，既有对自己文化的认同，同时也认同于傣族的文化，很多来自傣族的文化尽管已融会进了布朗族文化之中，成为今天布朗族文化模式中不可缺少的一部分，但布朗族仍然承认这些文化内容来自傣族，并无与傣族争主次的愿望，反之是认为自己应与傣族一起拥有相同的文化。较之于其他民族，布朗族是一个较多地吸收傣族文化的民族，其他与傣族相邻近的民族情形与布朗族都有很大差别，在文化融合上显得较为保守，对傣族文化的认同程度远远低于布朗族。布朗族及其他与傣族相邻的民族对傣族文化的吸收程度的差异，根本的原因就是对文化认同的差异。哈尼族、基诺族、瑶族、佤族等与布朗族一样同处于傣族文化区域内的民族，都不愿过多地吸收傣族文化，而是保持着自己的民族文化，与傣族文化有明显的界线。但作为布朗族来讲，希望获得文化上的平等是通过与傣族共享文化来实现的，而其他民族则通过文化的独立来获得。在这些民族中有很多传说，说明民族起源时与傣族是平行的，甚至比傣族优越。布朗族的文化吸收是一种特别的现实，但也是合情理的。因为布朗族认同傣族文化的前提是认同自己的民族及其文化，并不是在丧失这种前提的情况下去认同傣族文化的，因而也就没有被傣族所融合。

正因为布朗族主动地吸收了很多傣族的文化，故而布朗族在某些方面较之其他邻近民族要先进，如掌握了文字，这是一个很大的进步，而基诺、哈尼等族是没有文字的。其次在商品交易，生产工具的制作，卫生习惯等方面都与傣族一样有一些进步的东西。布朗族的文化模式也揭示了这样一个道理：一个民族只要在认同自己的民族及文化的前提下，积极吸收其他民族文化中优良的成分，就能获得更快的发展。

以上我们通过三个不同的文化模式的分析，探讨了文化模式中文化认同的地位。每一种文化模式，事实上也同时存在着一套认同体系。文化模式中有其文化的核心构成要素，而且这些要素因文化模式的不同而各异，某一要素在一种文化模式中处于核心的地位，而在另一种文化模式中则处于非核心的地位，如摩梭人对母系的认同所导致的家庭与婚姻模式使之在整个文化模式中处于核心的地位，而这一点在傣族社会中就不能与之等同。文化模式中各种构成要素的地位都取决于人们的文化认同而导致的最高价值取向。其次，在每一种文化模式中，人们对于文化的认同都是文化模式的内聚力，人们认同这种文化，才使这种文化趋于模式化，并得以存在。同时因为这种认同的存在，文化中的种种要素都具有其自身价值之外的意义，这一点在两种文化的交融过程中表现得极为明显，对于一种文化要素的否定，这首先表现为文化认同上的冲突及心理上的震荡。摩梭人的婚俗及傣族的宗教在"十年动乱"中所受到的冲击就说明了这一点。如果改变了文化认同，那么也就动摇了文化模式存在的根基。但在另一方面，如果对异文化能够产生认同，那么异文化也能与自己的文化相并存、融合，形成新的文化模式，但并不以牺牲自己的文化为代价。布朗族对傣族文化的认同所导致的两种文化并存的模式就是较为典型的例子。

文化的模式化是一个长期的历史过程，文化模式也是经历长期的发展才形成的，在这其中不仅是这一模式中的人们在不断地进行文化创造，同时也在不断地吸收外来文化，进行不断的整合，才逐步在不同的基点上趋于一致，这是露丝·本尼迪克特揭示的文化模式的精髓所在。但是，文化模式并非一成不变。文化模式科学地讲只是一个相对稳定的时期，因为随时间的推移及与外界的交往，各种因素所导致的文化融合等，都必然地要使原有的文化模式发生变化。在这个过程中，文化的认同会起到较重要的作用，在阻滞或推进这种变化，但是人类的历史将会促使文化认同在很多方面逐步趋于一致。传统封闭状态下的文化模式中，对自己文化的认同在交融状态下所面临的最大的危机，也是最有意义的时刻，便是对异文化的认同过程，这是每一种文化模式中的人们都将遇到的。而随着人类文化交融的扩大，典型意义上的文化模式将不复存在，那就是说人类文化的很多方面都将趋于一致。文化认同，作为文化的主位因素，也同样地要跨越传统文化模式的樊篱，开始新的整合。

二 文化认同的过程与形成

(一) 文化认同是一个长期的文化过程

我们在前一章中概括文化认同这一概念时曾指出：文化认同是一个陪伴人类社会发展的动态概念。人类社会从饮血茹毛的原始时代发展到今天的工业化时代，其中经历了无数的变化，人类对于自然及自身的认识等也都发生了巨大的变化。在人类文化发生着变化的同时，作为文化主位因素的文化认同，自然也不会停滞于一个阶段上，而是随着文化的变迁而变化。一个时期的文化认同只能反映这一时期文化的状况，因此文化认同的内涵总是在不断地变化着的。可以断言，任何一种文化，其认同的变化又都是上下相承的，有其传统的联系。因此在这个意义上讲，文化认同的内涵随着文化的变化而变化，其自身也是一个动态的、长期的过程。我们可以说，中国历史上汉族某个阶段的文化认同有何内涵、有何特征，但我们却难以用"中国人的文化认同"这一概念来概括中国的历史，只有把文化认同作为一个与文化发展相伴随的动态的概念，才能真正把握文化认同的实质与时代特征。

文化认同本身也是一个文化过程。因为在人类社会的发展中，作为文化的主位因素，认同些什么，什么不能为人们所认同，原因何在，通过什么途径与方式达到认同，这是涉及人类文化活动的种种方面，亦是十分复杂的一个文化过程。认同本身与这种种因素都是相关联的，因此文化认同也同样是一种文化活动，而文化认同的过程也同样是一个文化过程，尤其是对于异文化的认同的过程，更是充满着种种曲折，甚至是血腥。

由于文化认同是一个动态的、长期的历史过程，而人类社会的发展也不是无序的，根据人类社会发展的一般规律，我们可以把人类的文化认同划分为五个不同的时期。

1. 前认同期

这一时期是人类社会的早期。人类社会还没有被以文化为纽带聚合起来，而只是血缘关系维系着人们处于分散的小规模群居状态。在这个阶段，人们对于事物的认识是初步的，尚未能在一个文化群体中就很多事物，尤其是文化现象达到共识。人们依附于自然，在自然中寻找生存的方式，逐步地积累着生存的经验。狩猎与采集是人类早期生活的基本内容，随着人们经验的积累，人们不但能分辨什么植物可食，也能总结出很多方法对付野兽，但这都是一个过程，中国古代传说中的神农尝百草的事例就是人类早期认识自然、积累经验的典型写照。人类从哪些植物不能吃到认识到哪些能吃如何吃，这就是一个初步的认同过程。再进一步，人类开始认识到使用工具，种植植物以供食用，这在一个人的群体中又向一种新的共识迈进了一步。在狩猎的过程中，当一个人发现了野兽的生活规律，并采用一些方法及工具来捕获它，这种方法逐步为其他人，甚至是生活于同一区域内的人们所接受、采用，那么在这一点上也同样地取得了一定的共识。总之，人类与自然相依存中求生存的过程中所积累起的对自然有关生计的认识及经验是人类文化认同的开始。但这个时期还没有达到知识的体系化程度。

对于自然现象，早期的人类同样是不可知其奥秘的，天上为什么会闪电、打雷、下雨，为什么会有白天与黑夜，人为什么生，为什么死，人们把这一切首先归咎于一种超自然的力量，有一个生存于自然界之外的神在支配人类。在最终到达科学地认识这一切自然现象之前，我们可以想象面对这一切自然现象，早期的人类只能是迷惑与恐慌。在此之后，人们创造出了一种神灵，把一切自然现象归咎于它的魔力，并对这种神灵加以崇拜。如果一个人的血缘群体中的人都相信这种事实，崇拜同一种神灵，那么这一个血缘群体不仅仅开始了向文化群体的转化，也同样形成了对超自然力的认同。在今天世界上存在的大量原始民族中都可以看到，尽管不同的人们都相信超自然神灵的存在，但是不同民族有自己对神灵的认识，并给神灵取了不同的名称。因此不同的民族或族体，都有自己对自然的看法，即自然观与世界观，也有自己的原始崇拜对象，这就是说，人们对于自然在一个人的群体中已经达到了认同。反过来，一种神灵或某一种世界观也可能代表了一个人的群体。但是在认同形成之前,人类经历了一个漫长的时期,也就是前认同期。

再以人类的婚姻家庭为例:人类从早期婚姻过渡到今天的一夫一妻制,这其中经历了漫长而复杂的历程。今天,一夫一妻已为人类广泛认同,但是在人类早期,曾经经历了不排除血缘关系的群婚、对偶婚等发展阶段,人类婚姻关系的每一步进化,都伴随着人类各方面的变化,同样每一种新的关系的出现都必为人们所认同,才能成为一种相对稳定的规范。但是,在人类把婚姻关系排除在血缘之外以前,人类婚姻关系的基础是生物意义上的,对于婚姻还处于一种无意识状态之下。当人们把婚姻关系排斥在血缘之外,此时婚姻关系已经具有了文化意义,人们总是因为什么原因,出于与动物不同的动机才取得这种认同。因此在把婚姻关系排斥于血缘之外,也就是一般意义之上的氏族外婚形成之后,不论现在还存在的一夫多妻、一妻多夫、"走婚"以及一夫一妻制婚姻,都已经是为人们所认同的。但在此之前,人类所经历的进化阶段要比这些已为人们所认同的婚姻形式的确立漫长得多。

人类社会是一个漫长的进化过程。在人类早期,人类社会中不论组织规范、婚姻、家庭、对自然的认识、生产劳动经验都还未形成系统的、稳定的规范,自然也就不能建立起相应的认同体系。尽管在某一方面可能不为人们所认同,或已有局部的认同,如对血缘关系的归属亦不能说不是一种认同,但认同的系统性才是认同形成的标志,在此之前的漫长历程就是前认同期。

2. 文化认同形成期

认同形成期是人类对文化的认同已逐步形成了一种稳定、系统的体系的时期。文化认同的形成是与文化的形成相伴随的,在这一时期,人类文化已形成了相对稳定的文化体系:有共同的祖先崇拜,有象征一个氏族或民族的图腾,有这一文化中的宗教信仰、生活方式、生产方式、节日、歌舞、思维模式,等等,这种文化体系往往以民族为载体,形成文化模式。应特别指出的是,在人类社会早期,人们依据自身的智慧、生存经验及对自然的认识建立起一种相对稳定的文化模式之时,人类文化之间受到相互传播的影响还是较小的,这一时期人们对文化认同的形成是人类自身生存、繁衍及受其所处的不同自然环境的影响的结果,因而是原生的,不同的文化模式与相应的认同体系相并存,构成了人类文化的差异性。在上一章中我们所论述的摩梭人的婚姻家庭形态，就是一种原生的文化形态，其文化模式中的内核是摩梭人文化创造的结果，而相应的认同一经形成也是较为稳定的。认同形成期是与人类社会发展相伴随的一个必经阶段，同时也对人类此后的发展产生长期的影响。人类社会发展到今天，有的民族或社会中其原有的文化形态还相对完整地保留着，也有的民族文化已几经融合，但不论是什么形态，包括今天文化融合十分快的西方社会，都有这一文化中原生形态的影子，也都可以看到固有的文化认同的影响，这也就是一般意识上所说的"传统文化"的影响，而这种传统文化演变到今天，外层的表现形成已有了较大的变化，对一个社会，一种文化的影响更深的内涵仍在人们的头脑里，即固有的认同。今天的中国与古代相比，在物质文化上已发生了翻天覆地的变化，但中国传统社会中的封建思想、儒家伦理仍然存在，这种在中国传统社会中形成的认同在今天仍具有生命力。因而，人类社会的认同形成期既是一个漫长的过程，同时又是人类不同社会一个关键、对未来将产生长远影响的时期。人类在形成一种文化模式，一套稳定的认同体系的过程，是十分复杂漫长的过程，我们将在下一节中对影响认同形成的诸因素进行探讨。

3. 认同融合期

人类文化形成相互有别的模式往往是在封闭的环境之中完成的，传播与融合的作用在这其中还不大。发源于希腊半岛上的古希腊文化，美洲的印第安文化，中国汉以前的文化莫不如此。但是随着时代的推移及人类生产力的发展，人类与外界接触，交往日益扩大，人类社会自然地因各种原因进入了一个大接触、大融合的时期，尽管这种交往与融合在不同地区、不同时代所表现的方式不同。中世纪欧洲的十字军东征，哥伦布发现新大陆后带来的对美洲的开拓与殖民，匈奴人横行欧亚，蒙古人入主中原，丝绸之路开通后的商贸交往，同一区域内两个民族之间自然的人际交往、通婚、商品交易等等，尽管方式不同，但有一点是相同的，那就是在这种交往中固有的文化模式要受到冲击，带来新的整合。这种整合已不是文化形成过程中一种文化形成自身体系的整合过程，而是成体系的文化在外来文化冲击之下所引起的强制性整合，这其中还必须要融进其他文化的内容。这种整合可能有种种后果，或是经过吸收其他文化后整合为一种以自身文化为主体的新的文化；或是完全丧失自己的文化，被外来文化所融合；或是对外来文化的强行抵制，使自己的文化成为自己生存的象征，等等。因为这个过程是涉及一种文化、一个民族的前途的过程，因而在这个过程中每一个民族、一种文化既要不可避免地面对现实，又要维护自己的文化与生存。这也就使得这个过程变得十分复杂。

在人类文化的融合过程中，文化认同也同样进入一个融合时期，而且当两种文化发生融合时，文化认同是往往首当其冲的，是最活跃的因素。外部的冲突与融合首先要反映到人们的头脑中，这也就必然地波及人们固有的认同，而认同些什么，对外部文化能否认同，也就将影响到文化融合的后果。

在认同融合期，最重要的因素是对异文化的认同，这也是文化认同整个过程中最具有意义的时期。在此之前，对自身文化的认同是一种自然，源于自身的选择，并在这种选择之上构建起自己的认同体系。而在融合期，是两种文化，两种认同相对峙，天平的砝码略有不平，一种文化就可能融于另一种文化之中，这在人类历史上的种种大融合中不乏其例。因此，对异文化的认同所涉及的还不是一个文化优劣的问题，而是一个文化存在，乃至于民族存亡的问题。这也就是一些弱小民族顽固地保存自己的文化的重要原因所在。20世纪70年代中期，大批老挝人因政治原因逃离家园，仅1975年7月至9月短短3个月内就多达4万人逃入泰国境内，他们中除少量上层人物愿到美国外，大多数人都不愿去，这其中最重要的原因就是惧怕到美国后会被同化，从而丧失自己的民族文化。他们提出任何一个国家只要能提供一块地方使他们能集中居住，并保持自己的民族特色与风俗习惯，他们就愿到哪个国家。结果，他们到了法属圭亚那定居殖垦。今天有数万名苗族人居住于法国境内，他们同样不愿居住于城市，而是选择山区聚居，并保持着民族的语言、节日、原始宗教信仰等民族文化。他们认为只有保持民族文化，苗族才能存在下去。[①] 从苗族移居海外的实例可以看出，在文化融合时期，人们对文化的认同往往是出自民族存在的需要的，这不论是对自己文化认同的固守，还是认同其他文化都是一样的。由此，在文化的交融过程

---

① 《东南亚苗族的长途迁徙》，载《东南亚》1986年第1期。

中，认同就可能出现多种情况：对异文化可能认同，也可能不予认同而加以抵制；亦可能部分认同，或在强制之下认同；这一切都取决于种种复杂的背景因素。如民族的强盛时期兼容性就大，对异文化认同的可能就大。在中国的唐朝，对外来文化的认同就较多。

对异文化的认同与否，通过什么途径认同，对文化自身的发展起到不同的影响。事实上，人类文化的发展取决于自身内部的各种机制及所处的自然环境，也有赖于与其他文化之间的相互关系。对异文化的认同的过程，既可能是一个认识自身，汲取其他文化充实自己的过程，也可能导致封闭与狭隘意识的产生。

在认同融合期内，文化认同有以下几方面新的内容：

（1）对文化自身价值的反思。由于处于不同文化的交融过程中，必然地要引起对文化自身的反思，异文化就犹如一面镜子反射着文化本体，引发对自身新的认识。尤其是在一种文化处劣势时，这种效应就更加明显。近代中国备受列强的侵略，在洋枪洋炮与铁矛长刀的强烈对比中，人不得不从天朝上邦的理想国中恢复到现实中来，反省自己，正视现实，其间出现了康有为、魏源、谭嗣同、梁启超等一批思想家，并影响到了国家的政治与决策，甚至戊戌变法、洋务运动等都是这种反思的结果。反思既不可避免，也是获得新的认同与发展的前提。

（2）自我意识的产生与增强。在没有对比的情况下，对自身的认识是以自我为中心的，也谈不上自我意识，而进入文化交融进程之后，随着文化之间的冲突与融合，人们才会看到自己处于一个什么样的境地，以及相应的危机感及发展愿望，对自身有新的发现与认识，这就是自我意识。如果一种文化是以民族为载体的，那么这种自我意识也就表现为民族意识。文化自我意识的实质首先是强化存在意识，因为在文化交融过程中人们首先意识到的不仅仅是自身原有的存在，而是在整个人类文化大环境中的存在，而这种存在是有条件与代价的，一切对自我的新的认识与反思，危机感与发展愿望，都是基于自身的存在这一前提之下的。其次文化的自我意识才是把文化中各种因素作为自身的象征而加以显化的。文化自我意识一经产生，就将长期存在下去，直至这一文化消亡，文化之间的冲突越激烈，文化自我意识也就越强烈。

（3）文化感情。文化感情指人们对自身文化的感情取向。由于文化的差异，人们的感情取向与价值取向都是不一致的。长期受自身文化的熏陶，使人们对于自己所处的文化有深刻的认同，这种认同自然也表现在人们的感情上。如我们在前一章中所论述的那样，人们的文化氛围与人们的感情是相协调的，人们的感情、激情亦是其文化在人的精神世界中的反映。在文化交融的过程中，人的认同也进入了一个新的时期，人们的文化感情同样也在起着变化，而且具有了新的意义与价值。人们的感情取向是以自己的文化为基础的，但是文化交融的过程中，文化的各个方面都可能发生冲突，孕育着新的变化，这种变化也必然要反映在人们的感情上，引起感情上的波动。如果两种相交融的文化在价值取向上没有较大的对立，那么这种交融过程中人们的文化感情波动不大，反之就是另外一种结果，这是文化对于人们的感情而言。另一方面，人们的文化感情也会影响到文化交融的进程，人们在感情上基于各种因素对异文化的好恶，往往左右人的行为，对文化交融起着阻碍或推动的作用，影响人们对异文化的认同。其次，由于对自己文化的认同导致了文化的价值取向，对这种价值的损害也会伤害人们的文化感情，如外部强制性地改变人们原有的文化，或毁坏人们看来是象征自己文化的某些东西，都有可能伤害人们的感情。文化感情也与人们的自我意识相联系，当一种文化的存在使人们意识到危机时，这种危机会反映到人的感情中，并使人们的文化感情受到强化，而当一种文化处于鼎盛时期，同样人们的文化感情也能反映这种状况。文化感情一经形成，就会长期稳定地存在于人们的头脑中。

4. 文化认同趋同期

随着人类交往的扩大与认同的融合，人们对于文化的认同已不再局限于自身所处的文化环境，而是在交融的过程中不断地整合，不断地认识外部世界，认同其他文化。在整合的过程中，人们也在不断地调整自己的认同，以适应内外新的变化，这样人们在很多方面都可能形成共识，使人类文化认同在很多方面渐渐地向同一方向发展。尤其是人类进入20世纪以来，交通与信息传播空前发达，人的交往、文化的交流与信息量的获得都空前扩大，这一切加速了人类文化的融合，人类文化的发展已进入了一个不断吸收外来文化加以整合以获得发展的进程。在这个时期，由于文化的交融，全球化的影响，人类共同利益的趋同，人类互相理解的加深等，人类社会形成了更多共同的文化，同时也形成了更多共同的文化认同，这一切为人类更多更广泛的文化共识的产生奠定了基础。这一时期人类文化认同有以下几个特点：

（1）跨民族的特点：人类文化的产生及长期的发展首先是以民族为载体的，只有人类文化进入了融合的时期，才出现了相互间的融汇。因此人类对于文化的认同也从对自身文化的认同发展到了对异文化的认同。通过认同的整合，人类文化的很多方面就可能达到一致。在认同趋同的时期，文化认同也就不再局限于一个民族，而是越来越多地认同于异文化，反过来，也促使本民族对于异文化的吸收，促进了本民族文化的发展。

（2）跨地域的特点：人类的文化不仅仅有民族性，也有地域性。居住于山区的人们以山地农业、狩猎采集为主要的生存手段，而居住于沿海的人们则主要以捕鱼为生，这些不同的生存方式都会导致不同的文化类型的产生。其次，人类文化还以地域为范围形成文化区域，大到中东为主的阿拉伯文化区，美洲的印第安文化区，长江、黄河流域为中心的中国文化区；小到以西藏为中心的藏文化区。而且同处于一个地区，同属一个文化区内往往包括了不同的民族，这些民族都具有共同的文化特征。如在中国的南方，干栏式建筑就是傣、瑶、基诺、布朗等民族共同的文化特征，当人类文化进入融合的时期，文化的融合首先是在一定的地区内进行的，这也是跨民族的文化区域形成的重要原因。人类的文化认同也随着人类交往、文化融合的地域的扩大而扩大。在今天，当现代化的交通工具使远在天涯海角的人们能在短时间内往来，现代化的文化传播设施使人们足不出户也能知晓天下，都大大地促进了人类跨地域的文化认同的形成。

（3）多种认同并存：在人类文化认同的趋同时期，由于出现了新的认同，也就使这一时期显得十分复杂。首先，在这一时期对本民族文化的认同依然存在。人们首先认同自己的文化，并以此为尺度去认同异文化。在这种情况下，本民族文化的认同还具有很多新的意义，并且会因民族的生存与发展、文化交融中的感情需要等因素变化而更为强烈。因此，对于本民族文化的认同将会长期存在。其二，由于文化交融的影响，很多民族的文化都已吸收了其他文化，并经过新的整合，形成一种新的认同体系。这种体系包容了异文化的成分。其三，人类文化通过交融，使不同的文化之间形成了某些方面的共识，文化的某些方面趋于同一。其四，人类出于共同利益的需要，仍在寻求人类共同的、新的认同。而这一时期，人类对文化的认同也增加了新的内容，从传统的自身文化的认同到文化交融时期对异文化的认同，到人类共同文化与发展的认同。如政治制度、体制、新的国家意识，保护人类的和平，维持生态平衡，控制人口增长，涉及全人类的道德规范，保护野生动物资源，缩小地区间经济发展的差距，等等。随着人类社会的发展，涉及人类共同利益与发展的认同还会不断增加。与此同时，一些民族优良的文化亦可能为全人类所认同，成为全人类共同的文化与财富，这同样是与人类文化认同趋于同一相伴随的。人类就在这种不断吸收其他文化中的优良成分加以发展的过程中使过去源于某种文化中的精华成为全人类共同的文化，从而促使全人类文化获得发展的。

5. 人类文化认同大同时期

人类文化认同最终将进入一个大同的时期。随着人类社会的发展，人类文化将不会以地域或民族为限而孤立存在，而是不断地融合，在融合中不断发展，创造出新的、共同的文化。作为对文化的认同，不再仅停留在因文化形成而认同的地步，而是先行于文化的变革与发展。文化的变革与发展，社会的进步受到诸多因素的影响，而人类却可以先此而形成认同，并超越地域、民族、国家、政治制度的限制。如控制人口的增长，具体的实施是十分复杂而又极其艰难的过程，但是人类今天却已在这一点上形成了共识的趋势。随着人类社会的进步，人类将会在更多的方面形成认同，而认同超前于其他方面的变化，这是当今及未来文化认同发展的趋势。首先有了人类共同的认同，人类再依此为目标去实现人们的认同。今天人类已在诸多方面逐步在形成共识，并在为此而努力。如促进全球经济的增长、反种族歧视、控制人口、优化生态环境、创造和平与发展的环境等。这些人类的认同都超越了民族、国家以及政治制度，并且往往是先行于实际的发展的。

人类对于文化的认同必将进入大同时期，但这将是一个漫长的过程。政治制度、国家利益、种族、宗教等方方面面的因素仍然有碍于人类文化认同的趋同。在今天的全球化环境中，一方面是由于全球化的推动而使人类形成了更多的共同文化与文化共识并形成相关的文化。越来越多的国家、民族融入全球化进程中，但以各种文明、种族、代表国家利益的价值观之间的对抗与冲突在加剧。尽管如此，由全球化的各种要素——金融、技术、信息、文化、社会交往、教育等所带来的人类文化的融合进程不会停止，甚至会更加快，由此也将形成人类更多共同的文化认同。因此人类的认同并不会停滞不前，今天的很多因素已超越了这些范畴，而形成认同。人类社会的发展也同样在前进，封闭的樊篱终将被人类发展的潮流所冲破，人类对文化的认同与这个过程也将是相伴随的，当人类的文化融合发展趋于一致时，人类文化的认同也同样在趋同，同样会跨越民族、国家、政治制度等因素的限制。

人类文化认同的大同表现在对全人类共同的利益、发展、精神与物质需求及人类在文化交融中形成的共同文化等方面的认同。但是并不排除原有民族、区域文化传统的存在，因为文化的产生与发展受到地域等因素的影响，全人类的文化是不可能全部融为一体而形成一个统一的模式。文化认同的大同，实质上是人类从过去对一个民族，一种文化的归属扩大到对"人类"这个范畴的归属，从而超越了一个民族，一种文化的范畴，以对人类的归属来认同全人类共同的存在与发展利益，认同属于全人类的文化，这种认同的层次较之传统的认同就要高得多。当人类新的、共同的认同体系形成之后，传统的地域、民族的文化宗教等仍可能成为这个大的体系中的一个组成部分。因此，尽管人类的文化不可能完全融合为一个模式和一种类型，各种民族、宗教、文化类型、国家意识与价值体系还将长期存在，甚至永远不能融为一体，但人类的文化认同却有可能超越这一切因素先期达成，从一些局部开始而扩大。这一点对于人类的和平与发展是十分重要的，人类共同的认同的形成也是人类相互理解的结果，同时也有利于人类的发展与世界的和平。

以上五个方面我们简单地概括了人类文化认同的发展历程，这亦是我们在本书中研究文化认同进程的基本线索。在后面的章节里，我们还将对这一线索中的诸多方面详加研究。从这一线索中我们可以看出，人类文化有产生、发展的过程，而文化认同也不是一个静止的概念，它随着人类文化的发展而发展，不断地扩大内涵，增加新的内容。它与人类文化始终相伴随。从总的来讲，人类对文化的认同是一个从封闭到开放，从认同个体文化（群体的、民族的、地区的、国家的文化）到认同人类文化的过程。在人类文化产生初始，文化因地域、民族等因素的影响而形成稳定、封闭的体系，人类对文化的认同也是局限于这种封闭狭窄的体系中的。随着人类文化的交融，人类文化的范畴在逐步扩大，人类对文化的认同也在这种交融中不断地整合，形成新的体系，逐步地超越了民族、地域、国家的范畴，上升到对全人类文化的认同。这就是人类对文化认同的历程。

（二）个人认同

文化认同的最基本的载体是个人，无数个人对文化的认同构成了一个群体对于文化的认同。因此，文化认同总是从个人开始的，而个人对于文化的认同历程，又受到其所处的文化环境的影响，从而也才能形成认同的一致性，使文化认同具有群体特征。

1. 个人认同的历程

人在出生之后，便被投入了文化的熔炉，在不同的文化中熏陶成长。人生之初，对每个人来说都面对着文化这笔巨大的财富，受益于这笔财富，同时也在这个过程中逐渐获得支配这笔财富的权利。从文化认同的角度来说，人的一生在与其所处的文化的互相关系中形成认同，而在儿童的成长时期，其所处的文化环境就已在潜移默化而又强制性地使其认同于某种文化。

人出世之后，首先接触到的是自己的父母与家庭，而人也是首先从父母身上受益于文化，开始接触文化。父母不但在家庭中具有权威，更重要的是他们已经成为一种文化的基本载体，他们所用于养育自己的婴儿的方式与知识都是已经在他们身上内化了的文化，如中国人过去习惯于将婴儿的身躯强行拉直捆于襁褓之中。但这个时期个人真正与文化的交融尚未开始。当孩子渐渐长大后，便不是再如婴儿时期那样对于文化逆来顺受，而是已经有了自己的选择，当然这种选择的标准在这一时期更是以生物特性为基础的，也就是说，这一时期的人还属于受生物特性支配的自然人，但是，也就是由于这种特性的影响，人与文化之间开始的是一次具有革命性的冲突与调适。

当孩子渐渐长大后，他们会发现自己的父母往往并不是按照自己的心愿来对待自己的。一方面，他们要面对种种的禁忌，如不能穿鞋子上床，不能搬动诸如热水瓶之类的用具，不能玩刀具，不能爬高下低等。

在不同的场所，面对不同的对象，孩子们都会遇到不同的、烦琐的禁忌，行为受到父母及成人的阻止，但从孩子们好奇的天性来说，这些被成人们所禁止的行为，往往可能又是他们很有兴趣、很希望去做的；另一方面，孩子们要从父母那里接受种种行为的规范、知识等。这些规范可能包括爱洁、按时吃饭、睡觉，不随心放置什物、在一定场所大小便，等等。当然，在不同的文化中种种要求孩子遵守的行为规范是不同的。与上一个因素相反的是，这些父母及成人要求孩子们接受的行为规范往往又是孩子们所不愿接受的。在这两个方面，要求孩子遵守的是孩子们所不愿的，而禁止孩子们做的，限制孩子行为的东西往往又是孩子们的天性所喜好的，这种矛盾与冲突恰恰为两者之间的调适提供了机会。父母及成人是具有权威性的，对待子女自然已有相应的标准，孩子们在冲突中最终只能就范于父母的这些标准。而父母的这些标准中，包括了大量的风俗习惯、价值标准及父母对孩子的具体期望——这一切都是来自父母所处的文化之中的。在这种冲突中，孩子们也就强制性地开始接受文化，认同文化。在这个过程中，不就范于父母的要求就有可能受到不同的惩罚，或训斥或打，而就范就能受到奖励。这种明显的反差自然地使儿童去强迫自己适应与自己的情感与天性所不相同的原则，并逐步地向父母的规范靠拢，做父母眼中的"好孩子"。这个过程实质上就是走向未来所要赖以生存的文化环境的初步过程，而父母所要求子女的规范，也就是某种文化的规范，这种规范在人生中首先由父母传达到孩子身上。当然，这只是一般的通则。具体到不同的文化中，传达的方式与内容都是不同的，如什么是好孩子、坏孩子，在不同的文化中是有差异的，这反映了文化的价值取向。这种取向在孩子进入少年时代就表现得更为明显。

当孩子进入少年时代，他们所接受文化的范围就不仅仅是家庭，而是家庭之外的社会了。何时进入这一时期在不同的社会中是有所不同的，但在传统社会中，成年就是进入社会、获得社会认同的普遍标志。在亚洲南部的很多民族中，成年礼一般都在12岁至15岁之间，行过成年礼之后，孩子们便在心理上跨出家庭，成为一个社会人了。在这个阶段，少年们有更为激烈的心理活动，也就是生理上的青春期骚动，但对于文化的抗拒，与孩提时代是不同的。在孩提时代，人们已经受到文化的熏陶，对于一般的文化已经有了适应。这是两方面的：一方面属于潜移默化地对文化有了认同，如节日里的一些风俗习惯，不断的经历而使孩子获得认同；另一方面个人行为的规范，则多是对父母及社会带有强制性的认同。带着这种认同进入少年时代，那么一个人也就更容易地适应其文化环境，并具有适应的主动性，这一点在儿童的成年礼上就可以看出。儿童一般都是带着激动与自豪的心情去体验成年礼的，哪怕他们所要经历的象征未来社会的成年礼仪充满种种艰险。瑶族的成年礼"度戒"就是对一个将进入社会的人的意志的考验：行礼之时，男孩要爬上一个用木头架成的二三公尺高的木架子上，然后后仰从木架上跳下来，这惊险而又具有很大危险的一跃，象征着与儿童时代的告别，同时又是以获得社会的好评的企望为驱动力的。基诺族在行成年礼时，往往都是采取突然袭击的方式进行的：当某一少年将成年，村寨长老们便测算好吉日，届时让一些已行过成年礼的青年人埋伏在该少年途经之处，待少年收工回家路上，突然跳出将他擒住，蒙上眼拉回家中受礼。每一个民族的成年礼都被人们看成是人生中的大事，因此，一般都要以各种方式庆贺，或杀猪宰鸡，或换上成年人的衣裙。成年礼既标志着与孩提时代的告别，又是真正走进其所处的文化迷宫之门的标志，其中的惊险与隆重，就是让人们认同文化的一次强烈的刺激。同时成年礼后就能获得的权利又具有社会的恩赐色彩，这种心理就更促使受礼者主动地去接受未来的一切，在行过成年礼之后，少年们对于自己所面对的文化环境几乎都是主动地去接受，以获得社会的认同，在这个时期，他们还没有逆反的能力，只是希望更好地适应于社会，成为社会中真正的一员——人们总是抱着这种愿望告别孩提时代步入社会的。

每一种文化对于依存于其中的人们都有种种要求与成长的标准，也就是社会学中所称的社会对于个人的角色希望。这些标准与要求最终的目的仍然是要求个人完全地融合于这一文化之中。草原上的人们希望自己的孩子成为一个好骑手；而密林丛中的居民们则希望孩子成为一名好猎手，女子们既能采集又能纺线织布、操持家务。这是社会对于青年人的第一方面的要求，即较好地掌握生产劳动的技能。第二个方面则是在行为规范、道德意识、爱憎等方面符合社会的要求，相反的行为则是逆反行为，为社会所不容。处于少年时期的人们，对于社会对自己的希望总是努力去做到，使自己符合社会的要求，这样的结果加速了少年对于文化的认同，使之渐渐融于文化之中。

二　文化认同的过程与形成

随着年龄的增加，少年们便逐步步入了一生中最漫长的新的认同时期。人们一方面已浸透了文化的养分，并按照对自己文化的认同去规范自己的行为，塑模自己的思想体系；但另一方面又会对自己所处的文化环境进行反省，对自身的价值有所认识，出现自我意识。这一时期，也就最有可能出现逆反于文化的行为，成为个人对文化的认同最复杂的时期。

首先，这一时期是文化真正把人塑模成这一文化中一分子的时期。进入青年时代的人们，以自身来讲，思维发展已经进入了一个新的阶段，能够独立地思考、观察一些问题，而从与社会的关系来讲，成年以后所能接触到的社会及活动，自己所充当的文化角色都与孩提时代大相径庭，教育、职业等也在进一步地改变着一个人。人们从此真正进入了社会，对文化有更进一步的认同。在这其中有两种情况：一种是更深地认同自己的文化，一种是在认同自己所处的文化的同时，对此出现局部的逆反。第一方面是认同的总的倾向。人们进入青年时代之后，事实上所要接受的社会规范较之于少年时代要高得多，首先要有较之于过去有更为广泛的人际关系，这些人有男有女、有老有少，并且是具有各种文化特点的人，在与人们接触与交往中，人们会发现一个新的自我，例如自己所从事的职业、自己的出身在社会中的地位等，同时也在依据自己对自身的认识，去调适自己在人际关系中的地位，久而久之达到与社会的双向认同。在这个过程中，主动的调适才能获得社会的认同。东方人崇尚人际之间的和谐，个性调适于群体之中，而西方人则较为强调个性的发挥，在这种不同的文化背景下，个人只有努力地按照所认同的模式去调整自己，才能为社会认同。当一个人真正驾驭了这个社会中的人际关系的时候，也形成了个人对于社会的认同。其次，人们在进入青年时期后，就要从事不同的职业，掌握不同的劳动技能。从事职业与掌握劳动技能具有一定的强制性，它首先要求人们完全地接受既有的传统经验，这也同样地影响到人们的认同，因为职业与劳动技能在不同的社会中与其文化是有密不可分的联系的，亦是文化的再现。以传统的劳动技能为例，居住在海边的居民以捕鱼为生，而居住于山区的民众则以山地种植为业。在中国南方的山区，"刀耕火种"是传统的耕作方式，同时又是其传统文化的基础。在山地耕作中，不同的民族都有自己的耕作方式与种植经验。在山地农业中，森林是基础，人们以焚烧耕地上的树林为肥料。为了让树木在烧耕过的土地上再生，基诺族将耕地规划为若干块进行轮歇耕作，一块地耕作数年后便放荒十余年，让树木更生。而在怒族中，则是在耕种过的土地上种植一种速生树，营造再生林。为了获得稳产，不同民族都有保护森林，恢复森林的种种方式。由于山地农作劳动投入量大，因此劳作一般都是集体性的。因此在中国南方，过去与山地农业相适应的社会组织是农村公社，土地为村社公有，或集体劳作、平均分配，或由村社长老协商分配土地；在精神文化方面，农业祭祀与耕作相关的诗歌、故事、传说等均占很大的比重，可以反映出农作与其文化之间的紧密联系。行过成年礼之后的人们都要进入农作，不断地掌握本民族中祖祖辈辈积累起来的劳动技能与知识，并通过种种途径进入本民族文化的迷宫，获得对本民族文化的认同，在掌握生产劳动技能的同时，人们就能体验到土地分配中所包含的公社中的平均主义原则及相关的人际关系，以氏族为单位，从村寨中分配到土地，再分配本氏族的家庭中使用，从这种土地分配与使用制度中人们还能体会到血缘关系的意义。为了获得丰收，农业祭祀在每一民族中都存在，而对个人来说，也自然地会从上辈身上继承这种心理，从而导致对本民族精神文化中的种种因素的认同，等等。在现代社会中，劳动有了更为具体的分工，职业便是这种分工的具体表现形式。现代社会的职业与传统社会中的劳动实质上是相同的，同样与其社会及文化密不可分，不论从事股票经纪、律师，还是汽车制造，都与其所处的文化紧密相连。从事律师职业，就必须了解本国法律，而法律的制定，离不开本国的文化背景。通过职业，人们亦可获得对本国文化的认同。与传统社会中自己参与劳动，长辈言传身教而掌握劳动技能，获得知识不同，现代社会这个过程是通过学校教育、职业培训等途径获得，但两者之间的实质同样是一致的。因此，劳动技能、就业也是个人认同文化的一条重要途径。

个人在步入社会之后，将直接地面对其文化中既成的风俗、道德、伦理、社会规范等，从青年时期开始，这一些因素才最直接地与个人发生联系，影响个人的成长。如婚姻模式及其所包容的伦理与道德，结婚之后的亲属关系在这个时期就是与个人直接发生关系的。作为个人的文化认同来说，也是在自己亲身的体验中形成的。进入青年时期后，一切过去看来是成年人的"专利"的事物，都将在人生中逐步经历，作为自幼生活于这一文化，受其滋养的个人来说，一般不会与其文化有大的抵触，认同的形成是较为顺利的。社会中的种种伦理、道德等也是个人进入成年才能理解与接受，并以此来规范自己的行为的。如在中国儒、道、佛等不同的伦理体系对民众就有深远的影响，个人认同什么，是步入成年之后的事，一经有了认同，也就将受其影响。在步入成年之后，个人将不断地面对新的价值，这些价值往往是已为社会所认同的，尽管这些价值在不同的文化中表现不同，但作为个人来说，只有认同这些价值，才能同时获得社会的认同，反之如果不能认同这些价值，那么就有悖于社会，不能得到社会的认同。

由于文化差异的存在，个人对文化的认同往往也并不是一帆风顺的，这主要表现在某些文化中抑制个性的成分的存在。在这种情况下，只有经过心理上，乃至于行为上的冲突才能达到认同。以婚姻为例，一种文化中如果其婚姻的模式与人的性爱追求较为和谐，那么也就较容易为人们所认同，相反则会带来冲突，认同的过程就会复杂得多。一般来讲，人对于性爱的追求属于一种自然的生物属性，而不同的文化对于性爱往往又有种种不同的约束，这种种约束就是社会所认同的伦理、道德与价值。人们在进入成年后，初步体验性爱时，对这一切的体验并不深，往往是从自己的喜好出发去体验性爱的，当进入这种角色而又感受到社会中存在的种种约束时，就会产生追求性爱自由的愿望与社会中既已存在的种种文化认同的冲突，出现心理上的冲突与行为上为社会不能认可的异动，丽江纳西族中存在的殉情现象便是一个典型的例子。在这一民族中，男女在婚前有社交的自由。街天、节日是青年人约会交友的主要时机，每到二月的东山庙会及六月的火把节，男女青年们便相约带上吃的东西前去游玩，在白天男女相互认识，晚间点上火把聚会，于河畔篝边，弹起口弦，谈笑说情。经过几次交往，不少情投意合的男女常常私下订了终身，在日常生活中互相关照，这是纳西族婚俗中较为符合人们性爱自由的愿望的一面。然而在纳西族中，婚姻是不能由青年人自己做主的，必须父母包办，本人无选择配偶的权利。在孩子十三四岁，甚至更早，父母就依据自己的喜好及"门当户对"等条件为其订了婚，很多订下婚的青年人没有任何感情可言，于是不少与自己的爱人恋爱而不能结合的青年人便产生了殉情的想法，希望到"玉龙天国"中去成双,选择玉龙山或风景幽静的地方殉情自杀,① 殉情自杀的现象在20世纪50年代仍常出现,而在过去则更为突出。殉情自杀对于殉情者来说,一是实现了自己的愿望,二是对于社会固有的陈规的反抗。而对更多的纳西族青年来说,虽未曾殉情,但是对于父母所包办的婚姻都有不满,在心理上有过长期的冲突,在无可奈何的情况下经过长期的调适,达到安于现状的境地。从纳西族婚姻中的这种冲突中我们可以看出,青年人对已形成的文化认同往往是经过冲突才达到的,而达到了认同,也就成为这种认同的执有者与维护者。在对纳西族的研究中我们还发现这样的事实:一些反对青年人自由恋爱的中老年人,在他们的青年时代也曾是包办婚姻的反抗者,对自己的婚姻也并不满意,这就说明了上述结论。事实上,在很多社会中,引起人们心理与行为冲突的因素较多,包办婚姻在汉族封建社会中也长期存在。除此之外,宗教、礼俗等对人的束缚也是较大的,这并不局限于婚姻上,对这一切的认同往往都要经过冲突才能达到。冲突的主要时期,一般都在成年后步入社会的初期,因为在这一时期,青年们是按照自己的本性与愿望去对待新的人生及文化环境的,而社会则是按照既成的认同及规范去对待青年人的。当一个青年人从按自己的意愿去生活转变到按社会的认同与规范去生活,那么也就完成了对其文化的认同,但在这个过程中,上述两种事实一旦不相吻合,就必然要发生冲突,通过冲突才能达到调和,个人才能认同于文化。而两种事实如相吻合,那么这种冲突就会减少,青年人认同文化的过程就要顺利得多,这种事实也同样常见于人类社会中,如上一章中我们所研究过的摩梭人的社会中,个人对文化的认同就顺利得多。

2. 个人文化认同的差异

下面我们探讨个人文化认同的另一个重要问题:个人文化认同的差异性。

文化认同除了受到既成文化的影响外,个人对文化的认同差异也是较大的,原因在于社会构成的多样性、男女性别、年龄的差异、社会的开放度等对个人的文化认同形成的影响。因此,同在一种文化中,个人

---

① 参见《纳西族》,民族出版社;《纳西族社会历史调查》,云南民族出版社,第62页。本人曾就此在丽江等地进行过实地调查。

对文化的认同差别也是较大的,个人在进入成年期后,面对的是千姿百态的文化环境,充满不同的价值及对个人不同的要求。我们选择几个主要的方面来看这个问题。

(1) 两性在认同上的差异。性别本质上只是人的生物属性,但在不同的文化中,性别却具有不同的文化意义,这也就导致了不同性别的个人在文化认同上的差异。在传统社会中,往往都形成了男女在生产劳动、日常生活、礼教及习俗等方面的种种规范。男女必须按照社会所认同的这些规范去培养这些规范,认同这些规范,最普通的事实是劳动的两性分工。男子往往从事耕作等繁重的生产劳动,女子从事家务等劳动,"男耕女织"是中国古代社会典型的男女劳动分工的写照。这种分工的存在,使男女青年在步入社会时便对于自己在性别上的差异有新的意识,从而依此去认同自己在社会中的文化规范。而不论在哪一种文化中,男女在文化中所面对的规范的差异都远远超过了劳动分工这一区别,它还表现在政治、伦理道德、婚姻家庭、宗教等等方面。在傣族、藏族等全民信仰佛教的民族中,宗教的影响涉及社会生活的方方面面,而宗教权利为男子专有,男子可以成为职业宗教人员,进寺院学习文字,主持种种宗教活动,从而依据宗教的影响支配社会生活与政治。西藏就是一个政教合一的社会,妇女虽也信教,但是有信教的义务而无支配宗教的权利,从而也就造成了在社会中的很多方面地位的低下及被歧视。在傣族中,妇女有传统地位高的一方面,但在宗教教义上却是受歧视的:不能学习文字,不能参与一些宗教活动,不能走近佛像,行经期间不能入佛寺,在政治生活中无发言权等等。[1] 在其社会中,男性认同既已形成的文化规范,而女性亦在认同既已形成的对于女性的文化规范,并努力按社会既有的规范与价值来约束自己。在中国古代社会中,除了"男耕女织"的一般男女性别规范外,男子主宰着整个社会,从政治、军事、文化到家庭、婚姻,男子认同这一切,认为这一切是天经地义的事。作为社会来说,对成年男子的企望就是成家立业、做官成名,男子从小就是在这种熏陶下成长,即便做不了官,也可成一家之长。在对待文化的意识上,也就是在文化认同上,这种种影响对男子是较大的。而对于女子来说,社会又为其提供了一套文化规范。在男女交

---

[1] 参见郑晓云《社会变迁与西双版纳傣族妇女》,中国社会科学杂志社 1987 年第 12 期。

往中，须恪守"男女授受不亲"的"男女大防"，不能与男性自由交往。在日常生活中足不出闺门，笑不露齿，行步不过方寸，孝敬父母，勤操家务，才能获得社会的好评。更为重要的是，未婚女子还必须严守贞操，把贞操视为人生第一要事，从而也引出了种种悲剧。婚姻大事由父母包办，一嫁即订下终身，婚后对丈夫柔顺屈从，对婆婆唯命是从，最可悲的是丈夫死后也不能再嫁，必须"守节"至死。这一切对妇女的规范为社会认同，在中国的正野史籍中谈及这些规范的文字如汗牛充栋。能遵从这些规范的妇女即为社会认同的良女，而相反有违反则为不良，要受到社会的指责。作为少女来说，成年之后所面临的就是对这一切的认同，依此来规范自己的行为，而这些抑制妇女天性的规范在女性认同的过程中又往往是极其痛苦的，著名的《梁山伯与祝英台》的故事传说就是反抗这种规范的写照。从以上所举例子中可以看出，由于文化中两性的意义与行为规范不同，两性对文化的认同是有差异的。

（2）社会阶层造成认同上的差异。人类在进入阶级社会之后，社会的阶层作为一种社会的基本特征就普遍地存在于各民族中，在同一种文化之中，人们往往处于不同的社会阶层之中，如贵族阶层、贫民阶层，欧洲中世纪的教士阶层、庄园主阶层、农民阶层，中国古代的地主阶层、士大夫阶层、农民阶层，印度的种姓，现代社会的工人与农民等以及由于职业不同而形成的社会阶层等等。社会的阶层不仅是一种存在，而且不同的阶层往往有自己的社会价值观、文化规范及在文化结构中的地位，造成了同一文化之中人们在文化意义上的差异。在同一社会中，不同的阶层有不同的追求及在权利、义务、伦理及行为上的规范。作为文化认同来说，由于这些因素的存在，处于不同阶层的人们对于文化的认同是不同的，一些阶层认同的文化，另一些阶层可能难以认同，甚至在认同的过程中产生激烈的冲突，因为阶层的存在是以人类的不平等为基础的。作为个人对文化的认同，处于何种阶层之中，一是因为出身，二是因为成年后所从事的职业，三是由于某些社会因素所形成的，如中国古代通过科举而从农民阶层进入官僚阶层。不论处于何种阶层，在成年之后对于自己在社会中的地位都会有新的认识，对于原来所处的社会阶层可能难以认同，从而力求改变自己的现状。但是另一些人对于自己的状况及地位又很易于认同，进而认同相应的文化。

下面让我们来看看印度的种姓制度导致的社会阶层的差别及人们对

此的认同。在印度，80%的人信仰印度教。在印度教中，把人分为婆罗门、刹帝利、吠舍、首陀罗四个不同的等级。婆罗门即僧侣等级，地位最高，从事文化教育和祭祀，为第一种姓；刹帝利即武士等级，从事行政管理及祭祀，为第二种姓；吠舍即平民等级，从事经商、贸易，为第三种姓；首陀罗为第四种姓，地位最低，从事农业及多种体力、手工业劳动等。各种姓都有自己的道德法规及风俗习惯，并有严格的界限。除了四个种姓之外，还有地位更低的阶层——贱民，他们最受社会的歧视，不能进神庙，不能与有种姓的人使用同一口井，他们从事扫地、收尸、打扫厕所等最低下的工作。不同种姓导致的不同的阶层，有不同的风俗、地位与权利。如在食物方面就有严格的限制，人们只吃同种姓或高于自己的种姓的人们制作的食物，而不能吃低于自己种姓的人制作的食物，不同的种姓甚至不能同用一口井。在婚姻方面，只准许同种姓内部通婚而不能与低种姓的人通婚。在社会职业的划分中，不同的种姓有不同的专有职业及劳动分工，不同的职业也因此而具有明显的贵贱之分。不同的种姓有不同的权力与地位，婆罗门阶层的地位最高，权利最大；而首陀罗的地位最低，无权上学读书，无资格进入神庙，行不能与高种姓的人同路，饮不能与高种姓的人同井。同处于同一文化中，但又分为不同的阶层的人们，对于文化的认同是有较大的区别的。一方面，不论何种种姓的人们都在认同印度教的前提下对文化进行认同，在对印度教的教规教义及其所带来的对人们的规范也是认同的。但在另一方面，不同阶层的人们对文化的认同又有较大的差异，高种姓的人们对于整个文化的认同是较为顺利的，并极力维护社会对这种文化的认同，事实上，也是维护自己的地位与利益。而低种姓的人们，从自己所处的社会地位出发，对文化的认同就不是顺利的，往往要通过冲突才能达到。当一个人成年之后，就备感自己所受的歧视，力求改变自己的处境。在高种姓中是吃素不吃荤的。一些低种姓，如首陀罗为了上升到高种姓也放弃吃荤，改为吃素，在伦理、风俗等方面向一些高种姓进行机械模仿，而为了改变自己的地位与状况，低阶层的人们进行了长期的斗争，并成立了相应的组织。可见，低阶层的人们对于既成的文化的认同过程中是充满矛盾的，因为印度的阶层差别是印度文化的结果。从印度的实例中我们还可以看出，文化的认同是有阶级性的，不同的社会阶层对文化的认同的差异就是阶级性的表现，统治阶级所认同的文化不一定为普通民众所认同，反之亦然。如上所述，社会阶层的存在是以人类的不平等为其基础的。

（3）文化认同的年龄差异。个人对于文化的认同是有年龄的差异的，成年人从青年时代步入中年，这其中已经经历了认同的过程。一般来说，经过了这个过程——尽管这个过程曾充满矛盾与冲突，一个中老年人都已完成了对于本文化的认同。而年轻人在文化的认同过程中，则往往充满着矛盾，需要经过冲突与调适才能达到认同，这一点在上面我们已经论述过。上述青年人与中年以上人对文化的认同的差异我们是放在对自己所依存的文化的角度上来看的。一者是已经历过认同过程而达到认同的，一者则是正在经历认同的过程，既存在社会对其认同，又存在其对社会的认同。在这个意义上讲，青年人所认同的文化，是以成年人为依托的，经历了长期的历史积淀下来的文化，青年人要接受、遵从社会既有的价值，而社会也是以文化中的种种价值去要求青年人认同的。在这一点上，青年人与中年以上的人在文化认同上有所差异，但是，并没有本质上的差异，尤其是在传统社会封闭的文化环境中，人们年复一年，代复一代地按照一种模式生存着，下一辈的未来与上一辈的今天在本质上不会有很大的改变，换句话说，上一辈的今天，也就是下一辈的明天。在一个社会中，从生产工具、生活方式到价值观念都不会有较大的改变，文化中各种要素的意义都是相对稳定的。但是，在社会开放、文化融合较快的社会与时代中，情况就不再如此，在这种情况下，一个人除了要认同自己祖辈传承下来的文化外，还要认同异文化。而在对异文化的认同中，成年人——已经历了对本文化的认同的一辈人，是以本文化为前提去认同异文化的，凡与自己文化中心价值相抵触的异文化，就将被拒绝，从而不予认同；相反，对于年轻人来说情况就不一样。他们对于自己的文化的认同刚刚开始，作为抵御异文化的认同堤防还未筑成，在对异文化的认同中不会有较大的抵触，往往都是以自己的喜好、愿望、看法为出发点的，较容易吸收异文化。尤其是近几十年来，随着通信与交通的发展，人类交往及思想、信息的交流空前扩大，天涯近在咫尺，足不出户即可通过广播、电视、网络等现代传播工具知天下大事，这一切为人们提供了选择异文化的更多的机会，在这其中青年人是较为主动的。由于这一原因，易于认同异文化，吸收异文化的青年一代，就往往形成与上辈所不同的一个亚文化群。在他们所认同的文化中,既有自己文化中的成分,也有异文化的成分,从而形成了青年人与上一辈在价值观、生活方式等方面的差异。在现代社会中,社会变迁的速度越快、异文化的因素介入越多,这种差异就越大,甚至会形成以两代人为特征的两种不同的文化群体。

笔者曾在西双版纳傣族社会中作过长时期的社会变迁研究。在20世纪50年代以来,西双版纳社会经历了较大的变革,同样引起了青老两代人在各方面的变化,在对傣族人传统文化的认同及价值观、生活方式等方面拉开了两代人之间的距离。在今天,具体的变化表现在以下几个方面:(1)宗教观念的变化。在全民信教的傣族社会中,青年人今天的宗教观已经较为淡漠,五彩缤纷的现实世界的吸引力已大大超过佛教教义描绘的虚无的未来世界的吸引力,很多青年人已不再进佛寺当和尚,而不少中青年人也不把自己的孩子送入佛寺,而是送入学校接受现代教育,而老一辈人,至今仍热衷于佛事活动,但由于青年人宗教观念的变化,佛教在傣族中已呈现出淡化的趋势。(2)婚姻观念的变化。在现年30岁以上的人中,择偶的标准是为人诚实,能埋头苦干;而如今的青年人,对对方的要求是英俊漂亮,有文化,公职人员更好。其次,傣族女青年都希望找到一个汉族丈夫,希望有专一的爱情与夫妻生活。在传统社会中,傣汉是不通婚的,而且傣族过去离婚率较高,寨内通婚,同社会等级之间通婚较为盛行。通过问答调查表明,今天傣族女青年80%以上都对本民族中轻易离婚的习俗持批判态度。寨内通婚,社会等级之间通婚的限制早已为青年一代打破。(3)生育观的变化。在过去,生四胎,甚至七八胎都十分常见,现在,傣族青年一代在生育上已由过去的多生转变为少生,以至生育二胎后便结扎在傣族中已蔚然成风,使傣族成为西南边疆最易于推行计划生育措施的一个民族。(4)青老两代人在生活方式上有越来越明显的差异,老年人在思想及生活规范中过多地固守传统,除操持家务、做些传统的手工活计外,时间都花在宗教活动中,而青年人在劳动之外,还热衷于交际,外出游玩,参加各种文娱活动、打扮、学习新的知识等。今天,交际舞步及迪斯科音乐在傣族村寨中时常可以目睹耳闻,青年一代除了穿好外,一些村寨的女青年还一反传统,剪去传统的长发,脱下祖辈传下的民族长裙,穿上时髦的服装,在老人们的眼中,这是不听话的一代。① 傣族青年人的这种变化,是基于对异文化的认同而又在很多方面批判传统之上的,对于外来文化,不再同上一辈人那样怀着抵触的心情而是主动地去接受。由于有了这种变化,青年人对自己文化的认同不仅会减弱,甚至会有抵触,对自己的祖祖辈辈创造传承下来的文化的认同减弱的结果,就是自己文化的丧失,因为今天的青年人就是明天的成年人,年轻人对于自己文化的认同,对于文化存在与继承是极其重要的。可见,个人的年龄的差异,对于文化认同是有较大影响的,这其中的关键是对自己的文化的认同的差异导致的对外来文化的认同的差异。

以上我们从几个方面简要地论述了影响个人文化认同的因素。当然,由于文化的多样及古今社会的千变万化,个人对文化的认同所受到的影响也同样是多种多样的。个人对于文化的认同表现在两个方面:一方面对于自己所生存的文化环境来说,认同的历程就是一个文化化的过程,通过认同而使自己完全地融进文化中,最终成为这种文化的再创造与传承者。另一方面则是对异文化的认同,这与上一方面不同,不再是自己文化的文化化过程,而是冲破对自己的文化的认同的障碍,去认同一种新的文化,把一种新的因素引入自己原有的文化中,并加以整合的过程。随着社会的发展,文化的认同重心是从前者向后者转移的,当一个人完成了对文化认同之后,也就被塑模成了一种文化的人,文化在其身上印上了深深的印记。由于人类文化差异的存在,不同认同之下的个人,也同样是有较大差异的,是可以以文化来加以区别的。

(三) 群体认同

如果说个人认同的起始是个人对祖辈传承下来的文化的认同过程的话,那么群体认同则是不以个人的意志与愿望为转移,而与群体的利益与价值取向、文化存在的环境为准则的。随着文化的产生与发展,这种文化所依托的自然物质环境已使这种文化形成了一定的认同,而随着文化的发展,各种新的因素也还会造成新的认同,甚至改变原有的认同,

---

① 参见郑晓云《社会变迁与西双版纳傣族妇女》,载中国社会科学杂志社 1987 年第 12 期;《当代西双版纳傣族社会文化变迁研究》,载《社会科学研究》1991 年第 1 期。

这一切都是以群体为其特征的。群体的认同一旦形成，个人就将不断地调适自己的认同，去认同文化中已形成的因素。群体认同的形成除了其依托的物质环境的影响外，文化同源、群体的利益、文化交融中的各种因素都是影响群体认同的因素。在这个意义上讲，一种文化一旦形成稳定的状态，都是群体认同的结果，如果得不到群体认同，那么一种新的因素就不会适应这一文化而成为稳定的成分。

与此相反的是，并非群体所认同的文化因素都有可能存在于个人之中，在与外来文化接触的过程中，一些因素尽管与自己文化的认同相抵触，但却有可能为少部分人所认同。在中国近代史上就有很多这样的例子：五四运动时期，就有不少先进的知识分子吸收了外来的先进思想，对中国传统的认同持否定的态度，"打倒孔家店"等口号就是对传统的群体认同的批判。群体认同受多种因素的影响，与个人认同并不完全一致，甚至是相抵触的。个人对这种既成的文化的认同往往要通过一定的冲突才能形成。在另一方面，个人认同与群体认同的这种抵触与冲突，亦可能导致群体认同的改变，这也往往是文化变迁的初始。个人认同除了受到自身文化的影响外，亦可能受到外来文化的影响，但从一种文化存在的总的价值取向来说，群体认同与外来文化往往是相抵触的，它所维护的是这种文化的既成认同，也就是群体的利益。

如上所言，群体认同与个人认同的形成不完全一致，个人对文化的认同主要是对既成的文化的认同，而群体认同则是多种因素影响的结果。下面我们对一些导致群体认同的主要因素加以论述。

1. 地理环境与群体文化认同的形成

自然物质环境是人类赖以生存的基础，人类不仅要依赖自然环境而获得衣、食、住、行等基本的生存资料，同样人类与大自然相互依存的过程中所创造出的文化也受地理环境的影响，打上人类生存的自然环境的烙印。不同的文化模式的形成往往与这一因素有直接的关系。居住于草原上的民族与居住于山区、平坝、沿海的民族其文化都有明显的差异。在人们长期的生存过程中，人们不仅依据自己生存的自然环境来构建自己的文化，尤其是物质文化，同时也对自然有较深刻的认识、积累起生存的经验，并以此来改善自己的生存条件。在这种过程中，人类也就构建起了不同的文化，草原上的民族需要有放牧与繁殖牛羊的知识，并有效地使牛羊获得繁殖才能得以生存；而山区的人们需要有种种方式来猎获野兽；坝区从事农耕的居民需要有种植农作物的经验与有效的方式，这些都是地理环境决定了不同的文化的存在，并使人类的文化形成差异性。人类对文化的认同也是伴随着地理环境对人类文化形成的影响而形成的。人类从自然中所获得的生存经验不断地积累、丰富并传承下去，这种种被公认的可行有效的经验也就是为人们所认同的文化的一个部分。青年人从长辈那里接受这些经验，认同地理环境影响下所造就的文化，在成年后又以自己的实践不断地丰富这些经验与文化。地理环境虽然不能决定人类所有的文化认同，但因地理环境的影响而形成文化的过程中，作用却是十分大的。下面我们选择几种不同地理环境下的文化来具体看这个问题。

怒族是聚居于云南省怒江傈僳族自治州境内怒江、澜沧江两岸的古老民族。怒族的居住区域内丛山纵横、江河汇聚，怒江、澜沧江两岸岩峭壁仞、峰崖嶙峋、森林密布，具有丰富的动植物资源，河谷两岸山巅高差达两三千米，形成山顶积雪的寒带与山脚炎热的热带立体气候。生存于这种自然环境中的怒族，其文化也是与之相适应的。在农业方面，怒族从事"刀耕火种"农业，砍倒森林，放火焚烧后在林地上种植玉米、荞麦等作物。由于生活在动植物资源十分丰富的环境中，狩猎与采集在怒族中亦是十分重要的，并且具有丰富的经验知识。以狩猎而言，怒族人不仅使用弩、箭等工具，更多的是依据动物的习性设置毒签阵、陷阱、反弹机等，以此猎获动物。此外，在怒江、澜沧江内有丰富的鱼类资源，怒族男子使用捞网站在江边捞鱼，亦可丰获。狩猎、采集、捕鱼有效地补充了食物所需。由于土地广阔，人们以氏族为单位占有土地，共同劳作，平均分配，在需要大量劳力投入的刀耕火种农作中及与自然环境相依存的过程中，以氏族为单位进行劳作是必然的选择，也因此而形成了人们团结互助、共劳共食的平均主义风尚，它成为怒族人伦理体系中重要的组成部分。与怒族人生存相邻的猛兽，是怒族人民崇拜的对象，人们往往以之作为以血缘为纽带联系起来的氏族的象征，以体现一种生存的顽强精神，因此怒族中的很多氏族都是以动物命名的，如虎氏族、蛇氏族、蜂氏族等。在怒族的文化艺术中，也与此密不可分，传说、故事、诗歌中大量的内容是与自然环境及与动植物相关的，而舞蹈也有很多内容是模仿动物的行为的。怒族生存于这样一个自然环境中，文化中很多方面都打上了自然特征的烙印，而人们在这种环境中所创造的代代传承的文化自然地为人们所认同，只要这种自然环境不改变，人们对此的认同也不会改变。这种认同不是个人能够改变的，相反生存于这种环境中的每一个人都要受到影响。因此，这种因地理环境而形成的认同不是对个人而言的，而是对群体而言的。

聚居于新疆克孜勒苏柯尔克孜自治州境内的柯尔克孜族是一个以畜牧业为主的民族。在柯尔克孜族居住的区域内，帕米尔高原及天山山脉的延伸地带是广阔的草原，为柯尔克孜族人民放牧提供了良好的自然条件。同时，这种自然环境也对柯尔克孜族的文化产生了较大的影响。首先，是地理环境决定了这一民族成为以畜牧为主要生产部门的民族，其文化也是以此为基础展开的。柯尔克孜族自古就是一个善骑的民族，自称为"马背上的民族"，放牧及长期迁徙的需要，使马成为这一民族中不可缺少的交通工具，而骑马是每个人生下来后要学会的第一件事。孩子一生下来，父母就要把孩子抱到马背上走一段路，象征将来成为一名善骑的勇士。孩子长到七八岁就开始单独与马为伴了，马与这一民族的一生密不可分。柯尔克孜族有少量的耕地，因为游牧的习惯，这一民族在播种时也是骑在马背上进行的，在一块耕地上，往往不少骑手同时骑马播种，反映出了游牧民族的特点。由于游牧的需要，这一民族的住房主要是易于搬迁拆装的活动式毛毡房，能随人们游牧迁徙而轻易移动，冬暖夏凉，并能抵御风暴。在饮食方面，羊肉及奶制品占主要地位，而少量种植的小麦、青稞只是辅助食品。在饮食制作及进食中，也形成了相应的文化体系，不仅制作花色繁多的食物，如用鲜奶制成的酸奶酪、奶皮子、奶油、奶茶等，而且进食也有种种习俗。如一般的进餐，人们要在地上铺上一块大餐布，不论人多人少都围在餐布周围，盘腿而坐。进餐过程中有种种礼仪要讲究，烤全羊是对尊贵客人最高礼仪的招待。柯尔克孜族的精神文化及娱乐生活受地理环境的影响也十分大。"叼羊"是反映游牧生活较为典型的活动，每逢婚娶、乔迁、丰收、节日，都要举行叼羊活动，届时不仅要赛马叼羊、考验骑手的骑术，决定胜负，还要喝酒弹琴唱诗歌。骑手们分为两组，骑在马上追逐抢夺一头羊羔，在激烈的角逐后抢得羊羔者为胜，这一活动不仅是一种游牧民族所迷恋的体育娱乐活动，也是游牧民族的文化特征之一。以上我们所举的这些文化现象，只是受地理环境的影响而形成的柯尔克孜族文化中的一部分，在此基础上还有种种延伸。从以上两个民族中我们已经可以看出地理环境对于文化形成的影响，人类总是依据自己所生存的自然环境，不断地加以利用，逐步积累起对自然的认识、生存的经验、生活的技能与生活方式，逐步在此基础上形成自身的文化体系。居住于热带亚热带雨林中的人们，大多选择了"刀耕火种"这一生产方式，从中国南部、东南亚到美洲中南部、非洲中部，这一生产方式普遍存在。而生活在沿海的人们，自然以捕鱼为主要的谋生手段。人们对自然的认知，是构成对文化认同的重要要素，有了对自然的认识，才能理解与此相适应的文化。人们依据对自然的认识来构建自己的文化，尽管文化因人们认识的差异而不同，但作为一个群体来说，都会认识到生存于这一自然环境中，只能这样或那样生存才是最佳的选择，而与此相适应的文化，往往就是这种选择的结果，它的存在，亦是人们认同的结果。有了对自然的认识及生存经验的积累，这些基本的认同的构成要素，才有了对相应文化的认同。其中最有意义的是这种基于不同地理环境上的文化，不论是物质文化、制度文化还是精神文化要求，一旦为人们所认同，就是有了特殊的精神价值，成为人们文化价值的基础，对一些民族来说相应的文化模式的特性也为了民族精神的象征，相应的文化认同稳定而不易改变，草原文化、海洋文化、山地文化等对于构成这些文化的民族来说都已成为其民族精神的象征。

2. 民族同源对群体认同的影响

民族是一个长期的历史过程，在这个过程中，文化往往因民族的不同而形成差异。不同的民族在长期的历史发展中，因各种内外的因素创造了不同的文化，并代代传承，文化往往因此而形成了区别不同民族的标志，每一个民族都有一些作为本民族象征的文化，这些文化都是长期传承、长期发展的结果。同一民族中人们的血缘关系已经疏远，而文化及对民族的归属感则成了民族之间真正的纽带，在这种情况下，归属于一个民族，也就必须认同于这个民族的文化。一种稳定的民族文化中，集中了长期发展中所形成的对自然的认识、生存的经验、价值观、审美观及人们的激情的寄托方式，这都是区别于其他民族的重要因素。因此作为一个人类群体来说，有共同的族源，就有共同的文化及相应的认同，一种文化在一个民族中的存在，首先就是认同的结果。在下一章中我们还将对这些问题深加探讨。

3. 认知与文化认同

这里所指的认知是人们对自然及社会中客观事物的认识，以及因此而导致的人的思维中的种种活动，如思维方式、经验、概念、观念等。人类从大自然及周围的社会环境中获得种种信息，通过大脑的加工而形成相对稳定的认知。认知是文化认同的重要组成部分，因为对事物的认识是人类认同文化的依据。对某一事物有自己的认识，并且深信不疑，才导致对此认同。由于不同的人们所处的自然环境的不同，所获得的信息也就各异，通过人们大脑的加工，同一事物在不同人群中所获得的认知也是不同的，这种差异以文化为形式表现出来。

不同的文化，不同的民族对于自然环境及社会、人生都有自己的看法。人类的认知首先具有文化性，即不同的文化中具有对事物的不同的认知。以对山的认识来说，居住于山区的不同民族对此就有不同的认识，山不仅仅是一种自然物质存在，在不同民族中还具有不同的意义。首先，山被看成是种种人或动物的化身，并有种种动人的传说。如云南泸沽湖畔的木杆山，就是女神的化身，传说在过去，有一男一女两个神人相爱，并常常到泸沽湖畔相会，但日神只允许他们在夜间相会，一次相会时，男神因故来迟，女神等到天亮，东方发白，两人暴露在光天化日之下，日神闻讯勒令他们留在人间，于是女神就被变成了木杆山，而男神则被变为另一座山。山顶上一层层岩石层远远望去像纳西族的包头，山脚下形成许多山梁和峡谷排列起来如同纳西族的百褶裙，而山的两侧的山梁就是女神的双腿，人们对此深信不疑。其次，山具有神灵，主宰人间的很多事物，彝族认为山神是自然诸神中最有法力的神，风雨雷电、年景好坏都与山神有关，因此其巫师"毕摩"的若干法术都要念《请神经》，请远近诸山的山神降临保佑人们平安吉祥。白族的支系那马人把山神分为黑山神与白山神两种，凡是人发高烧说胡话，就是黑山神作祟；凡是人们有不太严重的肚子痛、腿痛、头痛，则被认为是白山神在作怪。独龙族精灵分为山鬼和山神两种，山鬼主恶，山神主善，山鬼能使人生病不安详，而山神则能保佑人畜兴旺、五谷丰收。出于对山有这种种的认知，人们为祈求平安，常常要举行种种对山神或神山的祭祀活动。如泸沽湖畔的摩梭人，每年七月都要举行盛大的祭女神活动,很多民族还建筑山神庙以祭祀山神。对山的认识而导致的种种文化现象,也正是从认识到认同文化的过程,正是由于对山神的存在深信不疑,人们也才认同于神,认同于相关的文化,不同的文化造成了对同一事物认知的差异。

在人类长期的发展过程中,不同的文化都形成了自己的认知体系。这种体系中包括了十分广泛的内容。不仅有对于天、地、日、月、水、火等自然物质的认识,同时也有生产生活的知识、生存的经验及人生的认识等等方面。因此,认知与文化认同一样,在一种文化中是有体系性的。一种认知不会独立地存在。而每一种认知同时也与相应的文化现象相联系,这亦是文化认同与文化存在关系。如果人们认为的生老病死是由于鬼神作祟等超自然力量作用的结果,那么也就会有相应的对鬼神的崇拜与祭祀活动,并有职业的巫师与鬼神打交道,而今天当人们认识到人的生老病死是出于自然的规律及病毒侵蚀等因素,相应的也就有现代医学的发展。这两者在每一种文化中都不是作为一种独立的文化现象存在的,一种认知的形成及人们认同相应的文化,都与这种文化中人们其他的认知有相应的联系。在认同巫术的社会中,超自然力量的人为作用在文化的多个方面都有体现,不仅仅是人的生老病死,五谷的丰减、牲畜的兴衰等都会被认为是超自然力量的结果。一种认知一旦形成,往往具有较强的稳定性。

由于认知的文化差异,人类的认知具有相对性。这也就是认知的可检验性问题。认知在一种文化中是合理的,但在另一种文化中则可能被认为不合理,人们往往都在很多的时间内维持着一种认知。作为文化认同的重要构成,这种认知也可能成为一种文化中的价值取向。在很多民族中,人们对于万物有灵深信不疑,崇拜的对象也是神圣不可侵犯的。认知作为一种稳定的因素,在一定的时期内很难改变,人们习惯于按照既成的经验与观念行事。而在封闭的传统社会中,认知没有参照的标准,更难以受到检验,某些今天看来是非科学的,甚至是荒谬的认识,在某一时期,某一特定的社会环境之下却可能占统治地位。认知在某一时期的稳定性,对于文化认同与文化存在都起到了强化的作用,原因就在于人们对一种认知可能会顽固地坚持下去。

但是,人类的认知是一个长期的过程,人们对于事物的认识并不是永久地停留在某一程度上,而是在不断地改变着。这主要在于两个方面：一是人类对于事物认识的深化与发展。人类在长期的实践中，对于事物的认识都不是静止的，而是不断地深化与发展着的，这种深化的结果就可能导致认知在质的方面的变化。在16世纪哥白尼提出天体运动的"日心说"之前，地心说在欧洲占统治地位长达一千余年，在这个漫长的过程中，人们对于太阳围绕地球转这一观点深信不疑，而哥白尼的日心说问世，几经斗争才逐步为人们所接受，引起了人类宇宙观的重大革新，并且对人们所认同的神权统治造成了巨大的冲击。在此后开普勒总结出行星运动三定律，牛顿发现了万有引力定律之后更强化了哥白尼的日心说在科学上的地位。马克思评价哥白尼的发现时指出，"从此自然科学便开始从神学中解放出来"、"科学的发展从此便大踏步前进"①。在今天，人类对于宇宙的探索与认识已经到了哥白尼时代的人们所不能想象的进步，对宇宙的认识的发展，也引起了人们整个宇宙观的变化。这一过程就是人类认知发展的过程。第二个方面是文化传播的影响，由于文化的传播，人们可以从多角度认识事物，原有认知有了参照，不再是孤立地坐在神台上，而是要受到新的事物的冲击，最终导致传统的认知的改变。在传统封闭的文化体系中，人们的认知主要是长期自身知识与经验的积累，而随着人类交往的扩大，人类有了相互吸收其他文化的机会，认知的发展不再是自身的积累与孤立的、传统的延伸，而是必然地加进了并非本文化中产生出的因素，这些因素就是传播的结果。人类的认知也就进入了一个自身认知与吸收外来文化复合发展的阶段。而人类交往的频率越高，信息传播的手段越先进，传统的认知中融合进其他文化的因素也就越多。随着时间的推移，人类的认知在不断地变化，在同一种文化之内此一时的认知体系在彼一时完全可能被另一种新的认知体系所取代，但是，这种变化一般都是以传统的认知为基础的。

人类的认知有时间上的差异，但人类认知的改变是受到诸多因素的制约的。这主要的有三个方面：（1）来自文化中理性因素的制约。由于一种认知在文化中是其认同的重要的构成，并具有稳定性，某一时期的认知往往因各种需要——民众的心理、统治者需要、维护神权等，而被视为正统。在这种情况下，认知的改变就受到约制，与正统的认知相

---

① 《马克思恩格斯选集》第3卷，第446页。

违背的因素都会受到限制，哪怕是一种完全错误的认知。16世纪意大利伟大的思想家乔尔丹诺·布鲁诺因为进一步阐述了哥白尼的理论及唯物主义的世界观而作为基督教神权的叛逆者被罗马宗教裁判所烧死在罗马鲜花广场上，成为中世纪宗教黑暗势力下的殉难者，而到今天，布鲁诺所提出的革命性的、具有划时代意义的世界观已为人们广泛认同。事实上，不论在何种文化中，来自理性的，对认知的发展产生制约的因素都广泛存在，往往需要经过冲突才能使新的认知得以确立。（2）传统经验的制约。经验是人类认知的重要基础，是人类对事物的认识的积累，它虽然不像理性的因素那样使认知保持在一种文化价值的范畴内，但它往往从逻辑上维持着认知在一定时限内的合理性。人们排斥一种新的认知，往往并不是因为它与文化中的价值体系有何冲突，而是因为它与传统的经验不相符。经验对于大多数人来说是合理的代名词，而按经验去行事及认识事物亦是一种习惯。经验不仅存在于一个时期，而且代代相传，很少有人去探索为大多数人认同的"合理"的经验后面的不合理性。在这种情况下，可能导致认知发展的新的因素就往往会被传统的经验所埋没。（3）手段及工具的限制。人类认识事物需要一定的手段，而手段也决定着人类对事物的认识。对人类世界观产生了较大影响的天体科学的发展及物质构成的研究进展都是借助一定的手段的改善而获得的。最初人类对天体的观察只能靠肉眼进行，后来发明了小型望远镜，使人类对于天体的观察得以延伸，今天人类不仅借助大型天文望远镜及射电望远镜可以观察太阳系以内，甚至太阳系以外的星体，同样也可以利用人造宇宙飞行器飞越其他星球进行直接的观察。对天体及自然物质构成、生物起源认识的加深，带来的是人类世界观的革命。牛顿的万有引力定律，达尔文的生物进化论，爱因斯坦的相对论等，无不如此。而相反的事实是在没有一定的手段的情况下，人类的认知就可能停留在一定的阶段上。不仅仅对于事物没有新的发现与认识，而且也使既有的认知得不到新的验证，从而获得暂时的稳定。从这个意义上讲，人类认识事物的手段的改进也意味人类认知发展的开始。

人类认知在不断变化，新的认知不断地取代旧认知是一个必然的过程，而认知改变的结果，也将导致文化认同的变化，这就是我们所要得出的结论。认知是文化认同的重要组成部分，人类认同文化是建立在一定的认知的基础上的，当然，文化认同的内涵较之认知要广泛得多，也会制约认知的变化。但是，人类认知的发展毕竟是沿着一条客观的、从理性到科学的轨道前进的，一切理性的因素都随着人类对客观事物的认识的加深而改变。认知的变化虽然不能导致文化认同的完全改变，但却有着深远的意义，它对于整个文化认同的体系都注入了新的因素，促使认同发生新的变更，尤其能促使传统封闭下的理性王国的崩溃。认知的改变尽管不能把渔民改变成草原上的牧民，但它却能促使人们更科学地生活与劳动。人类从迷信巫术转变为相信科学，并放弃了在社会生活中种种巫术活动，就是认知的改变导致的文化认同变化的结果。

4. 宗教与文化认同

宗教是人类文化的一个重要组成部分，它不仅仅是一种世界观，还与人类文化的很多方面相交织，对伦理道德、文化艺术、节日风俗、建筑等等方面都产生了广泛的影响，人类文化的各个方面都打上了宗教的烙印，形成以宗教为精髓的文化体系。至今宗教在世间仍有广泛的存在与影响。

作为人类文化的一个重要组成部分，宗教有其产生、发展的过程。在这个过程中，它与人的文化认同具有密不可分的联系。首先，宗教本身就是一种认同。宗教的存在一方面是一种文化中原生的，另一种则是传播的结果，原生的宗教产生与文化的产生基本是相伴随的，它与人类文化融为一体，成为一种文化中不可分割的一个部分。这在今天的很多民族中都可以看到。不少民族都有氏族及部落的图腾，如怒族以蜂、蛇为氏族图腾，基诺族中一些氏族以虎、熊为图腾，并加以崇拜。很多民族的节日，如傣族的泼水节、彝族的火把节、景颇族的木脑纵歌等节日都源于宗教。各个民族中都有农业祭祀，在瑶、苗等民族中，不仅开耕前要祭山鬼，收获后还要祭谷魂。万物有灵，自然崇拜几乎是世界上每一个民族都存在过的宗教习俗。鄂伦春族正月初一要敬拜"德乐查"（太阳神），逢年过节要祭"白那查"（山神）等。对火的崇拜则更为广泛，由于崇拜火神，很多民族都不仅要在一定的时间、一定的场合进行祭祀火神的活动，还把火塘及灶视为火神的住所，加以祭祀。纳西族、彝族家中火塘中的火种长年不能熄灭，它象征着繁衍不断，每日三餐都要祭祀火塘神。很多民族中，如苗、瑶、傣、哈尼族等，新房建好后第一个庄重的礼仪就是置火塘、点火。火塘还是一个家庭、家族的象征，很多民族中都以火塘作为一个家庭象征,同时,一个家族也在族长家安置一个象征家族的火塘。由于火塘有这样重要的意义,从而产生了有关火塘的种种禁忌,如不能移动火塘,不能踏火塘、不能把秽物放在火塘边。人们生要在火塘边祭祀,死要在火塘边送魂,并产生了不少关于火塘的传说与赞美诗,这一切都是因为对火塘的崇拜而产生的文化观念。① 很多民族的人生礼仪都与宗教有关。出生要举行宗教仪式,生病要请巫师驱鬼,死亦要举行送魂仪式。除此之外,美术、文学、居住习俗、建房等等都与宗教相关。可见,宗教与文化有着密不可分的联系,尤其是在原始社会中,文化的很多方面与宗教都还是一体的,还没有从宗教中分离出来。可以说,在人类文化产生的初期,文化与宗教是一个连体胎儿,衣食住行,生老病死无不附有宗教的色彩。

宗教与文化的合璧同样造成了宗教与文化认同在原生文化形态中的一致结局。所谓原生文化形态,即一种产生并存在于一个民族中还没有外部影响的文化,在这种文化形态中,由于宗教文化的合璧,人们对文化的认同亦即对宗教的认同;反之,认同宗教也就是对文化的认同,宗教中的伦理、道德、审美观、世界观及相关的行为规范本身也就构成了人们对文化认同的基础,人们基本上是以这一切来规范自己的行为与生活的。人们认同于宗教文化,同样把这一切作为自己文化中的价值与象征,这样不同的文化之间也就形成了表象上的差异。在随后的变迁中,即使有不少文化要素从宗教中分离出来,甚至吸收了其他民族的一些文化,但是作为文化原生形态的本文化中的宗教,并不会完全消失;相反,在多种文化并存的情况下,这种为人们所认同的文化仍然作为自己文化存在的象征而存在,甚至具有对外来文化的排斥性,因为原生的宗教是一种真正属于的自己的文化价值。如在全民信仰佛教的傣族中,本民族传统的宗教观及祭祀同样存在,人们既信仰佛主,也同时相信种种鬼神的存在及其法力,崇拜寨神天地万物有灵,相信巫术。当然,随着社会的发展,尤其是进入工业化社会后,宗教与文化分离的现象就显得十分突出,宗教仅仅作为一种文化而存在,不再是传统社会中文化的代名词。在这一时期,过去宗教与文化认同合为一体的现象自然也发生了变化,文化认同也不仅仅局限于宗教中,更多更广泛的内容是对新增加

---

① 参阅郑晓云、杨福泉《火塘文化》,云南人民出版社1991年版。

的文化的认同。

宗教的信仰一是由于它源于文化的原生形态，而另一方面则是宗教传播的结果。对于传播而来的宗教，人们首先要认同它，才能在这种认同之下接受新的宗教对自己文化的影响。但在这种认同的过程中，由于受到原有文化价值及宗教的抵制，往往要经过冲突才能获得认同。在历史上，宗教的传播往往还与战争相伴随。一种新的宗教与原生的宗教一般来说二者是相悖的，而原生的宗教由于与文化有较深的交织，它还具有本文化的象征意义。因此，如果说原生文化形态中的宗教是人们对文化的固有的认同，那么传播而来的宗教带来的则是对原有认同的改变，使人们对文化的认同皈依到新的宗教的文化体系之中——尽管这种改变受到原有文化价值的抵制而不可能彻底，但其影响亦可能是较大的。尤其是一些影响较大的宗教，如伊斯兰教、佛教、基督教、道教等，其传播所至，对皈依其下的原有文化形态的影响是较大的，它往往在人们对其的认同之下渗透到思想意识、社会生活、文化艺术等等方面之中。

佛教在两汉时期由印度传入中国，在以后的几千年时间里植根中国，对中国文化产生了巨大的影响，给中国人的文化认同也注入了新的因素。首先，佛教的输入给中国的传统宗教里注入了许多新的观念，如很多新的神，灵魂的转生，较为明确地相信死后的生命轮回等。佛教以其哲理、祀奉众神深奥的绘画艺术、庄严的礼拜仪式、浩如烟海的宗教文献、宇宙观及精密的宗教仪规，大大地拓展了中国人的精神世界，使原有的道教及儒教都受到了较深的影响。在南北朝以后，儒、道、佛三教都既排斥又相互吸收。佛教作为一种外来的宗教，与中国人传统的认同是相悖的，因此在发展到一定时期必然与传统的宗教相冲突，在南北朝时出现了"夷夏论"、"白黑论"、"神灭论"、"危国论"之争。但三教斗争中又有相互的吸收与融合，知识分子之中研究佛学之风大兴，但又有深厚的儒学功底，王公大臣、名士学者，乃至普通教徒，往往三教兼修，促使了三教之间的合流。在保持儒学正统地位的条件下兼容佛道，成为这个时期思想文化思潮的主流。在唐朝以后，由于政府的兴倡，三教合流的风气更加盛行，中国封建文化进一步朝着融合的方向发展。在宋、元、明、清各朝代，三教相互吸收融合都是一个总的趋势，构成了中国人文化认同中一个重要的要素。

其次，在民间佛教对中国人的传统观念及风俗习尚也产生了较大影响。如人们开始相信三世观念，生有所来，死有所往的观念深入人心，而在此之前，中国人的观念中，人死既如灯灭，并无来世的想法。信天道轮回及因果报应，注重悔恶除罪，修德祈福，对人的行为规范有较大影响。超度死者亡灵，日常烧香拜佛、戒欲吃斋等等都是受佛教的影响。

此外，佛教对中国的文学、艺术、科技等都有不同程度的影响。佛教传入中国后，走的是一条与中国传统思想文化相融合的道路，并没使中国文化佛教化。尽管如此，它已深入到中国文化的内核，对中国人文化认同产生了巨大的影响，成为中国传统文化的一个组成部分，亦可以看出宗教的传入对原有的认同的影响之大。

宗教的传入不仅仅能影响一种文化中原有的认同并使其发生变化，甚至可以改变一种文化的认同，这较之佛教对中国文化的影响就更为甚之，但在世界上并不鲜见。往往在认同了一种新宗教之后，不仅原有的世界观会随之改变，人们的各种行为规范都将纳入到这种宗教的范畴之中，人们对于文化的认同亦是以宗教教义为基础的，而不再是传统的那些要素。在阿拉伯世界中，尽管对伊斯兰教的信仰并不仅限于一个民族，但其精神文化的内核却是以伊斯兰教教义为基准的，在认同于伊斯兰教的前提下形成了伊斯兰文化的多民族一体化现象。而在皈依伊斯兰教之前，很多民族都是有自己的传统文化的。在新疆，今天有10个民族、700余万人信奉伊斯兰教，伊斯兰教的教规教义为各信教民族所遵守，而伊斯兰教中的种种对个人行为规范，如做"五功"，食物禁忌及开斋节、宰牲节等节日，都在各信教民族中有一致性，形成了一个伊斯兰教文化下的多民族构成的共同体。但伊斯兰教是公元10世纪中叶才传入新疆，并在随后逐步为各民族所接受。在接受伊斯兰教之前，各民族都有自己的民族文化及宗教，如今天新疆西部的居民在公元前2世纪就信仰了佛教，人们对佛教的信仰根深蒂固，以致伊斯兰教徒经过多次战争，战胜佛教徒后才使伊斯兰教传入这一地区。到公元14世纪，塔城、阿勒泰山区人民才信仰伊斯兰教，公元10世纪伊斯兰教在哈密地区各族人民中才获得广泛信仰。[①] 但是，宗教的传播是对一种文化中固有认同的改变，不论经过何种方式，只要一经认同，那么就会改变原有

---

① 《新疆》，新疆人民出版社，第120页。

的认同，去接受这种宗教的文化体系中形成的新认同，而对于这种文化中固有的认同的改变，通过长时期的发展，将会使文化中原有的很多方面发生变化，在某些方面甚至是较为彻底的，如世界观、伦理、道德等方面，基本都会被纳入宗教的范畴。

5. 文化认同过程中的"伟人效应"

文化认同都是从个人开始的，群体认同也不例外。个人的思想、行为、发现、发明可能逐步为众人所认同而形成群体中共同的认同，并稳定地在一种文化中传承下去，或借助传播的方式扩展到其他文化中去，并为其他文化所认同。西方的亚里士多德、欧几里得、柏拉图、哥白尼、达尔文、马克思；中国的孔子、孟子、孙子、朱熹、王阳明、孙中山等，世界上有影响的宗教创始人释迦牟尼、耶稣、穆罕默德等，他们的思想与发现、发明无不对人类文化产生了巨大的影响。同样，历史上还有很多个人的行为对人类的文化认同产生了巨大的影响。他们往往因自己的见解或统治的需要，依靠个人的政治影响或权力去促使人们改变原有的认同，人类历史上出现过的无数杰出的政治家、军事家、君王等都不同程度地起到过这种作用。我们把这种个人对文化认同的影响称为"伟人效应"。

个人对文化认同的影响主要表现在以下几个方面。（1）个人的思想对人类文化的影响。一些个人的思想为人们所认同，甚至为统治者尊为正统，由此不但成为人们价值观的一个组成部分，也影响到了人们的文化创造。在这种情况下，个人的思想就可能成为人们认同文化的思想基础，并由此而改变了原有认同的很多内容。（2）个人的发现、发明改变了人们的认知。认知是文化认同的重要组成部分，人类的认知是一个长期的过程，不论哪一个民族都要经历从简单到复杂、从理性到科学的发展过程。在这个过程中，个人对于事物的新的发现，新的认识，一项发明所带来的社会变革，如瓦特发明的蒸汽机所推动的工业革命那样，都会对人们原有的思想观念及对事物的认识带来冲击，在原有认知基础上的文化认同也同样在随之发生变化，从新的角度去审视原有的一切。当人们的认同发生变化时，那么相应的文化的其他方面也会随之而发生变化。（3）宗教的创立、传播、改革等对认同的影响。宗教是人类普遍存在的一种意识形态，一种特殊的文化体系，在信仰宗教的民族中，宗教对人们认同文化有较大的影响，成为文化认同的一个组成部分。这点在上面我们已经论述到。世界上很多宗教为个人所创立、传播，宗教内部教派的创立、宗教的改革也同样影响到人们原有宗教观的变化。这种对人类文化产生的巨大影响的因素，均可以归为个人的影响，尽管个人在其中只起到初始或局部的作用。从佛教的创始人释迦牟尼，到中国唐代佛教的重要传播者玄奘，中世纪欧洲基督教的改革者马丁·路德，西藏佛教的改革者宗喀巴，都对不同民族的文化产生过较大的影响，而这种影响，首先是从人们的认同开始的。（4）个人的权力对文化认同的影响。这种影响不像思想家、发明家那样直接地创造一种认同，而是通过自己的权力去改变人们原有的认同，去接受一种新的认同。个人权力的获得有种种途径，或继承、或升迁、或通过战争的征服等，但通过权力改变认同的动机与目的是多种多样的，如统治的需要，个人的信仰，感情的需要等。在历史上很多统治者往往通过个人的权力去强迫人们改变原有的文化，认同新的文化、宗教、思想等。从秦始皇"焚书坑儒"到汉武帝"罢黜百家，独尊儒术"都典型地反映了这一现象。

以上所述仅是几个主要的方面，个人对于文化认同的形成与影响是一个复杂的问题。很多个人都对文化认同起到了不同程度的影响，只是范围有大有小，正如我们在开头所讲的那样：文化认同是个人开始的，众多个人的认同才构成群体的认同。但并不是所有的人都能影响人们的认同，更多的人只是接受了原有的认同，并成为文化的传承者。通过每一个人的劳动创造与自身的繁衍，为文化认同的形成与发展起到间接的作用。能成为杰出人物的个人都是因为他们不仅仅是文化的传承者，同时还是人类文化发展的促进者。

当然，杰出人物的思想、行为并不足以改变文化认同中所有的构成，造成一种截然不同于传统的认同，但却可能在认同的一个方面、文化发展的一个时期内占有主导地位。一种新的思想一旦为人们所认同，那么对于原有的认同必然地要形成冲击，以致使过去为人们所认同的东西为人们所扬弃，从而接受这种新的认同，并由此形成一种新的文化现象：依据这种认同所创造的艺术作品、建筑风格，形成的个人的行为规范、仪礼、风俗习尚，等等。

在中国，孔子是一位对中国文化作出了杰出贡献的伟人。他的思想与学说对于中国人的文化认同产生了巨大的影响。孔子是中国春秋末期伟大的思想家、教育家、政治家,是儒家学说的创始人,孔子所创立的儒学的核心是"仁"、"义"、"礼"、"乐"。仁,即爱人,他提出"欲立己而立人,己欲达而达人";要行仁则要行"义","义"作为一种修养与品质,行义方为君子,"君子怀德,小人怀土","君子喻于义,小人喻于利";作为一个国家,要推行仁则要有"礼"的保障,"礼"即一种规范与秩序;因此他提出"克己复礼为仁",并提出"君君、臣臣、父父、子子",要求人们明确社会的规范"兴于诗、立于礼、成于乐"。在认识论及教育思想方面,孔子强调"学"与"思"相结合,提出了"温故而知新","学而不思则罔,思而不学则殆"的著名论点,并首开私人办学之风,强调人人都有受教育的机会,"有教无类",提倡"学而不厌、诲人不倦"的精神。在世界观上,孔子对周以来的鬼神迷信采取存疑态度,提出"未能事人,焉能事鬼"、"未知生,焉知死"等观点,强调人在宇宙间的地位,人的修养与教化,是孔子思想的精髓。而"人性"这一命题,则是两千年来儒学的中心。[1] 继孔子之后,孟子、汉代的董仲舒、宋代的朱熹等对儒家学说的发展都作出了巨大的贡献。

在汉代武帝统治的时期,儒学的地位上升到至尊的地步,武帝"罢黜百家,独尊儒术",在随后的两千年,儒家学说一直被历代统治者尊为正统,孔子则被奉为圣贤,对中国文化起了巨大的影响,在中国的政治、家庭、社会、艺术、文学等等方面都打上了烙印。中国人从小就要学习儒家的《论语》、《大学》、《中庸》等经典,历代开科取士基本都以儒学为主要内容。在中国过去的两千个县中,几乎县县有孔庙,人们把孔子当作了神,甚至把儒学放到了宗教的位置上。儒家的道德准则成为中国人安排自己一生的理想规范,而儒家的价值观念则在人们的思想意识中占统治地位,成为精神生活的源泉,人际关系的准则。在中国两千余年的封建社会中,没有任何一种学说对中国的影响比儒家学说更大。儒家学说是人们认同文化的重要基础,与儒家学说相符的文化现象为人们所认同;相反,有逆这种价值的文化现象就难为人们所认同,甚至被视为逆经叛道,如被汉代儒生概括为"三纲"(君为臣纲、父为子

---

[1] 以上所引孔子话均出自《论语》。

纲、夫为妇纲)、"五常"(仁、义、礼、智、信)的儒家道德标准,亦是过去人们认同文化的标准,人的行为必须与这种标准相符才能为社会所认同,因而人们也必须把自己的行为规范在这种标准之中。由于这种认同,发展出了与此相关的种种文化现象,形成了从道德意识到行为规范相吻合的立体的文化体系。以"礼"而言,孔子说:"道之以政,齐之以刑,民免而无耻。道之以德,齐之以礼,有耻且格。"① 历代统治者都注重以"礼"去规范人的行为、确立社会秩序。《礼记·曲礼》说:"夫礼者,所以定亲疏,决嫌疑,别同异,明是非也……道德仁义,非礼不成;教训正俗,非礼不备;分明辨讼,非礼不决;君臣上下,父子兄弟,非礼不定;官学事师,非礼不亲;班朝治军,莅官行法,非礼不诚不庄。"可见"礼"的外延十分广泛,政治及社会生活的各个方面无所不在。由此也形成了中国封建社会中一套完整的礼仪规范,如君臣之礼、师生之礼、朋友之礼;不同等级、身份的人的言词、服饰、举止等规范;家庭中各成员的等级区分及行为规范等,这些礼教涉及祖孙、父子、兄弟、姐妹、夫妻、叔嫂、翁婿、婆媳、主仆,等等,烦琐而严密,相应的还有大量的仪式。

孔子的思想不仅在中国有巨大的影响,同样也通过传播的途径影响到了其他民族与国家,如日本、朝鲜、越南等国,都深受儒家学说的影响,至今在这些国家还立有孔庙祭祀孔子,此外,孔子的思想对于英、美、法、德等西方国家也曾有过不同程度的影响。② 孔子作为中国历史上的一位伟人,以其思想对后世的文化认同及文化产生了如此巨大的影响,说明杰出人物对于文化认同可以产生的作用。

另一类杰出人物则是以其发现或行为改变了人们的文化认同,在前面我们已经论述过,文化认同有其时代性及非客观性。一种文化往往并不客观,但一经人们认同也就会成为一种文化价值在一定的时期内稳定地存在。但随着很多因素的改变,这种认同同样地会发生变化。在人类历史上很多杰出人物对事物的新发现或是依靠权势等,都可以起到这种作用。19世纪英国著名生物学家、生物进化论的奠基者达尔文就是一个典型的例子。他通过长达5年的环球考察,提出了物种以自然选择为

---

① 《论语·为政》。
② 参阅杨焕英《孔子思想在国外的传播与影响》,教育科学出版社1987年版。

基础的生物进化论学说。他认为，生物具有悠久的历史，不是一成不变的，也不是突然出现的。动物、植物，包括人在内都是在自然条件的作用下，由低级向高级、由简单到复杂，逐渐进化形成的。在生物进化过程中，一部分适宜于生存的生物得到保留并产生后代，一部分不适于生存而趋于死亡，即物种的自然选择。在宗教科学统治下的欧洲，生物与宇宙一样，都被认为是上帝创造的结果，达尔文揭示了生物进化的奥秘，对宗教认同下的唯心主义、神创论无疑是一个沉重的打击，对传统的认同是一次无情的否定。自达尔文后，遗传学、胚胎学、分子生物学等的发展，筑起了生命科学的大厦，人类获得了与神学世界截然不同的认同，而这一切，达尔文无疑具有不可磨灭的贡献。达尔文只是千千万万个对人类认知及文化起到了积极影响的伟人之一。在人类的文化进程中，个人的发现对于新的认同的形成无疑有巨大的促进作用。

下面我们再来谈谈个人通过权力对于文化认同的影响。在人类历史上，已经有较多的例子，即一些统治者都出于个人的感情、统治等方面的需要，通过自己所具有的权力去迫使民众改变原有的认同，接受一种新的认同。这种变化无疑要归于个人的作用。汉代的武帝为了统治的需要，"罢黜百家，独尊儒术"，把儒家学说抬到了至高无上的地步，而对其他学说则一律排斥。由于汉武帝的提倡，儒学逐渐统治了人们的思想，成为文化认同的一个组成部分，此后历代统治者都将儒学视为正统，对中国文化产生了巨大的影响。

公元7世纪，西藏为松赞干布所统一。为了巩固已取得的统一，松赞干布认为有必要强化教化，因而从毗邻的尼泊尔引入佛教经籍和教说，组织翻译经典，刊刻成文字，使佛教在西藏有了空前的传播。而在此之前，佛教虽已传入，但还没有多大影响，甚至遭到反对，自松赞干布提倡佛教以后，佛教开始广为传播，到公元9世纪佛教已传播于民间，在西藏取得了统治地位，对以后的西藏文化产生了巨大影响。伊斯兰教在新疆的传播也是这样的：公元10世纪中叶，在新疆巴尔喀什湖东部地区、河中地区及今新疆西部地区出现的哈拉汗朝，是我国突厥、回鹘人建立的地方政权。哈拉汗朝的可汗阿勒·克里木第一个皈依了伊斯兰教，并成为伊斯兰教的有力推行者，随后有20万帐突厥人接受了伊斯兰教。元朝时期秃黑鲁帖木儿任察合台汗时，皈依了伊斯兰教，成为第一个信仰伊斯兰教的蒙古汗，在他的强制推行下，随即有16万蒙古人改变对萨满教的信仰而信奉伊斯兰教，对伊斯兰教在新疆的传播起到了积极的作用。

个人，尤其是杰出人物对于文化认同的形成及发展有着不同程度的影响，不少人对人类文化作出了巨大的贡献，这都已是历史证明了的事实。但是，这些对人类文化产生了影响的个人，他们的作为不仅仅是取决于个人的天才，更重要的是他们所处的时代背景、文化及物质财富的积累。尽管个人的作用有一些偶然的因素，但更多的是在新旧两种文化之间起到一个中介性作用，而新旧两种文化的交替并不是以个人的意志为转移的，而是取决于群体的劳动创造与愿望。当一种文化处于一种有利于新的思想、发明创造的变革时期时，那么这一时代必然地要出现相应的杰出人物；而相反，这种文化中的机制是一种保守、压制创造的状态时，那么这一时期也就很难产生相应的杰出人物，当一个社会处于大变革时期，需要通过战争来实现这种变革时，那么就会产生军事家及领袖人物。在意大利文艺复兴时期，曾经产生了一批杰出的哲学家、文学家、艺术家、政治家，如弗朗切斯科·彼得拉卡尔、薄伽丘、达·芬奇、拉斐尔、米开朗琪罗、洛伦佐·瓦拉、尼科罗·马基雅弗利、哥白尼，等等。然而这一个伟大的时代的出现及大批杰出人物的产生，却有着历史的必然性：城市的不断增多、商业的不断发展使封建贵族的权力逐渐落入新兴的中产阶级之手，民主君主制度的兴起使之与封建政体形成直接的对峙。在14世纪，因商业贸易使意大利的一些城市达到了十分富裕的程度，中产阶级的兴起使文化发生了巨大的变化；中世纪的经院哲学已不能满足人们对自然科学日益增长的兴趣；由于人们展现了丰富多彩的人世的乐趣，苦行主义作为一种理想已经失去了它的诱惑力，人们需要扩充知识，拥有新的生活方式，要求个人在更大程度上得到确认。广泛的商业贸易及城市的发展为佃农和家妇提供了新的工作机会，自给自足的封建采邑制度由此衰落。就是这种历史的发展导致了文艺复兴这样伟大的变革，也同时造就了大批对人类文化产生影响的杰出人物。当然，除了这种必然性之外，也同样有个人的超时代背景的对真理的探索与发现，在欧洲中世纪黑暗的宗教统治下，也曾出现了布鲁诺这样的离经叛道者，化学、物理学、天文学、解剖学等都在这个时代冲破宗教禁锢，取得了不少前所未有的进展，这都与个人有直接的关系。

通过论述我们可以得出如下的结论：个人在历史发展、文化及物质财富的积累、社会变革的基础上，形成自己的思想、发现、发明、权力，等等，并由此而通过种种方式传播，为人们所认同或改变了人们原有的认同。尽管个人对于文化认同的影响有其社会、文化等方面的原因，并不完全取决于个人自身的因素，但杰出人物对于文化认同的巨大影响，也同样是为历史证明了的事实。

三　文化认同与民族认同

在人类文化很长的一个发展阶段中，人类文化都是以民族为载体的，由此而表现出文化之间的差异，这就是文化的民族性。民族性的实质，就是一种文化区别于另一种文化，而区别于另一种文化的这种文化产生于民族这一人们共同体。由于地域及传播的限制，人类文化的产生总是首先在一定的地域内的人的群体中产生的，随着人类之间的交往，不同的文化之间有了交融与传播，相互之间认同吸收了异文化，逐步使一种文化的范围扩大，成为几个或更多的人共同体所共有的文化。时至今天，很多文化已超越时空，成为全人类所共同拥有的文化，如起源于非洲而传遍全世界的迪斯科舞，起源于不列颠群岛而今天成为国际通用语之一、使用者超过三亿的英语就是典型的例子，随着人类社会的发展，人类将有更多的文化超越地域及民族的限制而广泛存在。但是，在到达这种文化大同的阶段之前，人类文化的民族性仍然十分鲜明，与一个民族的价值、意识、心理、生活方式、生产方式等等紧密相连。

人类文化从产生于不同的群体而扩散交融于一体的过程，也同样是文化认同发展的过程，这一点我们已经在前面论述到，以民族为载体的文化的发展阶段，同样也就是人类文化认同发展的一个阶段，在这一个阶段中，一个民族对于其文化及族体的认同，也就是民族认同。换言之，民族认同是文化认同的一个阶段，人类在超越了这一阶段之后，才进入到文化的大同时期。但是这个过程亦是一个十分复杂的过程。因为民族认同有其特殊的构成与内涵、意义。不同的认同之间的差异也就表现为民族之间的差异，差异的形成有其特殊性，而差异本身也就是一种文化之间的鸿沟。在民族存在这一漫长的过程中，人类自身的发展和文化的很多问题都与之相关。因此我们有必要对民族认同这一过程详加研究，它可以有助于我们认识很多事物的本质。

（一）民族认同是民族构成的一个要素

关于"民族"的构成，有众多的观点，目前我国普遍采用的是斯大林对民族的定义，即民族是"人们在历史上形成的一个有共同语言、共同地域、共同经济生活以及表现于共同文化上的共同心理素质的稳定的共同体"。在这个定义中，民族的构成包括了四个要素：共同语言、共同地域、共同经济生活、共同的心理素质。孙中山先生提出的并有广泛影响的民族形成的要素有五个：第一血统、第二生活、第三语言、第四宗教、第五风俗习惯。1903年由中国近代资产阶级学者梁启超介绍到中国来的德国学者布伦利奇的民族概念则认为民族有八种特质：其始也同居一地、其始也同一血统、同其肢体形状、同其语言、同其文字、同其宗教、同其风俗、同其生计。[①] 在以上的定义中，不论何种，其构成都不外乎四个方面：第一，共同的地域；第二，共同的文化，风俗、社会生活、宗教、文字、经济生活都包括于此；第三，共同的血缘；第四，共同的心理素质。民族是一个历史的过程，有其产生、发展，甚至消亡的过程。在这个过程中，民族的内部构成也在不断地发生着变化，一些民族始终存在，而一个民族融合于另一个民族中，于是一个民族消失了，一个新的民族却诞生了，或不同的人们的聚合，形成一个新的民族，等等。例如日耳曼民族、汉民族等都作为一个融合了其他民族而存在至今的古老民族，但美利坚民族则是一个只有200余年历史的新兴民族，犹太民族则是一个没有固定居住地域的民族，等等。在人类历史上，民族的分化融合十分复杂，而今天的民族的形成与存在的形式亦是多样纷繁的，可以说以上所举的民族的种种定义都不能完全概括今天民族的特征；换言之，今天的很多民族都不能完全具备以上各种民族定义中的构成要素，但同样将作为一个民族而客观地存在下去。当然，并不能否认世界上很多民族在一定的时期与发展阶段上具备以上所举的民族构成的要素。

那么一个民族除了需要有地域、血统、文化、心理等方面的构成之

---

① 以上所引出自《中国大百科全书·民族卷》，中国大百科全书出版社1986年版，第302页。

外，是否还有可以概括各个时期各种形式的民族的要素呢？在这一点上，我认为杨堃教授在民族的定义上有新的发展。他指出：民族都具有一般的共同特征，"即是一个有共同语言、共同地域、共同生活方式（即有共同的经济、社会和文化生活等的具体形式）和共同的民族意识、民族情感的人们共同体。而共同的民族意识、民族情感，则是最主要的特征，缺此，便不成其为民族了"。① 在杨堃教授的定义中，除了地域、共同的生活等方面的因素外，还特别强调了民族意识、民族情感这两个要素，并指出这是最主要的存在，即使已经不能具有共同的地域、共同的生活方式与物质文化，但只要有民族意识与民族情感等属于精神范畴的因素存在，那么这一个民族即如浪迹天涯的吉普赛人、犹太人，分布于世界各地的华人那样，都会跨时空而存在。但是民族意识，民族情感也还不是民族构成的核心要素的最高层次与全部构成，这两个要素的产生都有其前提，受其他因素的支配。我认为民族认同才是民族构成的最核心的要素。

1. 民族认同是民族构成中最稳定的因素

在民族发展的过程中，随着时代与社会的变迁、民族之间的融合，民族产生时所具有的共同的地域及血统关系、文化等都可能发生不同程度的变化。在这种变化中，人们对于这一民族存在与发展的态度——即民族认同，即是这一民族存在的精神内核。认同也决定了一个民族未来的发展与变迁。

民族认同包括两个层次：第一，民族是一个人们共同体，对这一共同体中人们的相互关系的认同，是民族认同中的核心问题。这种认同划清了此民族与其他民族之间的界限。民族的发展经历了从氏族到部落、部落再到民族、民族与民族相互融合而产生新的族体的复杂过程，这个过程也就是民族认同产生发展的过程。民族同根，是民族认同之源，所谓同根则与民族的血缘与血统有关。在民族产生之初，人们以血缘关系构成不同的氏族，氏族内部人们相互间的关系以血缘来加以维系，随着氏族的扩大与融合，人们实际上的血缘关系虽然变得疏远了，但共同的始祖并不会被人们所遗忘，氏族的名称作为一个氏族的符号的意义越来

---

① 杨堃：《民族学概论》，中国社会科学出版社1984年版，第189页。

越大，因为当血缘关系变得疏远时，自己对某个族体的认同与归属就变得十分重要，在自己所认同的这一族体内，人们相互之间的关系与义务，通过文化所表现出来的情感意识、性格、价值、风俗习惯、生活方式与生产方式等等都有倾向性的意识，人们把这一切都与自己联系起来。同一族体内的成员可以通过文化所表现出来的一切在感知上体验到相互之间的关系，而与此不相同的因素则自然地与自己有区别与距离，从而带来人们在族体之间的意识、情感、性格上的区别。

依据对于某个族体的认同，对外也自然地划出了自己这一族体与另一族体之间的区别。与自己认同不同的人群必然与自己不是同源的群体，即异族。在中国春秋时期，古人就曾提出了"非我族类，其心必异"的观点，而这其中古人提出的族类之间的差异的核心是"心"，即属于精神文化方面的内容。

民族同根是民族认同之源。在人类经历从氏族到民族的这个发展过程中，在民族关系上同样经历了从血缘到非血缘的过程。随着民族的不断融合与发展，血缘的关系在民族中日趋淡化，但民族认同却是从以血缘为纽带的氏族社会中便开始了，在一个氏族中，与自己同血缘的人们被看作是与自己有着特殊关系的，从而也决定了人们在家庭、婚姻、经济生活等方面的关系。人们认同以血缘为纽带联系起来的一个人的群体是有特殊意义的，区别于其他的群体，除了血缘这种潜在的因素外，人们最直接的就是用一种符号来代表自己区别于其他的群体，如自称、图腾，等等。在这种情况下，认同了一个人的群体的自称、图腾，同样也就认同了这一群体，这一点很重要，因为当氏族之间不断融合、族体不断扩大之时，人们不会再追溯自己与这一族体中其他成员间的亲缘关系，而只要认同于这一族体的符号，即只要宣称"我属某族"，那么就会自然地就范于这一族体的文化，按照这一族体的价值与行为规范来塑模自己，尽这一族体中所规定的一个成员的义务。随着氏族的融合、同化与发展，很多民族融合进了一个民族中，最终成为一个民族中不可分割的一个部分，这其中尽管与这一民族中的主体并不同源，但却可以成为一个民族，拥有共同的文化，这就是认同的结果。

主体民族认同某一民族为自己的一员，而某一民族也认同自己归属于这一主体民族，并相互接受，经过整合而形成同一的文化。中国的汉族、欧洲的日耳曼民族等等民族都是多民族融合而形成今天的民族的，在这其中，来自不同的民族融合成一个大的族体，认同起了关键的作用。

民族是一个长期融合发展的过程。尽管在今天大多数民族对人们之间的相互关系都无法追溯，只以认同及共同的文化作为相互间的纽带，但是民族产生之初人们是有血统关系的，这一点不可否认。血缘、血统的联系也就奠定了人们之间的相互关系，人与人之间在族体内的认同首先也是以此为基础的。血缘、血统关系使人们在这种生物学意义上形成一个自然的共同体，人们认同这种共同体，但随后的发展中民族发生了融合与同化，血缘关系虽然淡薄了，即使有也只是一种象征性的认识，如中国人说自己都是炎黄子孙，龙的传人，但广大中国人的血缘关系已十分疏远。认同在民族的发展中取代实际的血统关系而成为民族间的纽带，但民族认同的起源初始于血缘与血统，是血缘关系及其群体文化的延伸。血缘关系最早奠定了人们作为一个共同体的关系，而其他民族融合进这一民族，尽管与这一民族并无共同的血统，但却认同于这一血统构成的民族。

民族认同的第二个层次是对民族文化的认同，在人类发展的过程，很长的时期内文化之间的差异表现为民族之间的差异，一种文化体系以民族为载体，而民族也是以文化为聚合的。

一种文化的产生、发展与一个民族的发展密切相关，这一点我们在前面已经进行过论述。认同于某一民族，同样也认同于这一民族的文化，因为一个民族的文化包容了这个民族中人们的精神、行为与物质创造活动以及结果。文化之间的差异，也就是这一切在不同民族间表现出来的差异。由于不同民族的存在，创造了人世间纷繁多样的文化类型，同样，文化也成为民族的象征。我们可以从不同民族中典型的文化特征中区分出不同的民族，如一个民族特有的节日、礼仪、宗教信仰体系、生活习惯、建筑形式与居住习俗、服饰，等等。正因为民族与文化间存在着这种不可分的联系，对民族文化的认同才显得十分重要。对民族文化的认同，可以反映人们对以文化联系起来的群体的归属；即自己属于哪一个民族，那么也就会认同于这一民族的文化，用最通俗的话来表述，那就是我们同出一源，同属一个民族，从而也就带来了相互之间的亲近感。在对民族文化认同的前提下，形成了与此相关的、复杂的民族心理活动：价值、审美、好恶、感情、意识，等等，这一切在与异族的文化融合中显得十分活跃。与异族的文化发生接触时，自己所认同的文化便被作为衡量异文化的价值尺度，而当这种价值受到冲击、面临危机时，也就会引起一个民族感情的冲突、情绪的产生、自我意识的增强，乃至导致民族之间的冲突。当今世界上很多民族问题的出现都是民族文化之间的差异与冲突所引起的，这其中根本的原因就在于人们所认同的文化与民族的一致性。民族文化的命运在人们看来就是民族的命运。

在上面所论及的两个民族认同的层次中，第一个层次是对人们之间作为一个民族的关系的认同，第二个层次则是对一个民族的具体表现形式——文化的认同，这两者相结合，就构成了民族的认同。换言之，对于一个民族的认同，必须包括这两个方面的内容，对民族这一概念的归属及体现这一民族的文化。当然，随着时代的发展，这两个要素也会有一定的主次变化。在民族形成的早期及形成过程中，前者——从血统等方面考虑人们之间的关系的比重要大得多。而当民族已经形成，民族融合扩大，尤其是在今天文化的全球化进程加快的时代，后者——对体现一个民族的文化的认同就更为人们所注意，人们往往是从文化上而不是从事实上的血统上去区分一个民族。尽管这一民族可能分属于不同的国界及政治制度之下，认同了这两个要素中的一个，也就意味着对另一个要素的认同。

民族认同一经形成，就会成为稳定的要素积淀于一个民族之中。但是这个过程是一个与民族形成相伴随的过程，民族族体的形成与民族文化的形成都不是一朝一夕的结果。民族认同也是一个民族长期发展的结果。而对于个人来说，属于哪一个民族一般来说取决于自己的出身，即父母的族属，但认同于本民族的文化，则要经历我们在上一章中所研究过的个人认同的过程。正是因为民族与个人认同的这种长期性，也决定了民族认同的稳定性。这种稳定的民族认同在一个民族中起着聚合的作用，是一个民族强有力的内聚力与黏合剂。一旦具有这种认同，即便民族构成的其他要素都已经改变，如共同的血统已变得模糊，共同的地域已经改变，不再具有相同的经济生活，但人们同样不会改变自己的民族归属，那么这个民族就会长期存在。

犹太民族就是一个典型的例子。犹太民族由于种种历史原因，长期处于无共同居住区域的散居状态，但是犹太人并没有因此而融合于其他民族中，消亡于地球上，相反长期生存下来，哪怕是在纳粹德国的猖狂迫害下也没有动摇过这个民族生存的信心。在犹太民族的发展史中，民族认同是其最强有力的内聚力。我国文化学者顾晓鸣指出："犹太民族的族类表记从一开始就同民族认同问题紧紧交织在一起，由此不仅影响了犹太民族内部种族延续的方式，而且影响了同外界的婚姻关系，而这两种关系不只是肉体组织的自然关系，而且是整个社会文化和制度的基石之一，它直接间接地又影响了宗教信仰和教义，以及社会生活和社会结构，并制约着犹太民族的历史活动和过程。"① 汤因比在论述犹太民族中民族认同这种文化因素对民族进程的影响时也指出："犹太区是从古代叙利亚的犹太区域性国家而来的，这一区域性国家曾经是希伯来人、腓尼基人、阿拉伯人和非利斯坦人的许多社会集团之一；但是由于古代叙利亚社会在固定的古代巴比伦和古代希腊的邻居的不断冲突中所受的致命伤，结果是犹太的各姐妹社会集团已经失去了它们的身份及它们的国家状态，而同样的挑战却刺激了犹太人为自己创造了一种新的共同的生活方式，他们以这种方式在异方人占多数并处于异方统治之下的情况中把他们的身份保持为一个散居体（离散），而在失去他们的国家和乡土后设法继续活下来了。"② 犹太民族的民族认同是在历史的长期发展中形成的，而这种认同中包括了很多具体促使这种认同形成并长期持续存在的文化因素。

对于犹太民族来说，散居使族体成为一个概念，而个人对这一概念性的族体的认同才是最实在的。犹太民族"与其说是生物学上的种族，还不如说是文化学上的民族"③。为了维持犹太民族作为民族生存必需的认同，犹太民族中有一系列文化上的礼仪作为个人对犹太民族认同的标志，使每一个犹太人从自然的生命内化为犹太民族文化中的社会生命，这其中最典型的就是割礼。割礼是犹太民族的族类标记，在男婴出世的第八天便要割去包皮，这一时间上的规定，使犹太人割礼的意义与古代曾流行于中东地区诸民族有了区别。割礼是犹太民族认同的重要标志，只要行过犹太仪式的割礼，那么不论其父母的族属如何，——因为很多犹太人的父母中的一方并不是犹太人，他即为犹太人，并获得其他

---

① 顾晓鸣：《犹太——充满"悖论"的文化》，浙江人民出版社，第4页。
② 汤因比：《历史研究》上册，上海人民出版社1984年版，第208页。
③ 顾晓鸣：《犹太——充满"悖论"的文化》，浙江人民出版社，第20页。

犹太人在族属上的认同，而他本人也意味着对犹太民族的认同，此外，在从生到死的种种特殊的人生仪礼中也反映着犹太民族与其他民族的区别。其次，犹太民族为了保持本民族的延续，也限制与其他民族通婚，而在族内则鼓励生育。但在犹太民族的历史上也存在着这样的事实，那就是一方面犹太人有较强的民族认同而使这一民族得以在外部环境的压迫下顽强地生存，而很多犹太人也因为生存的艰难及避免受到迫害与歧视而千方百计摆脱自己的犹太身份。由于犹太民族的存在更本质的是文化意义上的存在，那么作为犹太人的延续不论个人还是群体，如果改变了对犹太民族的认同，并放弃了作为认同的种种文化标志的内容，融合进其他民族中就是必然的归属了。从犹太民族的认同中也可以典型地看出对族体的认同与对民族文化的认同这一个同一问题的两个方面之间的辩证关系：即认同民族文化即认同了这一民族，规定了自己的身份以及与这一民族中其他的关系；反过来，认同了民族，那么也就必然地要认同这一民族的文化，因为文化——如在犹太民族中典型的标志割礼，就是民族这一概念的具体体现。

犹太民族强烈的民族认同感对这一民族的存在与发展所起的巨大作用在人类众多民族中并非特例。任何一种民族的认同一经形成都具有较强的稳定性。只是在特殊的环境中我们更易于体察到这种民族中的潜能的存在。澳大利亚是一个随着200余年前英国殖民开拓而发展起来的新兴国家，由于殖民的缘故，那里除本地土著外，今天大多数人都来自异国，植根于澳大利亚。如果按民族集团来划分，今天的澳大利亚境内的民族集团多达100余个，200余年的历史发展还没有使澳大利亚境内的居民融合成一个新的民族。今天不同的民族仍然是按照自己的"根"——即来于何地而划分的。尽管这其中很多人在澳大利亚已经繁衍数代，如来自英国的英格兰人、苏格兰人、北爱尔兰人、威尔士人，来自中国的华人及原籍欧洲其他国家的人，当地土著居民，等等。这些生活于澳大利亚的不同民族，仍然保留着自己原属民族的文化与风俗习惯，不同程度地保留着语言、宗教信仰。在经济发达、交通便利的情况下，澳大利亚各民族间的融合之所以十分缓慢，主要的原因就在于不同来源的人们对于自己原有的民族认同并没有改变，而是一代又一代地延续着，包括英裔四个有祖籍认同的人群，都未能实现民族融合，人们对于自己祖籍国家的语言、文学、节日、风俗都十分重视。在澳大利亚政府多元文化政策的鼓励下，各民族都办有自己的学校、出版物，可以平等地过自己的节日，保留自己民族的风俗习惯。在社会生活中，人们都很注重自己的族属，如原籍乌克兰的澳大利亚人至今还保留着圣诞节、复活节、圣母玛丽亚节、圣餐节等民族传统节日，而澳大利亚的波兰人则还保留着圣母玛丽亚节、众灵魂节、圣名节、洗礼节、坚信节等节日，节日中都在举行各种庆典，这是民族传统文化集中体现的时刻。今天澳大利亚不论土著还是外来移民，都是具有民族传统文化的，也就是说都是具有对本民族文化的认同的，这才使不同的民族相互区别；不同民族的文化得以保留，而这种民族认同的长期存在也正是澳大利亚民族融合的障碍。在古今世界上，与澳大利亚相类似的情况并不鲜见，美国、法国、新西兰、英国等国家都可以看到。

  从上面所举的例子可以看出民族认同的长期稳定性。尽管对本民族的认同的维持具有种种复杂的原因，不论是民族感情方面的原因还是争取生存与平等权利的原因，民族认同对于一个民族在异文化环境中的存在起到了积极的作用，反过来也证明民族认同具有强大的生命力。对于处在异文化环境中的民族来说，如果改变了民族认同，那么民族融合就要快得多；而民族认同的长期存在，也就维系着这些民族在异文化环境中作为一个族体——不论是血统意义上的还是文化意义上的族体的长期存在。对于具有共同的地域、文化、经济生活等要素的民族来说，对于本民族的认同是自然形成的——每一个人在父母的襁褓中就在开始接受本民族文化的熏陶，从牙牙学语就开始了对周围人的认同的历程。因此，民族认同是民族发展的任何一个阶段都不可缺少的构成要素。一旦失去对本民族的认同，那么这一民族就要被其他民族所同化。历史上民族融合的过程也就是一些民族放弃对本民族的认同而对其他民族进行认同的过程，尽管这个过程需要较长的时期才能完成，但这一点已为历史所证明。在中国历史上就曾出现过多次大的民族融合，如在魏、晋、南北朝和五代十国时期，就有许多游牧民族融合进了汉族之中，尽管很多民族曾经强大，如匈奴、鲜卑、胡、羌等，但是随着其生产方式、经济基础的改变，及一些外部压力，如北魏孝文帝的汉化改革，其民族认同也随之改变，并使这些民族最终消失于汉族之中。

2. 民族认同与民族发展的三个阶段

在民族过程中，民族认同是最稳定的、贯穿全过程的要素。而其他的要素，如共同的地域、经济生活、文化等都可能改变，在不同的情况下，民族认同与其他要素一同构成一个民族；而在其他要素发生变化时，就只有认同能对民族的存在起到维系作用。因此，在民族的形成、发展过程中，民族认同都是一个不可缺少的要素。对于民族发展的阶段，尽管目前国内仍有争议，我认为从总体上可以分为血缘民族、文化民族、政体民族三大阶段。在这三大发展阶段中，民族认同都是重要的构成要素。

（1）血缘民族阶段：在民族形成的早期，人类的共同体都是以血缘为纽带而联系在一起的，共同的血缘使一个共同体内的人们具有与其他非本血缘的人们之间的界限，同时血缘关系也奠定了一个共同体内人们之间的特殊的关系，这种关系可以通过婚姻、经济生活等得以体现。相同血缘的人们之间一般都禁止通婚，这表现在氏族外婚上，但是在很多民族中通婚反过来大多在一定的范围内进行，这个范围一般都在人们认同有共同祖先——实质上有共同血统的人类群体中进行，而非这个"共同祖先"的后代，即非同一族体之间是禁止通婚的。清晰的血缘群体与血缘不清晰、人们认为有共同血统与始祖的人们之间的婚姻、经济关系等共同构成了一个以血缘为基础的族体。随着人口的增多，这一族体也在不断地壮大。这种状况在今天中国西南部的很多民族中都还可以看到，尤其是20世纪50年代民族人口调查所获得的大量调查资料都证明了血缘是早期民族的黏合剂这一事实。[①] 在这其中，人们的认同也是从血缘开始的，根据血缘关系，人们开始认同自己有直接血缘的各种关系，如父母、兄妹、叔伯、姑表、堂兄堂弟、远房亲戚，等等，血缘的网络不断地扩大，人们认同的范围也不断随之扩大。在人们认同的这种种关系中，不仅仅是因为这些人与自己或亲或疏的关系，还因为在这层关系中潜藏着不同的相互间的义务、责任、禁忌与非禁忌——血缘关系较近者有婚姻等方面的禁忌，但又有家庭生活中种种无须回避但又区别于"外人"的因素，从而形成了人们以亲属关系为核心的文化体系。

---

① 参见国家民委《民族问题五种丛书》中少数民族社会历史调查丛书西南部分。

由于人口的增多,人们并不可以完全地认清相互之间的血缘关系,事实上血缘的网络扩张越开,人们之间的血缘关系也就越远。在这种情况下,人们依靠概念上的血统关系来区别彼此,认同于一个祖宗的人,其关系也就区别于非同一祖宗的人。族称、共同的始祖是表示人们血统关系的符号。人们用不同的族称、始祖来区别不同人的共同体。在同一血统的共同体内,人们有自己的文化,有限制条件地相互通婚,具有共同的情感体验、共同的生活与生产方式。

(2) 文化民族阶段:随着民族的扩大,人们的事实血缘关系越来越疏远,血缘对一个民族的联系作用也在减少,在这一阶段维系一个民族的主要是这一民族的文化。如前所述,在人类文化发展的一个很长的时期内,文化是以民族为载体的,不同的文化类型为不同的民族所创造;同样,不同的文化也反映着不同民族的存在,成为维系一个民族存在的纽带。作为文化的外部表现形式来说,我们可以区分某些文化现象属于某个民族,依据文化可以对民族加以区分,而对于民族内部来说,文化就不仅仅是一种表象的东西,而且是一种价值。这种价值支配着人们的情感、观念、意识以及行为。这就是很多民族不惜代价维护自己的文化的实质所在,而维护了民族的文化,也就维护了民族的存在,如犹太民族的割礼等种种区别于其他民族的人生礼仪、回族的食物禁忌、澳大利亚不同民族对祖籍文化的保持,等等,都说明了文化对于民族存在的重要意义。在这个阶段,认同文化与认同民族是同一问题的两个方面,认同了这一民族的文化,也就必然地认同这一民族,这是由于民族与文化不可分割的联系所决定的。文化中很多核心的因素也是血缘的延伸,如不同的亲属制度及其派生出的种种有关人类繁衍的仪礼、习俗等。如果说不同的民族可能拥有共同的生产方式的话,那么这种由于共同血缘而发展起来的亲属制度及其人生繁衍的文化体系,即是民族有别的核心要素,这说明文化与民族二者不可分割的联系并非相互之间的简单附和。文化亦具有血缘的象征意义,因为文化的核心都与人类的繁衍直接相关。

文化民族阶段是一个长期的过程,其上下限都难以有统一的划分,即使在今天,人类都还在维持着不同的文化,发展着不同的文化,不同的民族仍可以从总体上以文化来加以区分,但是随着人类文化的不断融合,文化已跨越了民族的樊篱,过去属于一个民族的文化,今天已经为人类共同拥有，随着文化的交融，人类将拥有越来越多的共同的文化。这种事实也在动摇着民族与文化的同体根基，促使民族随着人类文化的融合而走向新的融合。民族文化已不可能再作为维系民族的唯一纽带。新的因素也随之产生，这就是政体。

（3）政体民族阶段：政体民族是民族的一个新的发展阶段，它指在一种政体下所形成的民族共同体，在目前这种政体一般是以国家为范围的，因此这一阶段的民族也可称为国家民族。在政体之内，由于推行共同的语言、文字、文化，具有共同的地域与经济生活，从而使这一政体之内不同的民族在以上方面出现不断的融合，从而形成一个新的民族共同体。在这个共同体内，其构成的各民族仍然保持有自己的文化，但各族之间文化的融合已不可避免，已具有了在文化、经济、意识形态上与其他民族，即共同体不可分割的联系，人们在维持着自己原有的文化的同时，通过认同而达到与共同体的一致。这种共同体在外部表现为一种政体的聚合，而内部的一致性主要是靠认同而达到的，个体作为总体的一分子，并加入到共同体的文化融合中去。今天这种政体民族在世界上已较多地出现，如中华民族，就是以汉族为主体的、包容了各境内少数民族而构成的一个族体，在这个族体内，尽管各民族还保持着自己的民族文化，但相互之间具有在族体上的认同，并且具有地域、经济生活及语言、文字等文化的一体化特征。除此之外，美国、南斯拉夫、澳大利亚、新西兰、加拿大等等国内的民族进程都有相同的特性。在泰国，则推行单一民族政策，境内居民不论是何种族均为泰族，必须接受泰文化教育。今天，民族之间的文化融合首先在政体之内进行，这是客观的事实。政体之内的文化、经济、意识形态等方面的融合必然在导致内部各种构成民族的一体化，这亦是一种客观趋势。原有封闭状况必然被改变，民族文化有的保留下来，有的被其他民族所吸收，但更多的是接受政体内共同的文化，加入到政体内的一体化进程中去。但在这个过程中，如果出于各种原因，如民族歧视与压迫，而达不到认同，那么这种一体化进程就要受到影响，甚至不可能达到一体化。不认同一体化的民族会采取种种方式来维持自己的存在，阻止一体化进程。但另一种新的趋势是随着政体的扩大，文化的交融也将进一步扩大，如国家联邦、联盟、经济共同体等，都使文化的交融获得了新的机会，如欧洲经济共同体内，随着经济的交融，文化的交融也不可避免地在扩大，这也就是说随着政体的扩大，人类的一体化进程也在加快，这亦是客观的趋势。当然，政体只能在一定程度上左右人类文化的一体化进程，随着人类文化通过种种方式的交融，人类文化的一体化趋势也就自然地跨越政体而形成。但是在这个过程中，尽管原有的文化在受到外部环境的影响而出现变化，人们对民族的认同将在很长时期内存在。这种存在与过去是不同的，由于文化的改变，出现了认同与文化相分离的状态，即民族文化已经改变，但对民族的认同仍然存在，而最终只是一种概念性的存在：身处与本民族文化不同的文化环境中，但不会忘记自己的祖先及自己是属于什么民族。在政体民族阶段，政体是新的族体形成的形式与载体，而认同则是政体内各原有居民聚合的内力。

在以上民族过程的三个阶段中，民族认同始终是民族存在与发展的不可缺少的要素。尽管随着民族的发展，民族原有的构成要素都可能发生变化，如血缘、血统、文化、经济生活、居住地域等，但民族认同却能稳定存在，最终出现认同文化与认同民族相分离的状态，即保持着对民族的认同，但对文化的认同已不仅仅局限于本民族文化而可能是基于本民族文化之上的更广泛的文化，包括异族文化。在这三个阶段中，民族认同，始终是民族内部的内聚力与黏合剂，即使将来在人类文化融为一体的情况下，民族认同作为一种概念也还会存在，由此可见，民族认同是民族构成的一个不可缺少的要素，如果缺少了民族认同，那么民族也就不存在了。

民族认同作为族体中一种特殊的因子对外区分着不同的族体，对内聚合着一个民族的存在。民族认同与民族构成的其他要素——共同的文化（语言、文字、风俗习尚、宗教、生活方式等）、共同的血统、共同的心理状态与情感体验、意识等一同构成了民族。而在这其中，民族认同又是概括一切、长期稳定存在的核心要素。其他要素在民族发展过程中不但可能发生变化，即使发生了变化，只要民族认同不改变，那么民族仍然存在。但是如果民族认同发生了变化，那么这个民族就将最终解体。当然，在民族发展过程中，民族认同的长期稳定存在与改变都是常见的现象。正是这两种情况的交织，才使一些民族融合了其他民族而发展壮大，而另一些民族则被融合进其他民族中去。民族认同的维持与改变，取决于复杂的内外部因素，这一点我们在下章中将会详加探讨。

(二) 水与源：民族认同与民族特征

民族认同作为民族不可分割的一个要素，并不是一个不可触摸的概念，它除了牢固地存在于人们的头脑中外，还通过种种文化活动体现出来。由于人们对民族的认同，从而形成了民族的一系列外部特征，如不同民族的心理活动、意识、价值、感情等；而在民族交往中，由于认同，也还会出现一些偏差，如民族情绪、压迫、歧视及相关的异动。虽然说这些民族特点的形成还有种种其他方面的因素，但它与民族存在有关，民族认同是其前提。在认同于民族的前提下，才在外来因素的作用下产生以上活动。因此，尽管上述这些活动往往只是民族认同的一种表象，而深刻的原因仍然在于民族认同本身。认清了这一点，我们就可以解开纷繁复杂的民族表象之谜，而以上所列的种种民族特征及偏差亦可溯到其源。下面我们对这些重要的问题分别进行研究。

1. 民族认同与民族心理

心理活动是人类共有的，而民族心理则是与民族的特性相关，体现出不同民族差异的心理活动。每一民族的心理活动都可以通过这一民族的文化，如道德风尚、审美意识、宗教、生活方式、社会交往、婚姻家庭等等得以表现，并且需要时间的熔炼，因而民族心理也是民族文化积淀的结果，由于民族文化存在差异，民族心理也因民族不同而异，每一个民族都有自己的一致性的心理特征与心理活动，这就是民族心理的实质所在。当然，我们不可否认人类存在超越于民族这一樊篱的普通心理的存在。民族心理的存在除了人类共同的普通心理以外，更重要的是表现为能反映一个民族的文化特征及民族这一个共同体的心理。

一个民族的存在需要其成员有两方面的认同，一是对民族本身的认同，一是对民族文化的认同。在具有了民族认同后，才具有与该民族相吻合的心理活动，因此民族心理也反映了人们对民族的认同，如果人们不具有对一个民族的认同，或改变了对一个民族的认同，那么也就不会具有与这个民族相吻合的心理。

人们对于民族的认同与其心理是相一致的，但是民族认同是民族心理的前提，民族心理是民族认同的结果。由于民族认同而导致了人们的种种心理活动。如我是某一民族，我就应遵从于这一民族的道德规范，而有违于这种道德规范或因各种因素使自己与这种规范发生冲突，都会引起不同的心理震荡。但另一个不认同这一民族的人，就不存在遵从或有违这一民族道德规范相关的心理活动。同样，认同于某一民族，在与异族的接触中，就会有民族自尊、民族自豪感、民族歧视等心理活动出现。异族对我所认同的这一民族的态度，亦可带来心理上的不同变化，但对于一个与我不具有相同认同的人来说，是不具有与我相同的心理活动的。另一方面，很多心理活动及其外在的表现，也是与维护民族认同相关的，如当一个民族诋毁、有辱另一个民族及其文化时，便会引起这个民族的群愤与反击，尽管那些诋毁并不是针对个人的。

其次，民族心理活动随着认同的变化而变化。当人们的民族认同发生变化时，如认同了新的文化与民族，那么原有的心理状态也会随之而调整到新的认同之下，与新的文化与民族相吻合。在人们未认同一种新的文化的时候，这一民族的心理与这种文化是处于抵触的状态下的，而在认同处于冲突之中，人们的心理也同样处于一种冲突矛盾的状态之下。当人们认同了一种新的文化时，在心理上也就与这种文化达到了平衡。当然应该指出，人们的民族认同较之民族心理要稳定得多，民族心理具有稳定的一面，但又具有活跃的一面，随着外部环境的变化，人们的心理状态也处于变化之中，甚至瞬息之间的部分变化，都会引起人们心理上的变化。

2. 民主认同与民族意识

关于民族意识在学术界目前仍然是一个争议较大的问题，我认为"民族意识"是一个有特定意义的词，简单而言，民族意识就是一个民族内的成员关于自己民族的认识。这种认识可以是多样的，如自己民族的地位（政治、经济、族际间等）以及在的社会环境中的生存状态、尊严、前途等等认识。而民族意识的表现是有前提的。其一，认同于这一民族，才会产生有关这一民族的意识；其二，民族意识只有在民族与外部环境——这种环境可能是民族的、文化的、政治的、经济的不同环境的接触中，才可能产生。如果一个民族处于与异环境毫无接触的封闭状态下，那么也就无所谓民族意识，人们只是按照本民族的传统规范生活、行事。

同样，在与异环境的接触中，如果不具有民族认同，那么也无所谓民族意识，因为这一民族的状况与自己毫无关系。当人们有对民族的认同时，民族意识才在民族与外部的接触中迸发出来。

民族意识是一种客观的存在，但不是一种单一、静态的存在，而是有层次性的，受外部环境的影响而具有不同组合内容的。其一，它具有多方面的内容，多方面的表现，如表现在对本民族在社会中的意识，对民族的荣辱的关注、对本民族发展前途的认识与关注、在民族交往中对本民族尊严及相互间的关注、互助、承认、抵触等的心理体验，等等。其内容是极其丰富而复杂的，它可以通过一个民族文化的方方面面表现出来，而一个民族的某一方面，有时往往是一个细部，都有可能触发一个民族的意识的产生。其二，民族意识是一种动态存在。在外部环境的影响下，某些情况下能触发此种民族意识，而某些情况下能触发另一种民族意识。同样，某种意识在此时显得较强，而某一种意识彼时又显得较强。如一个民族在迁徙动荡的过程中，生存的意识就特别强烈，而在受到外来侵略和压迫时，反抗的意识就会增强，当一个民族处于列强之中、受到不平等待遇时，争取自己民族平等权利的意识就会增强，而当一个民族处于竞争的环境中，认识到自己与发达民族之间的差距，那么就可能激发这个民族的发展意识。除此之外，集中居住与分散居住的民族之间、落后与先进的民族之间、大民族与小民族之间，民族意识的强弱与表现都是有差异的。总之，民族意识随着民族自身的条件的变化、外部环境的影响，具有不同的内容与表现形式。

民族意识具有较大的能动性，它通过一个民族文化的很多方面表现出来，如音乐、舞蹈、文学等艺术作品，但更多的是从人们的行为中直接表现出来，如言谈、表情、情绪、行动，乃至于冲突。民族意识作为人们民族认同的一种特殊的表现形式，对于一个民族的发展有着较大的影响。它对于维护人们对民族的认同，维护一个民族的存在，激发一个民族的发展可以起到积极的作用。另一方面也正是出于维护人们的民族认同及民族的生存，民族意识也可能导致一个民族的封闭、保守与狭隘，可能带来不同民族之间的冲突。因此它对于一个民族来说，所起的作用也是因时间、环境、条件而异的，不是一个恒定的因素。

3. 民族认同与民族感情

民族感情是民族认同在人们情感世界中的一种表现形式，是相互认同于一体的人们之间的情感体验，一个认同于某一民族的人，对于生活于这一民族内总是感到亲切、自如，因为这一民族的人们的感情表达与体验方式与自己是相吻合的。从而对于同一民族的人，由此而怀有与其他民族相区别的感情。在相互的交往中，本民族与异族在感情体验与表达上是有差异的，不同民族具有不同的感情体验与表达方式，有的民族感情炽烈奔放，而有的民族则较为温和，在感情的表达中有的民族以拥抱来表达相互之间的感情，有的民族则以握手来表达感情。这种种不同的体验是存在有共同的民族认同的人们之间的，这是一个民族内人们相互之间的民族感情，民族感情的更高层次则是超越了对于个人的感情体验，把整个民族作为自己的感情依托与体验对象，也就是个人对民族的感情，而不是针对民族中的个人，对于民族感情就是基于对民族的认同之上的。对民族的认同越深，也就相应对此民族怀有较深的感情；相反，如果对此民族没有较深的认同，甚至已经改变了认同，那么也就谈不上对此民族会怀有多少感情。这就是民族认同与民族感情之间的辩证关系。

民族认同既是一种民族存在的价值，也是民族文化存在的主位因素，民族感情也体验于与之相关的范畴及民族文化之中。在同一民族中，人们具有共同的感情体验方式，如节庆、歌舞、出生、成年、成婚、丧葬等人生礼仪，各种生产生活庆典等，人们通过这些活动的参与而共同享有一个民族的情感，表达自己的种种感情，如傣族人民的泼水节、景颇族的木脑纵歌、苗族的花山节，等等，人们通过对这些节日活动的参与，可以体验到一个民族的亲切，抒发自己的感情。而每一具有象征意义的民族文化要素，都可以寄托人们对于民族的感情。如一个人在异乡听到本民族的话语，看到本民族的艺术品等，都可激起人们的民族感情。民族感情在人们心中的积存犹如人们对于民族的认同一样，是具有较强的持久性的，只要对民族的认同还存在，那么对于民族的感情就不会改变。

民族感情的体验与表现不仅在一个民族中，在与异族的交往中也能获得，而且有时可能表现得较为强烈，在与异族的交往中，如果异族对自己的民族具有一定的认同感，那么双方的感情就可能易于交融，进而扩大到其他方面的密切交往。如尊重一个民族的风俗习惯与礼尚，按一个民族的规范参与这一民族的节庆活动，等等，都可以与这一民族获得共同的感情体验；相反，如果对这一民族没有认同感，对这一民族采取抵触行动，破坏这一民族的风俗习惯与文化设施，那么这些行动即使只是针对个别或一些人的，但都会有损于这一民族的感情，双方不仅难以进行交往，甚至还会发生冲突。因为人们认同于这一民族，那么对这一民族的任何损伤都将伤害人们的认同，涉及具有共同认同的每一个人——认同是民族存在的价值取向，人们为了维护这种价值可能做出种种反应。在不同民族的交往中，双方的感情体验随时都在进行，从表情、语言交谈到行动。对于民族感情的伤害所引起的隔阂是难以愈合的，而感情的融通对于民族间的交往又具有促进作用，因为感情的体验是族际间最深刻的体验。各自都有自己的民族认同，出发点都是站在自己民族的立场上，维护自己的民族认同与利益。

4. 民族认同与民族成见、偏见

由于各个民族都有自己的民族及文化认同，而不同民族的人们又把自己的认同作为一种重要的价值来加以维护，从而体现出在民族及文化认同上的立场。在长期的历史发展中，各民族都创造了自己的民族文化，而民族的发展不论艰辛与辉煌都在人们心中烙下深深的印记。对于人们已经认同了的东西，而且是长期认同的东西，人们总是加以维护，在与其他民族的交往中就可能以自己认同的文化价值观去对待、衡量其他民族，这样就产生了民族成见与偏见。民族成见是长期稳定存在一个民族中的既有观念，或是在对待其他事物，尤其是其他民族的本位观念。成见既是以对本民族传统的价值为出发点的，又是一种传统的思维方式与经验，它表现在人们在对待事物、处理事物时惯于以既成的经验与思维方式为准，对待新的事物尤其如此，甚至出现偏差。对于与本民族传统的价值相违背的事物，则可能与民族成见发生抵触。例如20世纪80年代初西双版纳傣族聚居的一个村寨，人们在村后的山丘上开垦种植橡胶树，由于此山丘多年来就被视为神山，因而开垦之前不少老人就极力反对。后通过行政组织开垦了这个山丘，并种植了数百株橡胶苗。一年多后，有一村中小孩不幸死于山丘下，人们认为这是由于种植橡胶触犯了山神所致，因而上山把橡胶苗都毁掉了。再如墨江、元江一带的哈尼族中曾存在"结小婚"的习俗，有的孩子二三岁便由父母作主结下婚姻，人们认为这是本民族的特点，有利于孩子从小培养感情，也有利于双方经济关系的协调，而过了十三四岁还未成婚那就会被看不起，甚至难嫁难娶，因为这么大还未嫁娶与传统不符。在这种成见下，当新的婚姻法推行时，在婚姻问题上就与这一民族的成见发生了较大的抵触，虽然经做工作而使部分"结小婚"者退了婚，但人们的思想仍然难通。成见在每个民族中都存在，只要在新的事物的比较中就可以看出，成见对于民族传统的维护有其积极的作用，但对于一个民族接受新的事物是有较大限制的，它可能造成民族的保守与故步自封。

民族偏见一般产生于民族之间，它与民族成见一样，都是从本民族的立场出发，以本民族的认同为基准的。因此在看待其他民族时，以自己民族的认同为尺度去加以衡量，从而产生民族偏见。民族偏见是一种不客观的对于其他民族的看法，当另一个民族的文化与自己不相符时便从自己民族的文化价值的基准出发去加以衡量，并形成固定的看法，这些看法往往不是客观的，甚至是完全背离事实的，如一个民族认为另一个民族不诚实、好斗、不好进取、某些习俗特异可笑，甚至天生下贱，等等；而另一民族则认为此民族好强、落后、不易接触等。民族偏见不在于民族大小强弱，只要认同不一致都可能产生。民族偏见一经形成就可能在族际间长期存在并代代相传，影响到民族间的交往与团结，甚至引起民族间的冲突，因为偏见往往会成为人们对待其他民族的态度并体现在社会行为中。

5. 民族认同与民族歧视、民族情绪

民族歧视与民族情绪是一个问题的两面。民族歧视表现在站在本民族的立场上对于另一个民族的不平等的看待，这可表现在对于另一个民族的风俗习惯、体格特征、文化艺术、宗教信仰等持歧视态度，如认为本民族"文明"、"高贵"而他民族"野蛮"、"落后"、"低贱"，并把这种观点制度化，成为民族压迫的依据。民族歧视的产生有多方面的原因，如民族压迫与阶级剥削、统治民族与被统治民族的关系、民族的强弱大小等，但与民族认同亦有直接关系。持歧视态度的一方从民族的角度来说是在自己民族认同的立场上来看待被歧视的民族的，在自己民族

认同的立场上，把自己民族作为一种至高无上的价值来衡量被歧视民族，而事实上这种价值并不是一种客观的价值，只是以持歧视态度的一方的认同为基础的，如认为自己的婚姻制度先进，而另一个民族的婚姻制度落后，甚至带有野蛮色彩，20世纪曾存在于南非的种族隔离制度、印度的种姓制度造成的种族歧视都是典型的例子。在这种情况下，一方面可能会有客观的因素，但更多的是非客观的，即从自己认同了的婚姻制度出发去否认自己不认同的婚姻制度。民族歧视的存在十分广泛，只要民族不平等现象存在，民族歧视都会存在。民族歧视的形成有种种客观的基础，但作为一种精神范畴内的存在，它较之外部客观现实的改变要稳定得多，即作为歧视的物质基础可能已经消除，但作为歧视的观念仍然可能长存于人们的脑海中，原因就在于物质基础与制度改变了，而民族认同并没有改变，以自己的价值观去衡量其他民族。因此消除民族歧视不仅要从物质与制度方面，如促使两个民族间社会、经济、文化的平等发展，还必须从人们的思想领域内去探索深刻的原因。

由于民族歧视及民族间政治、经济、文化、社会等的发展与地位不平等现象的存在，相应也就产生了民族情绪。民族情绪表现为对自己受到的不平等待遇及歧视的不满与怨愤，极可能诱发民族反抗。民族情绪的产生除了明显的由于政治、经济、军事所诱发外，在民族交往中的文化体验中也能发生，如一个民族不尊重另一个民族的风俗习惯，有对异民族的侮辱性举动等，在这种情况之下就可能诱发另一个民族产生民族情绪，这方面的原因表现得较深刻。即使在平等物质与社会环境中，也可能出现于不同的民族之中。除了物质的不平等外，歧视、偏见都能导致民族情绪的产生。

以上我们从民族心理、民族意识、民族感情、民族偏见、民族歧视等方面论述了民族认同与民族表象特征之间的关系。在这其中可以看出，民族认同作为一种深层次的民族特征，并不是不可触摸的，它还具有种种表现形式，而透过这些现象，我们也可以看到问题的本质，从这一角度，我们也佐证了民族认同作为民族构成的一个要素的观点。

（三）民族认同与民族发展

民族是一个历史过程，在这个过程中，每一个民族都必须有所发展，才能存在。历史正是这样：一些民族不断地在发展中成长壮大，而一些民族却因不能获得发展，或一个阶段发展了而另一个阶段停滞下来而被淘汰。因此每一个关心自己命运的人都会关心自己民族的发展，寻求民族发展的机遇。民族的发展受着外部的发展环境与内部机制的影响，就一个民族发展的内部机制而言，民族认同是一个重要的因素。

首先，有民族认同的存在才谈得上民族的存在与发展。民族认同是民族构成的一个重要因素，亦是民族存在与发展的一个重要因素。民族认同与民族存在的关系在前面我们已经进行过研究。由于认同自己的民族，关心自己民族的命运，因此也才把民族的发展与自己的利益紧密地联系在一起，具有民族发展的意识。在民族发展过程中，民族认同与民族发展的关系可以通过民族发展意识体现出来。民族发展意识包括了人们对自己民族前途与命运的关心，寻求民族发展机遇的强烈责任感及为了民族的发展对于自己民族的奉献。在民族发展过程中，民族发展意识也就是民族认同的具体体现。民族认同越强，民族发展意识也就越强；相反民族认同较弱，那么一个民族也就不可能具有强烈的发展意识。因此，一个民族必须有强烈的民族认同，才能获得发展，民族内的每一个成员才会把民族的命运与自己紧密地联系在一起，民族的兴衰荣辱都与自己休戚相关，在很多民族的历史上，民族认同都是在民族危亡关头或民族解放时强大的精神凝聚力与奋发的动力。在中国历史上，中华民族处于列强的凌辱之下，无数爱国志士忧国忧民，为了解救民族的苦难抛头颅洒热血，涌现出康有为、谭嗣同、林则徐、梁启超、孙中山、黄兴等等一大批爱国志士，爆发了辛亥革命、五四运动等等著名的爱国救亡运动，这一切，都是人们出于对民族强烈的认同，为了民族的兴旺与发展而掀起的救亡义举，在中国的抗日战争中，中华民族的认同感也获得了空前的强化。这说明，只要具有对民族的强烈认同，就能把民族与自己的利益紧密地联系在一起，而为了民族，可以舍去自己的利益，为民族而奉献。因此，在民族发展中，民族认同是强大而不可缺少的精神支柱，有了这种精神支柱，那么民族的发展也就有了巨大的内动力，具有了希望。一个民族要生存、要获得发展，必须维持并不断强化民众对于民族的认同感。当然，在不同的历史时期，民族认同会具有不同的新的内容，但都可以起到相同的作用。如果一个民族丧失了民族认同，那么就谈不上发展，等待着它的就是消亡，因为人们对自己民族的前途已不再关心,当然也不会愿意为它而奉献。

其次,正因为民族认同是一个民族生存与发展的精神支柱,因而与人们的感情、价值观等等都紧密地联系在一起。为了民族的存在,人们必须维持自己的民族文化与民族的利益,这样在民族的发展中就可能带来两种选择:一方面一个民族的发展需要不断地与其他民族进行交融,吸收其他民族先进的东西充实自己;而另一方面外部的种种因素尽管对于一个民族的发展有利,但与这一民族所认同的价值观及其文化要素往往可能是冲突的,这就可能致使人们从维护自己民族所主张的文化与价值出发,对外来文化采取抵制的态度,最终导致自我封闭。文化之间的价值冲突,历来是不同民族交融或民族发展过程中的核心问题。当两种文化的价值不发生矛盾时,那么交融与吸收就较容易进行,但当两种文化价值,尤其是文化的核心层的要素,如宗教、道德、价值观等发生冲突时,那么两个民族之间就是相抵触的,民族间的交融就很难进行,人们可能以感情取代理智,从维护自己的文化价值出发否定外来文化,也就可能失去发展的机遇。这在人类历史上已有大量先例,很多民族的故步自封都是自己造成的。

撒拉族是聚居于青海省的一个农业民族。在历史上,这个民族的社会经济都较为落后,撒拉族信仰伊斯兰教,伊斯兰教作为一种民族的精神支柱,成为这一民族的内聚力,对于其生存与发展起到了积极的作用。但是作为整个民族意识形态集中表现的伊斯兰教教义中的某些方面,也导致了撒拉族的长期封闭及对外来文化——尤其是对非伊斯兰文化的抵制。在伊斯兰教的五项基本信条外,还有一条是信"前定",这种观念,使大多数成员的思想受到禁锢,人们一方面认为人生既然是"前定"的,那么万事只能忍耐、顺从,在身处逆境时听其自然,遭受挫折时容忍,显得消极、自卑;而另一方面,认为反正人生是"前定"了的,遂对事无所顾忌、敢作敢为或自暴自弃,性格中富有突然性和冒险性,造成了撒拉族历史上的长期封闭状态,阻碍了与外界的政治、经济、文化等方面的交流,阻碍了其社会的发展。[1]

可能导致一个民族封闭的还不仅仅是宗教,民族文化各个方面都具

---

[1] 参阅《伊斯兰教对撒拉族的影响》,载《中国伊斯兰教研究文集》,宁夏人民出版社1988年版。

有这种可能，只是不同的文化要素在文化体系中有时表现得较为显要，而有时居于次要的地位。被人们认同了的能够象征一个民族的文化要素，都可能成为代表本民族文化的价值而被赋予特殊的意义。在对外交往中，这种价值尺度既有维护本民族的一面，亦有排外的一面。

在民族发展中，民族认同既是一个民族生存、抵御外来侵略、克服生存的艰辛的强大内聚力与精神支柱，同时又能致使一个民族感情用事，盲目排外，故步自封。协调好这一对矛盾，是每一个民族获得发展的前提。一方面既要维护认同，一方面又要超越认同，这就是发展的难点，克服了这一难点，那么一个民族也就解放了自己。发展是一个民族获得生存、通向强盛的必由之路，停滞不前，故步自封自然是要被淘汰的，在人类历史上已不乏这样的例子。因此对民族的认同不应仅仅看成是一种感情的寄托，而应视为民族发展的动力。当一个民族强大、兴旺发达了，那么人们的认同自然也就得到了维护。

民族认同的维持是要依民族的强盛来实现的，只有在民族强盛时，人们对于民族才充满自豪感，对民族的未来才充满信心，也才能维持强烈的民族认同；相反，如果一个民族长期处于落后状态，尤其是在与其他民族的比较之下显得弱小，或长期处于弱势而得不到振兴，那么人们对这个民族也就会失去信心，自然不能维持对本民族的认同。因此在当代对民族认同的强化不能仅为民族危机为契机，更重要的是经济、文化、社会的发展所显现出来的民族兴盛为基础来强化民族认同。必须大力促进一个民族的社会，现象与文化发展。通过发展来强化民族认同基于发展的需要，人们既应不断地强化本民族的认同，在发展中赋予本民族文化以新的价值；同时，又应在发展中善于吸收其他民族先进的东西，哪怕这些东西与本民族传统的价值是相抵触的，但从长远来看是有利于本民族发展的，那么也应采纳吸收，而不应被已认同的价值拒之于门外。一个民族只有形成善于认同异族的文化进而巩固、充实自己的民族认同机制，才能获得发展：这就是说吸收异文化并不意味要改变自己，而是要发展自己。

这个问题尽管具体到不同的民族中都会遇到不同的情况，但世界上也有不少国家在这些方面取得了成功的经验，总的一条是开放、积极吸收其他民族及人类共同的先进文化才能振兴，而封闭则无前途。日本近代的发展就是一个很好的例子：在1636年，日本颁布了"锁国令"，断绝了同世界各国的来往,在国内维护着一套森严的身份等级制,士(武士)、农、工、商的森严等级制一直束缚着日本人的生活。儒教道德在社会关系中形成了上下尊卑、服从和效忠等关系的基础,在幕府统治制度下为了维护这种封建秩序,对任何形式的变化都加以抵制。在经历了200年的封闭生活后,在西方军事的、经济上的压力之下,面对签订的一系列对外不平等条约,人们才开始意识到不变革将意味着什么,于是1868年开始了日本近代史上著名的明治维新。通过明治维新,日本废除了封建幕府制,摆脱了殖民地危机、建立了近代的民族国家,走上了资本主义道路。但是明治维新给日本带来了民族文化上的危机,由于开放国门和引进西方科学技术后,人们普遍对本民族文化怀有失落感,甚至轻视日本固有的文化遗产,对传统文化进行否定,出现了道德上的沦落,甚至有人提出要同外国女人结婚以改良日本人种。但是日本自古就有主动吸取外国文化的品格,尽管面临着民族文化的危机与失落感,但从发展的需要出发,日本人还是大胆地引进西方的文化。吉田茂在《激荡的百年史》中写道:"在19世纪中叶西方国家带着军事力量来到日本时,最初日本人对此曾经强烈反抗,因为他们担心日本会丧失独立。但是不久,当他们了解到维护日本独立也需要输入外国文明时,日本人便一心一意汲取西方文明而不遗余力了……而且,随着对西方文明的优越性的理解,便日益赞扬西方文明了。"[①] 一系列富国强兵的政策及引进西方文明,使日本在近代获得了前所未有的发展;吉田茂在总结日本近代的发展时指出:"战后的日本和明治时代的日本,都接受了巨大的挑战而采取了大胆的行动。一切文明基本上都包含着冒险精神。明治时代的日本人在面临着一种陌生的强大文明时,无所畏惧地放弃了长期爱好的习惯,引进了外国的文明。"[②] 日本在明治维新以后的发展及在第二次世界大战之后的经济复苏,与日本人具有强烈的民族认同感,同时又能大胆引进国外先进的东西来充实自己是有直接关系的。强烈的民族认同感促使人们在艰难的外部环境中能坚强不屈,为民族的振兴而倾心奉献,这是日本振兴的一个重要因素,而引进外国的文明,则使日本得到了充实,获得了新的发展机会。

[①] 吉田茂:《激荡的百年史》,世界知识出版社1984年版,第14页。
[②] 同上书,第86页。

总之，在民族的发展中，不能忽视民族认同与发展的辩证关系。一个民族外部的改变，如物质文化方面的变化，并不是最根本的变化，最深刻的变化及民族发展最强大的内动力仍然是民族认同本身。新的认同是民族发展的前提条件，所谓新的认同，就是在原有的对民族认同的基础上，吸收异民族优良的、有益于自己发展的东西，这也是对异民族文化的认同，从而形成本民族新的认同体系。这种新的民族认同的形成可能成为一个民族发展巨大的内动力。

四 文化认同的机制与类型

文化认同是一个民族、一个国家乃至人类长期的历史过程，在不同的历史时期都对一个民族，一个国家产生着不同的影响。但是，文化认同在形成后能否有新的发展，固有的认同能维持多久，怎样对异文化进行认同等等问题却是一个十分复杂的问题，这也就是文化认同的内在机制问题。文化认同的机制尽管因不同民族、国家的具体情况不同而各异，但我们仍然可以透过种种历史上已出现的认同现象来把握其规律。把握文化认同的机制，对于认识历史，展望未来都有重要的意义。

（一）民族兴衰与文化认同

1. 民族兴盛：文化认同的坚实基础

一个民族文化认同的形成是人们与自然环境相依存及自身繁衍的结果。但是，认同的进一步巩固及发展，文化认同对于民族发展所起的作用，却受到其现实基础的影响，这种现实基础就是民族本身。总的来讲，当一个民族或国家兴盛时，其文化认同不仅仅能得到强化，文化认同也能够对这一民族或国家的发展起到积极的作用。在人类历史上已经证明了这样的事实：在民族或国家处于兴盛时，其文化认同不仅十分强烈，而且也易于认同异文化，从异文化中吸收有益于本民族或国家发展有益的东西。这时期人们的文化认同是一种宽容、开放的姿态，能在维持自己的认同的同时广纳异文化，其结果，也使这一民族或国家获得了新的发展；同时也增强了人们的民族自信心与自豪感，文化认同得到进一步的巩固。而相反的事实是民族弱小或落后只能使这一民族或国家的人民认同感低落，或是为了维持自己的认同而故步自封，陷入恶性循环的境地。

民族及国家兴盛是文化认同的坚实基础。在中国的唐朝，社会经济曾出现鼎盛时期，这一时期人们对于异文化的认同是十分具有典型性的，这一时期是中外文化的大融汇时期。唐朝的首都长安城"人口一百万以上，同时期的欧洲与西亚细亚，拥有如此压倒性数字人口的其他之例已堪谓绝无。性格上的融合世界各国文化，也仅有东罗马帝国国都君士坦丁堡与'一千零一夜'之都巴格达才可勉强与之匹敌的世界之都"。"及东亚、东南亚、中亚细亚最大的商业中心地，各族人均有居住。"①

这一时期的唐朝，不仅建立起了地跨欧亚的大帝国，经济亦十分繁荣，东西方贸易兴隆，加之博大的唐朝文化处于同时代世界的高峰，无论哲学、数学、天文学、医学、地理学、历史编纂学、语言学都在同时代的世界上占有领先地位，自然地带来了东西文化交融的机遇，东与朝鲜、日本等国，北与突厥民族，西与中亚细亚及伊朗等阿拉伯国家及民族，南与印度等南洋国家都有频繁的商贸及文化往来，长期居住于长安城的外国侨民一般都在万人左右。②唐政府对前来唐朝境内进行商贸等活动的外国人都采取一种一视同仁、加以鼓励的态度；同样，对于由此而带来的异文化的涌入，唐王朝并不加以排斥，而是宽容广纳，从自身社会的需要加以吸收。在这一时期，人们认同异文化是在自身文化认同的基础上，把异文化作为自己文化的一种补充，而外来文化所采取的也是一种主动地认同大唐文化的姿态，显现出唐朝大一统的时代精神。其结果使异文化能容易地进入唐朝，并与当代文化相融合。

唐代佛教的演变就是吸收外来文化并得到发扬的一个典型的例子：佛教自汉代传入中国，唐代则是与中国传统文化进一步融合的重要时期。上层知识界表现出摄取印度思辨哲学的兴趣，一些高僧则剖析入微地研习佛教的精理奥义，从而使佛教在中国得以发展，如华严宗发展出四法界、十玄门、一多六相，唯识（法相）宗推衍出真似现量比量、入识四智等繁复的观念体系。佛教的发展也弥补了中国传统思想的欠缺，如中国传统思想侧重今生今世的躬身实践，对后世缺乏设想，儒家认为："未知生、焉知死。"道家的修炼更是着眼于此生此世的长生不老，而佛教则提出了令人领悟因缘、业报，无常、无我的思辨体系。但是对于佛教，也不是不加选择地吸收，这也是唐朝在吸收外来文化时的

---

① 姚大中：《中国世界的全盛》，台湾三民书局1983年版，第156页。
② 姚大中：《中国世界的全盛》，第156页。

特点。印度佛教的观念并没有触动唐代中国社会的层序结构，人们并没有感到需要用佛教中的价值观念来重新审视中国的社会制度、政治结构及伦理准则，相反，在注重宗法伦理的中国社会中，本来宣扬出世和个人解脱的佛教也被逐步改造成弘扬功德度人、注重入世的宗教。在佛教教义中，与中国传统思想相近的东西，因为与中国社会的意识形态有特殊的亲和而被着意宣扬，如佛教经典中讲孝道的文字就被发展成为《父母恩重经》等作品，除佛教以外，祆教、景教、摩尼教、伊斯兰教等当时世界上有影响的宗教，都传入唐朝境内。

除了佛教文化外，唐朝也吸收了大量其他国家的物质文化与精神文化，如伊朗的建筑风格、绘画、金属、象牙、纺织、家具的加工技法与风格等，对中国都有广泛的影响，大批阿拉伯人进入中国定居，加入到与唐朝文化的融合中。

在唐朝吸收、融合外来文化的同时，唐朝博大的文化也向周围扩散，对当时的世界文明产生了较大的影响，尤其是对唐朝的周边国家影响更大，如日本与朝鲜，就是最典型的。在唐代，以汉文化为主体的唐朝文化大量涌入日本，如儒家伦理思想、佛教、典章制度、文字、音乐，直到服饰等都深深地影响着日本文化的各个方面。

唐朝是中国封建社会的鼎盛时期，国家与民族的兴盛成为唐朝文化认同的坚实基础。在厚实的国力及兴盛的文化基础上，人们不但对自己的国家有认同感，四邻国家也认同于唐朝的文化，不断向唐朝学习。如日本自公元630年（唐贞观四年）开始至公元894年这200余年内，曾18次遣使前来唐朝，人数最多时达600余人，还有不少学生在中国留学。[①] 这样使唐朝文化扩大到其他国家及民族中，对世界文明作出了贡献。而唐朝自身，在认同自己国家文化的同时，对中外文化交流所传入的异文化采取的是一种广纳宽容的态度，并不因为是异文化而加以排斥，而是吸收了外来文化中有益的东西并与自身文化相融合，从而丰富了自身的文化。作为对异文化的认同来说，已经超越了自己文化认同可能造成的与外部文化融合的障碍，人们并不担心自己的文化会被其他民族的文化所融合，进而丧失。这一切，与唐朝的兴盛密不可分，越是兴盛越是开放，越能包容异文化，补充自身的不足，这是一条已为历史所

---

① 姚大中：《中国世界的全盛》，第242页。

证明了的规律。

2. 文化认同与民族存亡

当民族及国家处于落后衰败危难之际，人们的文化认同就要发生变化。人们不再像中国的唐朝那样能广纳宽容异文化，并加以整合为我所用了。在这种情况下一般可能出现两种情况：一种是对自己的文化产生怀疑，进而削弱对固有文化的认同，甚至最终融合进先进的民族文化之中，这在世界历史上有众多的例子：弱小、落后总是要被强大、先进所融合。另一种情况是把对本民族、国家的文化的认同作为维护自己民族存在的武器，对外来文化采取排斥态度，而对自己的文化则加以保护，视之为自己生存的象征，每一点改变都可能带来人们心理上的震荡，这样的结局导致一个民族或国家走向自我封锁，最终的结局自然是陷入落后的恶性循环之中，错过了借鉴外来文化，发展自己的机会。当然，在一些民族中也存在着这样的机制：在落后的情况下能吸收先进民族中有益的东西，发愤图强最终发达起来，中国古代越王勾践亡国之后卧薪尝胆，日本善于吸收异国先进文化，使自己获得新的发展，都在此之例。但更多的仍然是上述两种情况，下面让我们以历史上的几个例子来加以说明。

在公元七八世纪，阿拉伯人曾向拜占庭帝国统治下的欧洲发起进攻，并攻占了不少地区而加以统治，阿拉伯人在欧洲所获得的最持久的胜利是对西班牙的征服。在被阿拉伯人征服之前，西班牙已处于相当衰落的境地：经济衰败，人民生活于水深火热之中，而贵族们过着骄奢荒淫的生活，人们不断地掀起对政府的反抗，对于政府及自己所处的境地已无任何信心，因此人们相反对于处于强盛的阿拉伯的侵略者抱有希望，从而使腐朽的国家迅速被阿拉伯人所摧毁。在这种先进与落后的对比之下，当地被征服者自然地认同于先进的征服者，接受新的融合。征服军在征服西班牙后，便在那里安家立业、通婚、移民。阿拉伯人在许多方面丰富了西班牙半岛的生活：在农业方面传入了科学的灌溉方法以及许多新的植物品种，如柑、棉花、甘蔗、大米，导致了西班牙农业的发达。此外还发展了许多手工业，如纺织、瓷器、造纸、丝绸、制糖等，并开发了金银等矿藏。由阿拉伯人传入的造纸术在很多地区都发展起来，对西班牙文化的发展起了积极的作用。纺织业也很发达，仅科尔多瓦就有1.3万名纺织工人。由于手工业的发展，西班牙的对外贸易也由此而兴隆起来，与印度、中亚细亚各国都建立了贸易关系。阿拉伯语对西班牙文化也有较深的影响，在农业、手工业、政治、军事中至今仍保留着的不少阿拉伯语词汇，都足以证明阿拉伯文化的深刻影响。在美术、建筑等方面，西班牙也同样深受影响。在落后的状况下，西班牙人出于民族生存的需要，对于侵略者也曾进行过反抗斗争，但当阿拉伯人的统治稳定下来之后，西班牙人面对先进的文化，也予以了认同与吸收，并加以发展，而不是一概地抵触了，在认同及吸收的基础上，还有了新的发展，如科尔多瓦大清真寺就是融合了西班牙及阿拉伯建筑形式而建成的新的建筑形式的开端。自此之后还出现了阿尔卡萨宫及格拉那达的阿尔汉布宫等富丽堂皇的建筑。当然，西班牙也是在国家衰落的时期而认同异族文化，并吸收异族文化的，人们并没有因此而放弃对自己民族的认同，但这个地区的社会经济复苏与发展之后，人们又在对本民族认同的基础上开始了对本民族文化的创造，但是西班牙在阿拉伯人占领时期对先进的阿拉伯文化的吸收与认同，与欧洲其他受阿拉伯人征服的地区一样受到阿拉伯文化的影响是显著的。英国历史学家伯纳·路易说："阿拉伯人扩张运动的真正奇迹，在于被征服地区的阿拉伯化，而不是他们军事上的胜利，公元11世纪以前，阿拉伯语不仅变成了从波斯到比利牛斯山的主要日常用语，而且是主要的文化工具，代替了古代文化语言如科普特文、亚拉美文、希腊文和拉丁文，随着阿拉伯文的传播，阿拉伯征服者和阿拉伯的被征服者之间的界限已经退居次要地位。"[1]

落后的民族总是要受到先进文化的影响，这已是一条被历史验证了的定律。西班牙在衰败时期也不能不认同于先进的阿拉伯文化，但还保持了自己的民族认同而未完全融合进阿拉伯民族中。在历史上诸多落后的民族不仅仅认同于先进的文化，同样也融合进先进的民族之中，在中国历史上，汉族的发展就是一部不断以自己先进的文化融合后进民族的历史。在西晋末年黄河流域及巴蜀盆地出现了二十多个地方政权，即"十六国"时期，在这些地方政权中，有匈奴人、氐人、羯人、鲜卑人、羌人、汉人建立的。但这个民族鼎立的时期，也正是汉族与其他民

---

[1] ［英］伯纳·路易：《历史上的阿拉伯人》，中国社会科学出版社1981年版。

族融合最显著的时期，随着历史的发展，汉族以外的各民族都纷纷认同于汉族，并最终融合进汉族中去，在这其中很多民族都是出于各种目的而主动地认同于汉族的，这一时期的文献中就有不少"胡人改汉姓"的记载，到了北魏孝文帝时，还出现了鲜卑族的汉化运动。到了隋唐时期居住于中原的、从事农业的各民族都已基本融合进了汉族之中，费孝通教授指出："从唐到宋之间的近五百年的时间里，中原地区实际上是个以汉族为核心的民族大熔炉。许多非汉族被当地汉人所融合而成为汉人。当然融合过程是复杂的，但结果许多历史上有记载的如鲜卑、氐、羯等族都在现实生活中消失了。"[①] 此后不论宋、元、明、清各个朝代，都不同程度地存在着民族的融合。而融合的结果，不论是汉族统治时期还是蒙古族、满族统治之下，由于受汉族的影响，很多非汉族不但认同于汉文化，而且在长期交往中融合于汉族之中。汉族的发展就是一个不断地融合非汉族人民而发展壮大的过程，这其中的深刻原因就在于汉族具有先进的文化，使之成为民族融合的主体。这也验证了后进民族及文化对先进文化进行认同的历史规律，面对先进的民族及文化，必然地导致人们原有认同的弱化。

弱小民族的认同除了受先进民族的影响外，阶级压迫及强权也是一个不可忽视的因素。在人类历史上，阶级压迫与强权一直是阻碍后进民族发展的一个不可否定的因素。一些强国或大民族凭借其军事、经济及政治上的强大与实力，对后进民族及国家进行军事、经济的侵略及政治上的控制，同时也在文化上把很多外部因素强加于被侵略与控制的民族，这同样地导致这些民族文化传统的丧失及认同的变化。在18、19世纪西方的殖民地中，这种现象随处可见，其消极的影响今天仍未消除。我们以地处南太平洋中部的萨摩亚群岛上的萨摩亚人的认同变化来说明这一问题。在19世纪中叶以前，具有悠久历史及民族文化的萨摩亚人一直保持着自己的民族传统，萨摩亚群岛的14个岛屿共有支配其生活方式的同一语言、文化、价值观念及传统习惯、生活方式，这个文化体制也支配着乡村及国家。共同的语言创造了融洽的气氛，这种文化强调对以家族为核心的群体的依附是完善生活的途径。家族高于一切，一个萨摩亚人活着不是为了他自己，而是为了家族。萨摩亚人拥有处理

---

① 费孝通等：《中华民族多元一体格局》，中央民族学院出版社1989年版，第14页。

婚姻、出生、死亡的特定文化传统，他们在各个不同的岛上都忠实地维持这些传统与风俗。所有这些传统及风俗总称为"法阿萨摩亚"（Faasamoa）。这种体系是其文化存在的基础，也是确认个人在社会及政治结构中的作用和义务的标准。共同拥有"法阿萨摩亚"使萨摩亚人具有一种凝聚感，对自己文化的自豪感和归属感。此外萨摩亚人也有自己的社会及政治制度，称为"鸟太"制度，这一制度维持着这个群岛的秩序与稳定。总之，萨摩亚人拥有以自己的民族文化为中心的和谐稳定的生活规范，并以此沿袭了近两千年。

但是，到了19世纪40年代，英国、德国、美国等国纷纷开始了对萨摩亚群岛的侵略与掠夺。他们强行购买土地，建立棉花、咖啡、橡胶种植园及军事基地，并最终通过军事与强权达到了对萨摩亚群岛的分治——1899年列强签订公约，将萨摩亚群岛分为东西两个部分，东部成为美国的殖民地，而西部则是德国，继而是英国和新西兰的殖民地。萨摩亚人传统的和谐生活从此结束了。群岛的分裂及异文化的侵入不仅改变着萨摩亚人的传统，也改变着其民族的认同。不同的外国思想及文化，新的经济制度直接地影响到萨摩亚人的文化与社会结构。首先是在文化传统上，"法阿萨摩亚"已经不再行之有效，西方的影响带来了新的生活方式，传统的习惯如注重家族的观念已不再居于重要地位，相反个人意识取代集体意识而上升到了核心的地位。在美属萨摩亚，越来越多的人开始依靠领工资收入生活而不是传统经济，其次西方的教育被引入，尤其是英语的引入及使用产生了更为广泛的影响，英语成为萨摩亚群岛上的官方语言，学校里只用英语授课，致使青年一代接受了英语这一异族语言。同时，萨摩亚人自己的土语也受到群岛分治的影响，英属萨摩亚与西萨摩亚人的语言出现了差异，人们可以从语言中听出其属于哪一个群岛。外国的殖民也使萨摩亚人传统的政权体制受到摧毁，而把殖民政治强加给萨摩亚人民。

由于群岛的政治分裂，不仅仅是萨摩亚语出现了差别，各处于一种外部文化影响下的萨摩亚人在外国政治及文化的影响下，由过去的统一转向了思想、态度上的分裂，甚至出现了公开的对立情绪。美属萨摩亚的人们有一种比西萨摩亚富裕、物质方面进步快的感觉，而英属萨摩亚的人们则受外部影响要小一些，传统文化保留较多，人们认为自己在文化方面比美属萨摩亚更加"纯洁"，从而形成了两个殖民地在态度与思想意识上的对立。19世纪中叶以前那种整体的萨摩亚人凝聚感不复存在了。人们的认同由于外部的强权殖民活动而发生了变化,美国萨摩亚问题专家塞赖萨·米尔福德写道:"民族认同问题影响着所有的萨摩亚人,无论他们出生于美国或外国,青年还是老人,男还是女,来自东萨摩亚还是西萨摩亚。这个问题并非萨摩亚人所独有,然而,与众不同的是,他们不能确定自己的认同。根据不同的情况,有些人可能把自己看成是美属萨摩亚人,另一些人则说自己是西萨摩亚,还有一些人则声称自己是萨摩亚人。"[1]

民族处于衰落时期文化认同的另一种情况是,以自己的认同为武器来维护自己民族的存在。其结果是导致民族的封闭与排外。中国在唐朝盛世时曾以广阔的胸怀广纳四方文化加以融合,成为中外文化大汇聚的时期,但并不因此说明这种机制是中国对待异文化的长久机制。在国力衰败、面对列强侵略的清朝末年,就是另外一种情况了。晚清的异文化传入是以列强的武力入侵及中国封建社会的没落为背景的。西方凭借军事力量和经济优势打开了闭关锁国的门户,西方的外交官、商人、传教士、冒险家蜂拥而至,中国几千年"天朝上邦"的梦想为西方的炮舰所打破。在这种情况下,中西两种文化不能再像唐朝那样能顺利地融合,而是面临着直接而激烈的冲突。

作为清政府来说,列强的入侵所直接危及的就是政权的存在、江山的完整,因而面对列强所采取的不再是宽容,而是严加防范,这不仅表现在军事上,也同样地表现在文化上。不允许外国人与中国人自由往来,不论官民一视同仁,对于外国的书籍,甚至外国人购买中国的书籍都加以严格的控制,因此当时著名学人魏源也感慨地说道:"使后世有人焉,日翻夷书,刺夷事、筹夷情,如夷之侦我虚实,其不转罪,以多事,甚坐以通番者几希。"[2] 在鸦片战争以后,清廷虽然被迫开放五口通商,但在思想指导上并未放弃闭关锁国政策,对于中西方人士间的文化及思想交流更加防范严密。如道光二十四年,军机大臣、大学士穆彰阿曾对西方人士"延请士民教习并采买各项书籍"一款奏请严加限制,他说:"应令该国延请之人将姓名年岁眷属住地,并呈明该地方官另存

---

[1] 《帝国主义与萨摩亚的民族认同》,载《民族译丛》1989年第4期。
[2] 魏源:《海国图志》卷3。

案，方准前赴该夷寓馆。其所购书籍，亦应各书肆另立簿册，将书名数价值，于买定后随时登载，年终汇交该地方官、呈送督抚查核，庶按籍而稽，可为诘奸察远之一助"随即奉旨"依议"。[1] 这种把中外文化人士间的合作与交往"另册存案"、"按籍而稽"的做法，不仅使时人望而生畏，也表明了清朝政府对于中外文化交流的态度，由此而阻碍了西方文化的传播。在鸦片战争之后虽有人提倡西学，但毕竟受到多种限制，更难引起清廷的重视。

其次，中国的传统观念与西方文化发生着直接的冲突。在鸦片战争之后，虽然西方的科学在中国已经有所传播，但是长期形成的鄙视科学、崇奉儒术的传统观念和社会习惯势力对人们思想的束缚仍很顽固，尤其是在长期的封建社会中，儒家思想作为统治集团维护自身利益的正统意识形态，早已被提高到了不可冒犯的地步。在守旧势力的眼中，任何西方的思想的引进都是与儒家思想相对立的，都是对中国传统的亵渎，因此在士大夫阶层及知识分子中，很多人都无视外部的变化，恪守中国传统思想，对西方文化的传入不仅无动于衷，甚至采取排斥的态度。更由于鸦片战争的失败带来的剧痛，在人们的情感上形成了对西方文化的反感，造成逆反心理，因此对外部文化的认同是极其艰难的。在这种情况下，少数愿意与西方人士合作的人，都要承受沉重的舆论压力。在民族危机之际，对外部文化的认同具有特殊的意义。这一时期对外部文化的认同不仅不同于盛唐之时，即使是在清初国盛之时也与此不同。如在清康熙年间亦有不少耶稣教士来华，每日轮班进内廷讲授测量法、算学、天文学、人体解剖、物理学等。明清之际西洋各国教士来华者不下六七十人，所著书籍不下三百余种。[2] 可见，在对外来文化的认同上一个国家或民族处于强胜还是衰落时期的情形是截然不同的，在民族强胜时不仅可以顺利地认同外来文化，还可能将外来文化吸收整合，为我所用。而在民族衰落时期，对外部文化不再是一种主动吸收的态度，更多的是将外部文化与自己的存亡联系起来，非理智地加以排斥，形成自我封闭，从而也错过了很多汲取外来文化为我所用的机会。

事实上，在清朝末年，也不乏有识之士主张正视现实，吸收西学

---

[1] 《筹办夷务始末》道光朝，卷72。

[2] 周谷城：《中国通史》，上海人民出版社1981年版，第452页。

"中学为体，西学为用"、"师夷长技"，如冯桂芬、王韬、林则徐、梁廷枏、魏源等，这些开明志士都较早地认识到了今天的西方不同于过去的"蛮夷"，认识到了了解西方的必要性。随着他们对西方了解的逐步深入，他们在思想上都日愈明确，今日中国无非也是世界诸国的成员之一，不管愿意与否，都应该尽快地抛弃深闭固拒、妄自尊大的陋习与偏见，正视西方，因而他们纷纷著述，向国人介绍外部世界，如林则徐著的《四洲志》，梁廷枏著的《海国四说》，魏源著的《海国图志》等，但遗憾的是这些著作在中国并没有起到应有的效果，相反在邻海的日本，却引起了较大的反响，对日本人认识世界起到了积极的作用。如魏源的《海国图志》百卷本，1852年出版，1854年便传入日本，仅3年间，刊印《海国图志》的各种选本竟达22种之多。[①]。一部著作能在另一个国家引起这样大的反响，短短几年就出这么多的译本，可见其影响之大，这对于日本人在明治维新之前了解世界大势接受西方文化，乃至对维新思想的形成都起到了积极的作用。腐败保守的清政府在鸦片战争之后依然妄自尊大，无视世界的进步，把西方先进的科技文化称为"奇技淫巧"，把学习研究西方文化诬蔑为"以夷变夏"，致使中国在近代落伍于世界。

但是腐败的清政府并不能代表中国人民。民族的危机在中国各阶层中引起了不同凡响，中华民族对于自己民族的认同在民族危亡之际成了抵御外侮、维护民族生存的强大内聚力与精神武器，致使中国近代史上出现了一批又一批的爱国志士，为了解救民族危亡不惜抛头颅洒热血。中国人民也掀起了一次又一次的救亡运动，如太平天国运动、义和团运动、白莲教起义、辛亥革命，等等，这都表明了人民对于民族所寄予的感情之深、爱国之切，如果没有民众对祖国的这种深厚感情，那么中国近代就有亡国的可能了。这一切也正是中国传统文化所培育起来的对于中国民族及中华文化的深深的认同所发挥出来的巨大潜能，在民族危亡之时，文化认同又可表现为以爱国主义作为强大的精神支柱，激励人们维护自己的民族认同，为民族的生存而奋斗。

在世界其他民族中，以文化认同作为争取民族生存的武器及民族的

---

① 转引自《试论近代中日文化交流》，载《中国近代文化问题》，中华书局1989年版，第142页。

内聚力的例子并不少见，事实上如我们在前面已经论述过的那样，文化认同在民族的存在与发展过程中具有强大的凝聚作用。在非洲，民族认同问题就表现得十分强烈。非洲是民族十分复杂的地区，同时由于恶劣的自然环境及帝国主义的长期掠夺，致使这一地区社会经济至今仍很落后，然而，这种落后性与复杂性并未能阻碍非洲民族生存的强烈愿望，这其中最典型的就是非洲民族中所具有的强烈的民族意识，民族自尊心与自信心，这一切随着泛非主义，"黑人精神"（Negritude）等影响十分广泛的口号的提出，已经出现了超越国家、地区的非洲民族性的趋势。在20世纪初，美国黑人学者杜波伊斯就提出过泛非主义口号，呼吁黑色人种统一和团结起来，为打碎殖民主义桎梏而战斗，结果黑非洲各族纷纷响应，出现了风行一时的"泛非运动"。这一运动的实质是非洲和散居在世界各地的所有黑色人种进行的一种民族主义运动，其宗旨是反对种族歧视和殖民统治，争取黑人解放和非洲的独立与统一，召唤尼罗格各族的集体觉醒。泛非运动与泛非主义在表现形式上作为一种政治运动，但事实上："同时也体现了源出非洲的各族人民都希望统一的感情。正因为如此，其宗旨在于建立世界上所有黑人（非洲的、北美洲的、西印度群岛的，无所不包）之间的同胞之情。"[1] "黑人精神"的思想则产生于30年代巴黎的法语留学生中，并随之受到推崇。在黑非洲这一思想的著名倡导者是塞内加尔第一位总统列奥波尔德·桑戈尔博士，黑人精神反映了法语非洲人在法语世界中的特殊地位。法国人致力于殖民地内的文化同化政策，从而至今使黑人知识分子深感外来文化的压抑，导致人们的反抗。黑人精神强调黑人的真正统一和整个人类的团结，反对文化同化政策，是黑人种族感情以及反种族情绪的体现，不论泛非主义还是黑人精神，其实质都是一致的。"它是非洲血统人的一种自我意识，反映了他们的特殊地位。这种感情表现在歌声及神话中，反映在圣歌和宗教仪式中，他们流露出黑人的特有观点与愿望。这些感情、观点及愿望逐步形成了一种思想，变成了一种社会的一种政治行动，从而使泛非主义从一种感情的、思想的运动发展成一种具有自己政策的一种组织。"[2] 所有这一切，都是以非洲及非洲以外黑人为争取民

---

[1] 《泛非主义，黑人精神和非洲民族主义》，载《民族译丛》1983年第3期。
[2] 同上。

族生存与平等为宗旨的，也是共同的非洲民族意识，即一种超越一种民族、一个地区的一种新的文化认同的具体体现。在这其中更集中地表现为一种非洲统一的民族意识。如果非洲人民丧失了对自己文化及民族的认同，那么在帝国主义的侵略、分裂及强制同化政策之下，非洲人民将遭受更加深重的灾难，正是新的文化认同的出现，形成了反抗帝国主义侵略、争取民族生存与发展的内聚力及动力。

通过上面的论述，我们可以得到这样的结论：文化认同与一个民族的兴衰有直接的关系，当一个民族处于兴盛时期时，与此相应的这一民族的文化认同不仅较为强烈，而且可以表现得宽宏，在对自己文化及民族认同的基础上，易于吸收异文化中有益的因素为我所用，其结果是使自己的文化中注入了新的血液，获得新的发展。而当一个民族处于落后弱小的境地，文化认同尽管不一定会因此而丧失，相反还可能成为维护自己生存的内聚力，但它所表现出的不再是一种广纳宽容的姿态，而是一种排外、维护自己利益的姿态，其结果可能导致一个民族更加封闭，也更加落后，甚至走向灭亡，为先进民族所融合。长期的历史发展使一个民族形成的认同在一定的时期内可以成为一个民族自强的兴奋剂，维系着人们的团结，激励人们奋发图强，但文化认同只有在其载体——民族、国家强大并有了雄厚的物质基础才可能得以维持，否则，文化认同仅仅作为一种精神因素而得到存在，如果转变不成人们图强的动力，那么这种兴奋剂也是不能长久维持的。在一个民族衰落时，当人们强烈的认同感便化为一种激情，然而民族仍然继续衰败下去，那么这种激情也将随之衰落，人们的认同感也将弱化下去，等待着这一民族的就是灭亡。

民族的强盛是文化认同的坚实基础，而强烈的文化认同也是民族生存与发展、兴旺的强大内聚力。这两者是一个辩证的统一体，民族的兴旺除了人丁兴旺外，还必须有雄厚的物质基础及较高的人口素质。在这种兴盛的基础上人们对这一民族才充满自信与自豪，人们对自己的文化与民族才真正具有强烈的认同感，这种认同是人们自然达到的。在民族发展中，我们也可以通过强化本民族的文化认同来激励人们发愤图强，但是这种认同不从精神力量转变为物质力量，那么它的生命力也是有限的，这在世界历史上不乏其例。在中国近代史上不少有志的爱国志士为挽救国家的危亡而立志图强，如兴办近代工业交通等，但在腐败的清政府的统治之下，终不能达其志。20世纪中的"大跃进"、"超英赶美"等运动尽管出于善良的动机，并且唤起了民族爱国图强的热情，但超越了客观实际，同样未能达到预期的目的，反而带来不良影响。因此一个国家，一个民族只有真正具有了强大的经济实力及雄厚的基础，才能使国人真正具有发展意义上的认同，国家才会兴旺发达，只注重从非物质的因素上去强化人们的认同感，那么终将因缺乏物质基础而不可持久。

（二）政权与文化认同

要探讨文化认同的机制，尤其是存在机制时，我们要探讨另一个重要的因素，那就是政权。文化认同的产生与发展虽然受客观物质与文化环境的影响，但其存在与发展趋势往往要受到权力——或是国家权力，或是统治者个人的权力的影响，统治者的权力对于文化认同的影响我们在前面已经有叙述，这里我们所要着重研究的是政权。固然这其中也有个人，如政权首脑的影响，但这种影响总的来说是从政体的利益出发的。

1. 政权需要与文化认同的维持

一种政权为了维持其利益或是为了达到这种政权的政治目标，往往要维持一种认同。这种认同的维持可以使政权获得稳定并具有凝聚力。因为一种政权所要维持及倡导的认同与其政治内涵及需要是一致的，因而当人们认同了一种政权所倡导的认同后，那么也就有可能顺从这一政权。在中国历史上春秋战国时期百家争鸣，总有一些学说为一些国家所提倡，秦始皇焚书坑儒，汉武帝"罢黜百家，独尊儒术"及以后老子思想的提倡，汉以后儒家思想所处的至尊地位及中国封建社会的种种伦理道德等等莫不与政权的利益相关联。正因为如此，一种文化认同的提倡与否，并不一定是客观的，它往往只是顺从了政权存在的需要，而并不一定有利于国家的兴旺发达。当然世界上也有很多政权所倡导的文化认同与国家及民族的兴旺发达、民众的利益一致，从而促进了国家的发展。如法国1789年资产阶级大革命所提出的纲领性宣言《人权宣言》中有关自由、平等、"天赋人权"、"主权在民"的思想，对于资产阶级政权的确立，反抗封建制度，发展以自由竞争为核心的资本主义经济都起到了积极的作用,这一宣言于 1791 年作为《法国宪法》的序言被法定化,不仅对于法国,对于整个资本主义世界都产生了较大的影响。作为人类社会一个重要历史发展阶段的思想基础,无疑是具有进步意义的。

下面让我们以中国历史上的两个例子来探讨政权对于文化认同的影响。

在中国封建社会中,儒家思想一直处于正统的地位,对中国社会文化的方方面面都产生了较大的影响。作为封建文化的精髓,儒家思想广为中国封建时期的人们所认同,而儒家思想之所以能上升到至尊的地位与统治阶级的推崇是分不开的,因为儒家思想自产生起就与安邦治国联系在一起。在以孔子为代表的儒家思想产生的春秋战国之际,正是社会处于剧烈的动荡时期,"天下无道"。[①] 因而孔子所指出的"克己复礼为仁"、"君君、臣臣、父父、子子"[②] 等,其实质都是要恢复一种秩序。作为儒家学说的重要组成部分的礼,实质上就是一种社会等级秩序的本质规范,与中国封建社会的等级政治,上下尊卑的封建等级秩序是相吻合的。有了礼,才能上下有尊卑,君、臣、父、子,男女有别,公民才不会相争,从而天下太平。《礼记·经解》说:"礼之于正国也,犹衡之于轻重也,绳墨之于曲直也,规矩之于方圆也……故以奉宗庙则敬;以入朝廷则贵贱有位;以处室家则父子亲、兄弟和;以处乡里,则长幼有序。"孔子曰:"安上治民,莫善于礼,以之谓也。"孔子所说的"安上治民,莫善于礼",道出了礼的实质,那就是把礼作为治世之道。而礼的本质就是人们之间的等级秩序与规范。《礼记·经解》道:"故朝觐之礼,所以明臣子之义也;聘问之礼,所以使诸侯相尊敬也;丧祭之礼所以明君臣子之恩也;乡饮酒之礼,所以明长幼之序也;婚姻之礼,所以明男女之别也;夫礼禁乱之所由生,犹防止水之所自来也。"正是由于礼与封建社会的本质相吻合,礼才为历代中国封建统治阶级所推崇,作为维护封建统治的工具。

儒家学说在西汉时期上升到独尊的地位,更是适应了封建统治的需要,汉代以董仲舒为代表的儒家所提出的一个天人感应的思想体系为神

---

① 《论语》。
② 同上。

化汉武帝的统治及封建秩序提供了依据，因而得到汉武帝的推崇。首先他所依托的阴阳学说为封建秩序及天授王权，与封建专制统治的需要是相吻合的，在《春秋繁露·基义》篇中，董仲舒说："凡物必有合。阴者阳之合，妻者夫之合，子者父之合，臣者君之合……君臣父子夫妇之义，皆取诸阴阳之道。君为阳、臣为阴，父为阳、子为阴；夫为阳，妻为阴……是故臣兼功于君，子兼功于父，妻兼功于夫，阴兼功于阳，地兼功于天。"在《春秋繁露·顺命》篇中，他说："天子受命于天，诸侯受命于天子，子受命于父，臣妾受命于君，妻受命于夫。"他所提出的君、臣、父、子、妻的阴阳秩序，加之阳尊阴卑的规定，为建立在封建宗法家族制度上的专制主义统治提供了理论依据，他把家族制度与国家制度很好地融贯为一，以君、臣、父、子等联系起来的君亲、忠孝为纽带，把忠孝纳入国家政治之道，从而实现国家的家族化统治，这一点适应了封建专制主义强化统治的内在要求。其次，董仲舒主张德主刑辅，倡导德治，总结了秦朝酷刑暴政导致灭亡的教训，亦适应了汉王朝稳定战乱后的社会、巩固自身统治的需要，为稳定封建统治提供了一套德政为主的理论。因此，汉武帝为巩固自身的封建统治，维护大一统的局面，采纳了董仲舒"罢黜百家，独尊儒术"的主张，以董仲舒的《公羊》学为首例，非儒学的诸子百家一概排斥，儒学从此而取得独尊的地位，对汉以后的封建社会都有重大的影响。在儒学发展的过程中，儒学理论适应了封建统治的需要，为封建统治及封建社会的秩序化及稳定提供了理论依据，因而备受历代封建统治政权的推崇，而儒学也因此而长期居于正统的地位，为众人所广泛认同。封建政权维护这种认同是出自自身的政治目的需要的，如果没有封建政权的维护与推崇，儒家不可能对中国文化产生如此巨大的影响。

一种认同一旦为民族所认同，那么也就会对一个社会的稳定起到积极的作用，儒家学说也如此。在汉以后，它逐步发展成汉文化的思想核心，具有广泛的民众基础，对于社会的封建秩序化及稳定发挥了积极的作用。在这种情况下，历代统治政权为了维护自身的利益，也必须来主动地维持这种认同了。

北魏时期孝文帝元宏所推行的汉化运动是另一典型的例子。为了维护及巩固北魏政权对中原的统治，孝文帝不但强制鲜卑族认同于汉文化，而且主动地维护对汉文化的认同。公元494年，魏孝文帝率领其鲜卑贵族、官兵、民众约百万人①迁都洛阳，随后不到三十年的时间里，这些鲜卑人大体上被融化在汉族之中。这正是由于孝文帝为了维护其政权而采取的强制性认同政策所致，其所倡导的汉化运动，涉及经济、政治、文化、社会习俗等方方面面。首先，改革了官制，一些原有的官制都改按汉制，过去魏官制都是按照需要取动物及其他事物名称而设置的，改革后的官制设置了三师、三公、尚书、中书、九卿、刺史、太守、县令等中央及地方官，并分封诸侯，制定了相应的俸禄，完全依汉以来内地王朝的官制而施行。

其二是禁胡语胡服。公元495年，诏令在朝廷上不得讲北方民族语，违者要罢其官。孝文帝元宏曾对他的弟弟讲："自上古以来，及诸经籍，焉有不先正名，而得行礼乎？今欲断诸北语，一从正音……如此渐习，风化可新；若仍旧俗，恐数世之后，伊洛之下，复成被发之人。"②从此，鲜卑语自上而下受到禁止，作为民族特征之一的语言的变化，对这一民族来说影响是极其深远的。在服饰方面拓跋鲜卑原系编发左衽之族，迁都洛阳后，改制汉人衣冠，不但男子，妇女也要改穿汉装。

其三是改鲜卑姓为汉姓，改帝室拓跋姓氏为元氏，太祖以来的八大著姓都全部改为汉姓，对于原有汉族大姓贵族，也规定与鲜卑大姓享有同等的地位，使鲜卑和汉族在仕宦之中结合起来。

其四是禁止鲜卑同姓通婚。使鲜卑贵族与汉人著姓通婚，他自己娶卢崔郑王及陇西李冲之女入宫，同时强令六个兄弟聘高级士族之女为正妃，原来的正妃降为侧室。在民间两族通婚也因此而增多。这样，促使了鲜卑族与汉族之间的进一步融合。

其五是礼乐刑律方面的改革，不论祭祀、丧礼、冠礼等都加以改革，采用汉制。在刑律方面孝文帝参照汉律，亲自下笔制订。

北魏孝文帝强制鲜卑人改变认同的措施是较为透彻的。如果没有这种强制性的手段而是在自然状态下相互达到认同，这也是可能的。因为鲜卑族无论社会、经济发展都远远落后于中原的汉族，最终要被汉文化所融合，在文化上认同于汉族。但是魏孝文帝的改革不仅仅加速了这种

---

① 引自范文澜《中国通史》第2卷，人民出版社1978年版，第673页。
② 《魏书》卷21上《咸阳王禧传》。

进程，而且使之对汉族的认同具有彻底性，不仅是鲜卑文化，而且通过通婚等方式，将整个鲜卑民族都投入到汉族的熔炉之中。如上所述，魏孝文帝的强制认同目的在于其政治的需要，从而也证明了政权对于文化认同不仅起着维系的作用，而且也有改变、造就一种新的认同的机制。事实上，自十六国至隋灭周，在黄河流域建立政权的都是汉族以外的少数民族，但近三百年间历经战乱及融合，从最古老的匈奴、氐、羌到乌桓、鲜卑等族，都先后融合到汉族之中去，不再能看到他们的活动。正是由于政权的更替及种种相关的活动——战争、变革、新治等等为民族的融合提供了舞台，而这个舞台的基石则是较为文明发达的汉族社会，只有立足于这一基石，才能有新的发展，因而伴随着政权的更替，自然也就认同于汉族文化，并随之而融进这种文化之中。

由于一种认同往往被一种政权所维护，因而政权的更替也必然会引起认同的变化。如资本主义制度在一个国家的确立，也就必然地要对封建制度下的种种认同进行否定，不仅如此，同一种制度之下政权的更替也同样地会对原有的认同进行一定的否定，倡导新的认同。这其中有一定区别，那就是政权对于文化认同的影响一般限于与政权的存在有直接关系的部分，而对政权影响不大、或与政权的政治目标关联度不高的部分一般不会因政权的变化而受影响，如传统文化中的一些构成，风俗习惯，生活方式，民间艺术，等等。

2. 政权行为对文化认同的影响

不论中外古今，任何一种政权之下的政治行为，诸如政策、法令等等都会对这一政权管辖范围内的文化认同产生不同的影响，文化认同历来就不是一个真空地带，而是与政权的政治目的密切相关的。每一种政权体制之下，都有很多源自政权的对于认同发生影响的强制性因素，这些因素虽不能够彻底地改变一个国家的文化认同，但对于文化认同的影响亦可能产生相当大的影响。如在南非由于奉行种族隔离制度造成了不同种族集团之间的对立；在泰国，国家所推行的单一民族政策，促使不同种族对泰文化的认同；在美国、加拿大等国，20世纪中叶以前推行的是民族同化政策，希望以此达到文化上的一体化，而今天则改变了过去的政策，推行多元文化主义，这两种政策对于其国内的文化认同都起到了不同的影响。不同的国家，对于国内文化认同的导向是不同的，尽管很多行为并不是直接地针对文化认同的,但对于文化认同都可能产生影响,我们可通过一些例子来进一步考察国家行为对文化认同的影响。

首先让我们看看印度尼西亚对待华人的政策及华人的文化认同问题。在20世纪以来华人问题一直是印度尼西亚的一个敏感而严重的问题。这一问题与民族认同有直接关系。在印尼华人为数并不多,只占全国人口的3%左右,而华人却因有坚实的经济基础(印尼华人控制了印尼经济的70%左右)及强烈的民族认同而与其他民族存在着对立。这其中主要的问题在于印尼政府及土著对华人的严重的民族歧视与偏见,从而也促使华人强化自己的文化认同以增强生存的内聚力。印尼华人问题自产生初就与政权行为有直接的关系,过去印尼处于荷兰的殖民统治下,在三百余年的殖民统治中,荷兰殖民政府对印尼民族采取分而治之的办法,造成了当地土著与华人之间严重的民族隔阂与猜疑。荷兰统治者把当地的居民分为三等,第一等是欧洲人,第二等是以华人为主的东方人,第三等是当地土著。这样分而治之的做法直接地造成了印尼境内民族间的隔阂,阻碍了华人与印尼土著之间的融合,华人既保持着自己的认同及文化传统,又不愿意与低自己一等的土著相同化。从印尼土著的角度来看,处于第二等地位的华人有较强的优越感,并且有较强的经济实力,并由此而常常产生冲突,这使得本身就有较强自卑感的土著容易与华人产生隔阂,甚至是歧视,加上两个民族间在民族性格、意识形态、文化传统、价值观念、宗教信仰等方面的差异,便对华人逐步形成了一种根深蒂固的偏见。在印尼独立后,出身土著的很多人执掌了军政要职,对华人的偏见与情绪发展成对整个华人群体的歧视与迫害,不断地出现反华排华骚乱。与此同时,政府一方面采取了一系列旨在削弱华人经济实力的措施,一方面也实施了很多同化华人的政策,要华人同化于土著,在各个方面实现印尼原住民化,这样更加激化了华人与土著之间的矛盾。如在教育及文化政策方面从苏加诺到苏哈托政府都采取了具有较强的同化色彩的措施,1965年以后,印尼政府关闭了所有的华人学校,查禁了所有的华文报纸,取缔所有的华人社团,决定用带有侮辱性的称呼"支那"来代替原生的"中国"、"中华"。在文化方面,采取了一系列措施极力消灭华人中中国文化的痕迹。首先是消灭中国汉字,如1966年第11号法令及1970年情报部长第116号决定,禁止印尼文报刊上刊登中文广告,1978年12月,印尼贸易和合作部规定禁止进口、出售和发行中文印刷品,包括书籍、刊物、传单、小册子和报纸。1980年10月,雅加达特别市长呼吁将该市所有的办事处、商店、企业的外文(主要是中文)招牌和广告,一律改为印尼文。同时还限制华语影片的进口与放映。同化政策最为突出的还有强制华人改用印尼姓名,提倡华人与土著通婚,限制华人的宗教活动,等等。[①]

从印尼华人的认同问题上来看,一方面由于受到歧视,华人必须维护自己的文化认同以维护自己的生存,并且对中华文化的认同也是人们真正的感情需要。而不论处于荷兰殖民统治之下还是印尼独立以后,对华人所采取的都是一种歧视、排斥的政策,这样必然地导致华人与其他民族之间的隔阂,诱发其他民族对华人的情绪。这样民族之间更不能达到认同,相反只是一种对立,而对华人的强制同化政策,不论其效果如何,我们都可以从中看出政权行为对于文化认同所产生的影响。

加拿大是一个拥有约一百个不同的祖籍、源于世界各地民族的多种族国家。这些民族由于来自世界不同的国家与地区,文化也有较大的差别。在20世纪70年代以前加拿大政府一直推行同化政策,但人们都怀有一种强烈的愿望,那就是保持本民族的文化、宗教、语言、风俗习惯和传统,并且付诸行动。在这种背景下,加拿大政府于1971年宣布了在国内推行多元文化政策,这一政策包括四个方面:"第一,在资源许可的情况下,政府将对那些愿意和努力发展其能力来为加拿大作出贡献,而且明显需要帮助的弱小民族进行帮助。第二,政府将帮助所有文化集团人员克服文化障碍,全面参与加拿大社会。第三,政府将为旨在使国家团结利益的前提下,促进加拿大各文化集团之间的接触与交流。第四,政府将继续帮助移民学习加拿大一种官方语言以便全面进入加拿大社会。"

为了配合多元文化政策的实施,加拿大政府还采取了一系列措施,如设立多元文化奖金,用于奖励多元文化活动;设立非官方语言教学基金,支持非官方语言教学、广播和电视计划,出版一系列民族历史丛书,定期召开全国各民族组织会议,兴办不同民族的文化项目,等等。

加拿大政府实行多元文化政策后,产生了广泛的影响,这表现在以

---

① 许友年:《试论印尼政府对华人采取的同化政策》,载《外国民族问题与民族政策》,时事出版社1988年版。

下几个方面：（1）民族语言，文字及风俗得到尊重。不同的民族使用政府规定的官方语言——英语、法语，同时也使用本民族语言，如华人社区的路标、招牌都是汉语、英语并行。再如在传教方面，在加拿大的印第安人的258个教堂中用30种印第安人、因纽特人的语言进行传教，而在白人移民集中的398个教堂中，据1977年统计，用将近30种语言进行传教。（2）提出了维护印第安人的语言和文化，有关大学正在为土著语创造文字、编课本，出版土著民族语言书籍等，鼓励复兴印第安人的文化，开展多元文化教育，这包括：开设多民族的音乐、舞蹈课程，利用各民族的音乐与舞蹈来加深人们对不同文化的了解。开展多元文化的文学教育，尤其在儿童教育中体现多元文化，不同民族的文学作品如诗歌、小说、故事等都进行了翻译整理，在学校中建立多元文化环境，利用图片陈列、民族地区自然环境，使学生了解各民族对国家的贡献，进行民族语言训练，通过文化促进各民族的交往。

　　加拿大多元文化政策，使其国内各民族的关系向着好的方向发展。尤其是得到了小民族集团的支持，在加拿大国家中起到了内聚作用。由于这项政策的推行，各民族的文化得到了尊重，人们也因此而强化了自己的认同，但这不仅没有形成不同民族之间的对立，相反在各民族文化平等的基础上促使多民族趋于和谐。从长远来看，加拿大各民族文化的融合是必然的趋势，但在目前通过发展各民族的文化形成民族平等的环境，使各民族在相互了解、理解、和睦共处的前提下实现民族之间的认同，这有利于各民族克服自己文化认同上的障碍，消除对立，向着一致的方向发展，较之过去的强制同化政策所带来的不平等与对立，无疑是有进步意义的，这也反映出了同一国家两种政策行为对于文化认同的影响。[①]

　　在美国，其民族政策也经历了不同历史阶段的变化，即从同化政策、"民族熔炉"政策到今天承认多元文化的事实的存在的变化，而且不同时期的政策对民族之间的文化认同的影响也是不同的。在承认多元文化存在之前的同化政策及其目的在于熔造一个新民族的民族熔炉政策，都旨在于对不同的民族进行同化，其结果是否定了不同民族文化平

[①] 阮西湖：《加拿大多元文化主义政策产生的历史背景及其现状》，载《外国民族问题与民族政策》，时事出版社1988年版。

等存在的权力,从而受到了社会各阶层的反对。直至20世纪60年代随着美国黑人民权运动取得胜利,多元文化在美国才成为现实。尽管美国并没像加拿大那样把它作为一项政策来推行,但其现实存在已对美国产生了十分广泛的影响。其特点是伴随着美国的移民,而导致不同民族聚居的文化社区的兴起,原有民族文化成分的改变,语言的多元文化等方面的变化。美国自建国起就是一个多民族移民及土著组成的国家,直至今天新的移民仍在不断地涌入美国,来自不同国家及地区的移民带来了不同的民族文化,使美国文化的多元现象成为历史的必然。美国《时代》杂志1990年4月9日在一篇题为《超越熔炉》的文章中写道:"现在,每4个美国人中就有一个人自称他是拉丁美洲人或非白人,如果目前的移民浪潮和生育率持续下去,那么到20世纪末,拉美裔人口将进一步增长约21%,亚裔人口约22%,黑人接近12%,而白人人口增长则略高于2%,到2020年这一并不遥远的日子,拉美裔或其他非白人的美国居民人数将翻一番还多,达1.15亿;而白人人口将不会增加。到2056年,今天出生的人年届66岁时,为人口普查统计所表明的一般美国居民在追述自己根源时提到的将是非洲、亚洲、拉丁美洲、太平洋岛国、阿拉伯等等,几乎遍及世界各地,而唯独没有白人欧洲。"由于这种移民所带来的文化结构的变化及政府多元文化的默认,美国已经不再是民族熔炉,因为各民族的文化不仅未融进固有的美国文化传统中,相反显现出了多元的兴盛状态。不同移民聚居区以其民族文化为代表的社区文化有较大的发展。约有1.2万名老挝的苗族难民在明尼苏达州的圣保罗定居,在亚特兰大的一些廉价公寓楼曾居住着清一色的黑人,而今天在那里工作的社会工作者则必须学会西班牙语,底特律区有20万人是中东移民及其后裔,形成一个完整的由伊拉克传来的迦勒底基督教会文化区,旧金山过去华人文化社区曾兴盛一时,而今日本文化正在无孔不入地渗透,日语广播、电视、报纸、杂志、学校的出现仿佛把人带入了另一个日本。

其次,英语正在受着各方面的侵蚀。在大多数州,有可能在不懂英语的情况下获取高中毕业文凭,因为有用西班牙语和法语提供的考试。在39个州中驾驶考试的试卷有用外国语印制的,如密歇根州的驾驶考试用20种外国语,在墨西哥边境地区的一些城市,很难找到一个英语广播电台。

由于美国这种文化多元现象的兴盛，致使美国文化出现了复杂多样的新格局，在这种格局中的人们必须要建立新的认同。《时代》杂志的这篇文章继续写道："对老一代美国人来说，新的世界将是完全陌生的……新世界已在他们身边，而且新的美国必将到来，这已无可逆转。"美国是否能以一个国际民族姿态出现，是否能造就一种新的美国文化这仍然是一个无定论的，有待历史验证的问题。

以上几个例子中所反映出的只是政府行为对文化认同产生的影响的一个侧面。在世界上不同的政权都具有对文化认同的不同导向与目标，这是文化认同机制中的一个重要组成部分。但是一种政权所维持的认同客观与否，是否有利于民族的发展与兴盛，这都需要历史来验证。

（三）文化认同机制的类型

在这一节里，我们将对文化认同机制的类型作一个简单的总结。概括而言，人类对文化的认同可以通过以下几条途径达到。

1. 自然认同

一个民族在自身的发展过程中所形成的对本民族文化固有的认同，这是人类文化最广泛、最基本的认同方式。自然认同主要有两条途径：一是一个民族所生存的自然环境对文化认同的影响。这一点在前面我们已经讨论过。人类依存于不同的自然环境中，获取生存所需的物质资料，从而也发展起了与地理环境相适应的物质文化，如居住在沿海的人们要靠捕鱼为生，他们不仅仅制造了渔船、网等捕鱼工具，同时也积累了有关鱼类生活规律，海洋及气候变化的知识，懂得气候、季节变化与鱼类活动的规律等，而居住在山区的民族则懂得如何开垦林地种植谷物，采集可食的野菜野果、狩猎，并制造了相关的工具，等等。人类文化不论衣、食、住、行还是宗教、文学艺术、认知等等的产生无不与其居住的地理环境相关。在与地理环境相依存的过程中，人类也达到了对相应文化的认同，形成了相应的认同体系。第二是人类自身的发展，在这个过程中形成了不同的生活方式、婚姻制度、生育制度、社会制度及种种文化习惯。凡是不受外来文化的影响而自己发展起来的文化都是这一民族自己的创造，属于这一民族的"专利"，这种民族文化形成、发展的过程，也就是人们对这种文化进行认同的过程。一切文化获得了发展的同时也为人们所认同，认同一经形成也就反过来对文化产生新的影响，使文化形成一种稳定的形态，对后人来说就是所谓的文化传统。从这个意义上讲，一个民族有一个民族的文化，而一个民族亦有一个民族的文化认同。这种不受其他民族文化影响的、在自身发展过程中形成的文化及其认同，就是自然认同这一机制的内涵，同时也是人类文化认同的一条重要途径。

2. 通过文化接触、交融获得的认同

文化的接触与交融是人类文化发展不可避免的现实。两种不同的文化不论经过何种方式，诸如邻居的社会交往、商品贸易、广播、电影、电视、报刊书籍等传播工具获得接触的机会，都会产生相互的影响。但是两种不同的文化发生接触时，一方对另一方都不会乐于很快地接受，产生双向融合，相反的是易于产生抵触，甚至是冲突。这其中的根本原因就在于文化接触的双方都站在自己所认同的文化的立场上去对待异文化，如果双方认同的两种文化价值之间不发生冲突，那么两种文化就易于融合。如果事实相反，那么融合即使最终达到，也要经历冲突的过程。尽管如此，文化接触的双方最终还是要相互产生影响。两种文化尽管可能存在认同上的冲突，但并不说明这两种文化不可能互相获得认同，这其中有种种因素，如经济贸易的长期影响，战争、殖民统治、一种政权范围内的主体文化泛化的影响等。在和平时期，经济交往往往是冲破对方认同的樊篱的最有效手段，通过商品贸易、经济援助、技术管理等软件的输出，使对方在接受经济交往的同时接受与此相关的价值观及文化，在长期的影响下不经过直接的冲突而获得对方的认同。这种现象在经济实力强的一方对经济实力弱的一方之间更为明显。今天资本主义强国在经济输出的同时也在输出其文化，因为商品、技术、管理等也是其文化的一些构成要素。日本在与美国的经济交往中，其文化也同样对美国产生影响，日本人在美国大量投资地产业，购买了包括被称为美国建筑文化象征的洛克菲勒中心大楼在内的一些重要建筑及好莱坞的一些大电影公司、电视台等，并建立了很多日本人社区，这一切都成为日本文化输出的重要途径，引起了美国朝野的不安。

尽管在文化接触中对异文化的认同是困难的，达到认同往往需要历经曲折,但对异文化的认同却有着特殊的意义。对异文化的认同尽管有可能导致对自己认同的否定,但认同的结果也可能使自己获得发展的机会。在认同异文化之后,就可能接受异文化,从中汲取有益于自己发展的东西,使自己的文化体系得以调整更新。任何一种文化,只有在与其他文化的接触与交流中才能获得新的发展,而具有积极摄取异文化中有益的成分整合为自己有用的东西的机制,更能促使一种文化不断获得新的动力。在这个意义上讲,对异文化的认同就显得十分重要;不能获得认同,就难以接受;只有认同了异文化才能接受异文化,对异文化的认同往往是获得发展的前提。

3. 民族分化融合中的认同

在人类历史上,很多大的民族形成与发展都经历了不断分化与新的融合,这个过程中很重要的一点就是认同问题。在民族的融合中,一些民族认同另一些民族,从而被融合于这些被认同的民族之中。由于一些民族认同了另一些民族,久而久之也同样能获得自己所认同的民族的认同。很多大的族体的形成并不是因民族起源时的血统关系,而是相互认同从而形成了民族的融合。如汉族的历史发展就曾融合了匈奴、鲜卑、突厥等少数民族,也就是说在这个过程中双方都相互达到了认同才融二为一。

民族之间要达到真正族体上的认同,是十分难的。因为在认同另一个民族的同时,有可能意味着自己要放弃对本民族的认同,甚至最终融进另一民族中去,因此这其中就会存在冲突。达到这种认同一般有如下途径:其一,当一个民族处于兴盛时,就有可能获得其他民族的认同,其文化必然地要对其他民族产生影响。古代的罗马帝国,中国的唐王朝等,其文化都随着帝国政治的影响而对其他民族及国家产生了巨大的影响。其二,如果一个民族是一个文化发达的民族,那么也同样能获得其他民族的认同。落后民族的文化总要受到先进民族文化的影响,这是一条为历史证明了的定律。在中国古代,以中原文化为代表的汉文化具有较高的水平,因此很多民族甚至是统治民族,如北魏时的鲜卑族、元朝的蒙古族、清朝的满族,等等,都不能不认同于文化较高的汉族甚至最终融合进汉族文化中去。其三,征服与殖民活动。这是一种一个民族强制另一个民族认同的方式,强盛的民族凭借其军事实力,征服其他民族，进而进行殖民统治，在这个过程中把自己的文化与民族影响强加给被征服的民族，由于长时期的强制性影响，被殖民民族有可能在很多方面达到对统治民族文化的认同，这在人类历史上有很多实例，如前述萨摩亚群岛上人民的认同问题就属于这一类型。

4. 主体文化辐射中的认同

在一个国家或一个地区，往往存在一种主体性的文化，这种主体性的文化一般较为发达、先进，并基于较为强盛的民族及物质文明之上。如中国的汉文化、泰国的泰族文化、原苏联的俄罗斯文化等，不论法国、英国、德国等，都有自己的主体文化。主体文化既可能是一个强盛的在一个国家中或一个地区处于主要地位的民族的文化，也可能是一种宗教文化如基督教、伊斯兰教、佛教等。主体文化的存在有一定的范围，但是这一范围内并不一定是一种文化、一种民族存在，而往往是多种民族并存。在这种情况之下，主体文化必然地要对处于非主体的文化发生影响，尤其是在一个国家内，主体文化往往代表着官方文化，主体民族的语言往往为官方语言，主体民族的宗教为国教。这样，通过国家的影响，主体文化不断地向非主体文化存在区域辐射，如官方语言的电影、电视、报刊，以主体民族语为官方语言兴办的教育事业等，都将对非主体文化产生影响。这其中有两个方面的后果：其一是对主体文化的认同，非主体文化在出于政治利益，生存利益的前提下及受主体辐射潜移默化影响下产生对主体文化的认同。这种认同是一种不可避免的影响，主体文化在种种方面的辐射都在对非主体文化发生着强制性的影响。如通过各种传播渠道所传播的主体文化中的文化价值，通过学校教育所掌握的主体文化中的语言、文学并加以运用，这一切的认同都有淡化非主体民族文化的作用。其二是不能达到认同而发生冲突。非主体民族感到自己的文化受到侵蚀，不平等待遇或两种文化价值发生根本对立时，都可能发生冲突，在很多情况下这种冲突也只能是暂时的，在主体文化的长期影响及政权行为的不断作用下，非主体文化经历一代或数代人的变化，大多能在总体上达到对主体文化的认同。宗教的影响则更大，它能跨越民族、国家，形成以之为中心的宗教文化圈。从主体文化辐射所引起的效应，我们可以看出，人类诸多的文化类型都会在不同的国家及地区的主体文化的影响下产生分化与新的整合，最终形成以主体文化为主体的新的文化。这种文化在主体文化的影响下进行整合的过程，也就是人类文化不断认同新的文化，不断向着一体化整合发展的一条重要途径。

5. 强制认同

强制性认同是指在强权之下所达到的认同。一种政权为了维护其政权的利益，往往要维持一种认同，以此达到最终认同于政权的目的。这种情况既可能出现在和平环境中，也可能发生在殖民统治下及被战争征服的国家和地区，这其中具有政权的利益，也有权力的影响。达到强制性认同都必须通过国家及个人的权力，但在长时期的国家权力影响下，最终是可以达到一定程度的认同的，今天一些英法殖民地所深受的殖民国文化影响，就属于这种情况。由于强制性认同是通过强权而达到的，是出于统治者及政权、政党的利益而维持的，它不一定具有客观性，因而并不能获得民众根本性的认同。随着政权的变更、政治目标的改变，这种认同也就将发生变化。这一点在上一节已详加论述，在此不再多言。

以上几个方面仅仅是人们获得认同的一般途径与机制，而事实上人类文化认同的机制要复杂得多。在这里我们要进一步考察的是，人们除了受到外部种种因素的影响而获得认同，但是维护一种认同的意义何在，这也就是文化认同的存在机制问题，文化认同除了有客观的必然性，也就是外部环境导致人们的必然性的认同外，自身也有其存在意义，我们可以从三个方面来认识文化认同的存在机制。

第一，文化认同是民族存在与发展的需要。一个民族的形成、存在与文化认同是不可分的。在民族产生之初，人们具有了对于民族血缘、血统的认同，从而确定了人们同属于一个民族的相互关系及义务。随着民族的发展，文化在联系民族中所起的作用已超过了事实上的血统关系，血统仅仅为文化符号所反映，如族称等，这一时期人们对于民族文化的认同也同样能确定自己在民族上的归属关系。因此，对民族的认同是民族存在的前提，它所认同的内容使人们既归属于这一民族又区别于其他民族。如对某一民族的认同所导致的对某种价值观的维护，既表明了对持有此种价值观的民族的归属，这种价值观是"我的"，因而也就使自己以此而区别于与自己价值观不同的民族。文化价值不是以个人为载体，而是以民族为载体的，个人只是通过对文化的认同而完成自己的文化过程，也就是将民族文化的烙印印上自己的躯体，一个人失去了对于民族的根本性认同，那么在文化意义上讲也就不属于这一民族。其次正因为文化认同是民族构成的一个重要要素，是民族存在的前提，因而能在民族中起到内聚的作用，一种认同作为一处文化的最高价值能使认同于这种文化的人具有共同的价值取向。

对于文化与民族自身的认同是民族存在的需要，而对于异文化的认同，则是民族发展的需要。在认同自己的文化的同时，不可避免地要发生与其他文化的认同。异文化对于自身文化来说，既可能导致其丧失、湮没于异文化中，也可能带来发展的机会，从异文化中获得自身发展的新的动力。但是文化如果没有交融，就难有发展，这个观点前面我们已经论述过。因而文化的发展需要不断地对异文化进行认同，从异文化中汲取有益于自身发展的东西，在这其中由于对自身文化的认同，因而在文化交融中立起了一道屏障，既有利于保护自身固有的文化，又可以成为一道对异文化进行选择的滤网。如果没有对自身文化的强烈的认同，那么在多种文化的交融中就很容易为异文化所淹没。

第二，文化认同是国家及政权稳定的需要。一个国家、一种政权，可以通过权力迫使民众达到对某种文化的认同，而维护一种认同，也正是出于国家及政权利益需要的，一个国家必须有一种认同使之作为维系民族的纽带及民众思维与行为的基准，最终使民众的思想及行为与国家的利益目标一致。由于认同属于文化的深层次的内容，并能导致一种最高价值的形成，因此最能导致民族的利益与国家利益的统一，使民众对国家产生感情，热爱国家、捍卫国家，因此，文化认同是国家的灵魂。在民众认同了国家所倡导的认同后，那么对国家利益的损害也必然地构成了对民众认同的损害，伤害民众的感情，激起民众的反抗。因此在古今中外不乏这样的例子，当国家处于危难之际，尤其是受到外辱外侵，都会激起民众的反抗情绪，甚至奋起反抗——尽管国家所受到的损害并不一定直接地损害自己的利益，在人们认同了一个国家，并自豪地声称"我是某国人"时，这时国家的利益就通过自己的价值取向的一致及归属意识而联系在一起了。从这个意义上讲，文化认同——在这里我们可以分解为对国家的认同，是爱国主义的基础。人们爱国，为国而发愤乃至于抛头颅洒热血，都是基于对国家的认同之下的，如果人们失去了对国家的认同，那么也就不会对国家寄予厚爱，同样也意味着国家失去了民心。

由于文化认同对于国家来讲有着这样重要的意义，发挥着特殊的功能，因而古今中外任何一个国家都要维持民众对国家的认同，并倡导一种文化，通过民众对这种文化的认同而最终达到对国家的认同。这种文化可能是民族的传统，也可能是一种社会制度、思想，源于其他民族的先进文化、宗教等，国家有了这种文化认同，并为人民所真正认同，那样才能达到国内的稳定。

但是一个国家、一种政权，在倡导什么样的认同，以什么作为国家的灵魂，并不是一开始就一致的，选择了就始终如一地推行，而是可能随着时间的推移、政权的变更、宗教信仰、政治制度的改变而发生变化的，中外古今都有很多这样的例子，如欧洲资产阶级革命成功以后对封建文化的冲击，资产阶级文化的建立；中国推翻最后一个封建王朝清政府后，孙中山的三民主义对中国的影响等，都属于这一范畴。但是在某一个时期当一种政权制定了一种文化之后，那么就会应用国家的行政权力及其影响去加以推行，并以此来达到统一国内文化，形成民众一致的认同的目标，并且在一定的时限内是有效的，对国内不同的文化是会产生较大影响的，尤其是现代国家，可以通过教育、文化传播、法令等来达到目的。不论采取何种方式，选择什么样的认同，其最终的目的都是一致的。

这里涉及对于一个国家所倡导的认同的评价问题。由于文化认同往往与国家的利益一致，因而也就不可避免地存在着阶级性，存在着是否有益于国家的兴旺，民族的繁荣发展的问题。纵观中外历史我们可以这样说：有的国家或某一时期所维持的认同，是与历史的发展背道而驰的，是有碍国家的进步的，但它有利于统治者，如中世纪神学统治下的欧洲，科学的进步意味着对神学的否定而受到压制；19世纪美国所推行的民族同化政策，不仅没有起到民族同化的效果反而激起很多民族，尤其是印第安等少数民族的反抗，因为同化政策意味着用一种文化取代另一种文化，一个民族对另一个民族的歧视。另一种情况是有些国家所倡导的认同确实有利于民族的团结与发展，有利于国家的稳定与进步，如中华人民共和国成立以来所倡导的民族不分大小一律平等及各族共同繁荣，尽管在发展中仍然有较长的路要走，但这已为各民族所认同，成为一种共识的原则。因此一个国家所维护推行的文化认同是可以在民族的兴旺、国家的发展繁荣的尺度上加以衡量的。

第三，文化认同是人民生存安居的需要。人类的生存离不开经验、精神、情感的寄托及社会秩序，离不开对于某些文化——民族的、国家的、人类共识的文化的共识。而人的文化认同正好概括了这一切。在前一章中我们已经论述过，认知是文化认同的重要构成部分，尽管人类认知水平有高有低，认知方式各有差异，但人类在生存中都遵循着一种认知，哪怕这种认知是错误的，但这种认知不能缺少。在人们的认知体系之下，人们有一致的对于自然界及社会的认知，对于生产劳动、生活的经验，对于健康的认识及治疗疾病的方式，等等，这一切由于存在于一种文化中，为这一文化中的人们所拥有，从而形成了一种认同。由于每一种文化下的认知都有差异，因此认同是不同的，这也表明了文化之间的差异。需要进一步指出的是，每一民族的经验都是人们长期生产劳动、生存繁衍中发现积累起来，为人们所认同的，也是人们生存必不可少的。

对于民族及民族文化的归属与厚爱，对于本民族宗教的信仰，都是人们深刻的情感需要。这一切也同样是人类文化认同的范畴，虽然人世间芸芸众生，但人们都有自己的族属，并依据自己的族属来规定自己的生活方式，寄托自己的感情。不同的发展具有不同的感情特征与表达方式，只有在这种文化中，人们才能获得最深刻的感情体验。同样，一个人如果没有自己的民族归属，没有一种文化归属，那么他就可能像一个孤儿一样不能获得某种深刻的感情体验，因此不论遍及全球的华人还是美洲的欧裔民族，他们都要保持自己民族传统的认同及其文化，很重要的一个原因就是感情及心理的需要，以人们一致的这种需要而形成内聚力，形成争取生存和平等权利的力量，对民族宗教的信仰，也同样反映了人们在文化上的归属。不论是过去还是今天，宗教对于很多人来说，仍然是生存中不可缺少的东西。

再如在人类社会中，秩序是不可缺少的因素。这里的秩序的内涵我们可以放大一些，包括人的行为方式与准则，人际关系，交往习俗，人际之间所体现出的道德伦理、习惯或成文法，等等，人类社会如果没有这些秩序，那么将混乱不堪，而人类社会中的秩序，同样是因文化的不同而有差异的秩序存在的基础是文化，因此不同文化之中的秩序是文化认同的反映，即人们认同一种什么样的秩序。在一个民族或一种文化中被认为是合理的道德的东西，在另一个民族、另一种文化中就有可能是不合理的，违反常规的，这其中的原因就在于人们都是按照自己民族认同来安排社会秩序的准则的。符合认同的人的行为准则，就为人们所认可，是合理的、道德的；相反，不符合认同的东西，如人的行为、人际交往方式，等等，则是不合理的。如在西方社会中男女见面男子可以吻女子的手背，而在东方是不可以的，这一礼节的差异后面反映着东西方伦理的差异。人类社会中的秩序种种，其实质也就是人们的认同所致，是受到认同规范的。而人类对于秩序的认同是一种文化，是一个民族在长期发展中所逐步形成的。有了秩序，人类社会才有条不紊，人们按照自己所认同的秩序去生存，哪怕这种秩序在其他民族或文化中的人看来是不合理或不可思议的。如中国封建社会中受儒家文化影响的人伦道德包括男女授受不亲、贞操观、守节为烈及我们前面曾论述到的种种封建礼教等，今天看来是不人道的，但在那个时期，在当时的文化背景之下，却是一种为人们所认同的秩序，人们都按这种认同去规范行为，社会才能获得稳定。同样，在国与国之间，民族与民族之间，如果没有一种为人类所公认的准则与方式，那么必然是弱肉强食，天下无公。由此可见，人们要安居、社会要稳定，文化认同是必不可少的。文化认同的维持，是人类安居、生存的需要，人类社会如果失去了人伦常纲，那么就会退回到动物世界去了。

　　以上我们列举了三个重要的方面来说明文化认同的存在机制。当然，这并不能概括这一问题的全部。文化认同的存在具有多方面的因素，如我们前面所论述到的民族的兴盛与衰落，进步与落后，人口的多寡等，都会影响到文化认同的存在。我们所需要说明的是，文化认同的存在，与其发生形成一样，是有其内在的规律可循的。这样，我们就能够理解人类社会中的很多现象，人类为什么要维持认同，在什么条件下认同才能长期得到维持。为什么在人类历史上今天看来是错误的认同，在当时为人们所顽固地维持。同样，我们也可以从历史上获得经验，今天怎样才能长期地维持一种认同，使之成为民族及国家的长久的内聚力与发展的动力。

五 文化认同与文化变迁

（一）什么是文化变迁

文化变迁与文化认同有着紧密的关系，为了深入阐述二者之间的关系，我们有必要首先对文化变迁的概念、动因、实质进行探讨。

人类所处的大千世界纷繁多样，人类创造的文化千姿百态，但是不论古今，任何民族，任何一种文化都不可能在时间的推移中一成不变。与文化产生之初比，今天的文化都发生了不同程度、不同形式的变化，有的是完全消失，为另一种新的文化所取代，有的是改变了原有的形式，而有的则是在原有的基础上融进了新的内容。总之，随着时间的积累，文化的变化是不可抗拒的事实。我们人类的祖先茹毛饮血、安步当车、洞穴巢居，而今天的人类身着各式服装，按照不同的烹调风格制作各种美食佳肴，住高楼大厦，乘飞机、汽车、轮船等现代的交通工具，枪炮导弹取代了弩弓，电灯取代了火把、油灯照明，这是多么大的变化。这些变化甚至是古人做梦都想不到的，但是在历史的长河中，这一切变化真实地发生了，而且还将变下去。

在这里，我们所关心的还不仅仅是人类过去吃什么今天吃什么，过去住什么今天住什么，而是人类文化的变迁——这种种变化的积累所带来文化原有面貌的变与不变，是否有其内在规律，是有序的还是无序的，变化的起点、条件、方式、走向，等等，这一系列的问题对于人类认识自身的发展及未来都有重要的意义。因此，文化变迁成为文化研究中不可回避的一个重要问题。尽管至今文化变迁研究中的很多重要问题仍然没有定论，但是只要人类存在，文化的变迁就是不可能抗拒的趋势，文化变迁的研究就具有现实的意义。为此近代以来不少中外学者都在力求探寻文化发展变迁的奥秘，构建人类文化发展的模式，从古典进化论的代表人物泰勒（Edward. B. Tyo）、摩尔根（Lews Morgan）到新进化论的代表人物莱斯奈·怀特（Leslie Wite）、朱利安·斯泰华德（Julian Steward），传播学派的代表人物史密斯（G. Elliot. Smith）、培里

(W. J. Perry)、美国历史学派的创始人包亚士（F. Boas）等，都为探索人类文化发展、进化的研究作出了杰出的贡献。但是，人类的文化变迁是无止境的，只要人类存在下去，人类文化变迁就不会停止。而且当今世界由于交通及文化传播手段发展的影响，人类文化交往的频率是过去所不能相比的，文化变迁的速度之快，内容之繁杂广泛，亦是过去的学者们所不能想象的。即使是过去人类学家们所关注的边地"初民社会"，也在经受着现代文明的冲击。因此，面对古往今来人类纷繁复杂的文化变迁，我们对文化变迁的认识仍然是有限的，仍需要不断地探索。

1. 关于变迁的概念问题

什么是文化变迁，它与文化的变化、社会变化有什么关系？这是我们探讨文化变迁的基点。

我认为：文化变迁是随着时间的推移，在内外部因素的作用下，通过文化内部的整合而出现的为人们所认同，有别于过去的文化形态。

文化变迁是从一种文化形态转变为一种新的文化形态的过程，两种文化形态之间有着渊源、脉络关系。而文化变迁只能看作为特定、局部的改变。两种有着渊源关系的文化形态的转变过程可称为文化变迁过程，而新的文化形态可称为文化变迁的结果。

在文化变迁中，包括了时间、变迁的条件，即文化变迁的内外部因素；变迁的过程，即内外部因素与原有文化的整合过程，人们对变迁结果的认同等诸方面的因素。缺少了这些因素，文化的变迁便不能成立。因此文化变迁是一种综合因素的结果，而不是一事一物的变化。

文化是一个体系，一种文化包括了从物质文化到制度文化，到精神文化等方面。这其中又具有相互之间的不可分割的联系与因果关系。一个方面的变化，往往能引起其他方面的变化，继而使整个文化出现新的整合。结果就使这一文化呈现出与过去不同的形态。从一种新的因素的出现——这种因素不论是源于内部，还是来自外部，直至引起文化很多方面，乃至于整个文化的整合与变化，当这个过程完成并为人们所认同之后，我们就可以认定这一文化已经发生了变迁。

但是，并不是所有的内部因素都能够引起文化的变迁，因为这其中还有文化内部的机制在起作用。如这一文化中的认同体系对于文化的变与不变，变迁的快与慢等都起着较大的作用。有的因素对于一种文化仅仅产生一个局部的影响，为人们所接受，但并不一定能引起社会的变迁，甚至只是成为一种文化的新的饰物。在人类文化中不乏这样的例子：一种从外部传来的东西并未引起文化的变迁，而被吸收为这种文化的一个部分。如一个民族过去是用竹碗吃饭，但现在通过贸易而获得了瓷碗，从而开始使用瓷碗吃饭，这种例子随时可见，已很难分清源于何处。这种局部的、未能引起文化的系统整合的变化，我们称之为文化变化，是有别于文化变迁的。但是，无数这种文化局部的变化的积累，也可使文化的很多方面受到改变，也可以引起、造成文化的变迁。这些因素不在于大小强弱，而在于这些因素对一个社会特定的结构与状态所能引起的整合的程度如何。如在人类早期，铁工具的使用及传播，自然就是一件了不起的事，它能大大提高人的生产劳动效率，获得前所未有的能力，这有可能引起整个传统生产模式的变化。在一些封闭的文化中，机织布的传入，可能以其价廉物美而受到人们的欢迎，从而放弃劳动投入时间长、工艺复杂、质量差的手工纺织品，导致从棉花的种植到纺线织布、印染的传统手工纺织技艺的衰落。到了近代英国工业革命所导致的社会文化变迁与蒸汽机的发明及使用就有直接关系。再如在一个狩猎民族中，拥有了火枪对一个人来说可以大大提高狩猎纪录，但当人们都普遍地拥有了猎枪后，那么传统的狩猎工具，如弓箭、弩，以及捕兽方式，如设陷阱、反弹机等装置，狩猎的习俗等都会被淘汰，这些现象在中国南方的少数民族中近几十年仍普遍存在，但是，同一事物并不是对所有的文化都存在同样的意识，在一种文化中能引起较大震荡的事物，在另一种文化中则不然。一切都取决于一种文化的内在机制对于可能引起变迁的因素的适应如何。

文化变迁最终取决于文化的内在机制。这是一个复杂的过程，也是文化变迁的开始。这种机制我们在后面还要详细研究，但我们可以找出文化变迁开始的起点：那就是当一种相对稳定的文化体系在内外部因素的作用下产生了变化，而这种变化从刚开始就必将导致文化体系的整合，这些新的因素及引起的变化为人们所认同、接受，并进一步进行文化的系统整合，那么，文化的变迁就开始了。整合的结果，必然地出现与过去不同的状态与表现形式。这其中人们的认同与接受就是文化变迁的内在机制的焦点。

2. 关于文化变迁的条件

首先，我们看看文化变迁的时间。文化变迁是一个动态的概念，不以一事一物的变化为终止。时间的推移对于文化变迁是十分重要的，因为文化变迁作为一种综合因素的结果，不可能发生在一日一夜，而是要有一定的时间来保证变迁过程的完成。但是，由于促使文化变迁的外部条件的不同，文化变迁的过程就可能长，也可能短。这在人类历史上是十分常见的，如地处沿海城市的居民，由于海上交通方便，人们对外交往频繁，可能导致贸易的发达，文化变迁的速度就要快得多。相反如果地处偏僻、封闭，与外界很少交往，那么文化变迁的速度就较慢。一种文化形态因此而长期地处于稳定状态，尽管有变化，那也是十分缓慢的。如云南的怒族、独龙族，由于地处封闭的怒江、独龙江峡谷，与外界很少交往，至20世纪50年代仍然保持着传统的文化形态，其中不做买卖就是最典型的，以经商为耻的观念到20世纪80年代仍然存在。这两个民族从不把物品拿到市场上去出售，偶有所需物品的交易，采取的方式是把自己的东西放在路边，然后躲藏到路边的草丛中，待路人路过时，将自己的物品放下，取走路上的物品作为交易。与此相反，阿拉伯人从事商品贸易已有三千年的历史。

变迁需要时间来完成其过程，而人类文化的变迁随着时间的推移将会继续下去，不会停止，一种变化出现了，而另一种变化也同时在孕育之中。但是我们仍然可以根据时间的不同而划分出变迁的阶段性。时间与变迁特征的结果，就显现出了社会变迁的时代特点。一个时代是变迁快的时代，而另一个时代则是变迁缓慢的时代。如以文化之间的变迁作对比，那么某种文化、某一时代的变迁缓慢于同时代其他文化的变迁，而某一时代的变迁则快于同时代其他文化的变迁。从这一点上来说，文化的变迁在时间上又是相对的，是在不同文化的变迁的对比中而加以衡量的。

其次，文化变迁具有内部及外部的因素，作为文化变迁的内部因素有两个方面：一是文化变迁的内在机制，这一点我们在后面再详细探讨。二是人们在与自然的依存与自身的发展中对于自然及自身的认识的提高与改变，也就是人类认知的进步。人的这种认知的提高就会直接地影响到文化的变迁。如人类科学技术的进步、发明、发现的增多，就直接地导致了人类世界观及物质的变化，改造自然能力的提高。瓦特发明蒸汽机引发了英国近代工业的革命，继而通过传播对整个人类文化产生了巨大而广泛的影响。在当代因特网的发展与普及，迅速改变着人们的信息沟通方式及人类的生活方式，对政治、经济、文化等都产生了广泛而深远的影响，而且这种影响还将不断扩大。当人们意识到需要改变什么，方能自觉或不自觉地促使自己身边的东西发生变化时，变迁才可能产生，因此，在一种文化中，人们对于自然及自身的认识及用于劳动及生活的手段与方式更新越快，那么这种文化的变迁也就越快。这就是人在文化变迁中的主观因素。当然，人的主观因素也受到各种因素的影响。在有的情况下，人们变得意识就不一定强。同样，发明、发现、创新等能直接引起社会变迁的因素的产生受到外部环境及自身机制的制约。

文化变迁的外部因素也是十分复杂的。我们可以粗略地归为外部环境的改变与不同文化的交流传播两个方面。第一方面，一种文化总是依托于一种外部环境的，尤其是在工业化社会以前如我们前面所探讨的那样，环境，尤其是地理环境对于文化的形成产生了巨大的影响，它使海边的居民成为渔民，并具有相应的认知及技能，山地的居民则可能以刀耕火种、狩猎采集为生，而居住在平地的人们则可能发展农田种植业并发展起了相应的文化体系。但是，人类所依托的自然环境，及其与人类的相互关系并不是一成不变的。随着人口的增加、土地相应减少，森林遭到毁坏而减少，水资源的紧缺等等，人类原有的利用自然的方式及其社会组织形式就要发生变化。如在山区，过去当人口密度较低时，人们可能采用十分粗放的方式广种薄收，土地的利用也可能较为随意。但是随着人口的增加，土地相应减少，人们不得不限定土地使用的范围，精耕细作以图提高土地的单位产量。在基诺族中还有一个很典型的例子，基诺族所居住的是亚热带森林覆盖的山区，由于这一原因，在其居住区域内动植物资源十分丰富。在20世纪50年代以前，基诺族人狩猎一般都采用一些传统的方式，依据动物的活动规律设置各种机关，如用反弹装置、陷阱、竹签阵等，并使用弓、弩，稀有的猎枪仅是用于猎捕较大的动物。在狩猎的方式上人们采用集体围猎，在动物出没的地方候猎等方式。由于动物资源丰富，基诺人猎取动物较为容易，为基诺人提供了丰富的蛋白质资源。在60年代至70年代，森林资源遭到了前所未有的破坏，动物资源减少了，而与此同时猎枪的数量增加了，这样，可能获得的大动物减少了，传统的狩猎方式发生了较大的改变。猎枪开始对准过去不起眼的飞禽、小动物，而传统的围猎方式及机关都已失去了意义。近年来猎物更加减少，用枪猎捕获大的动物已较为稀见，猎枪已失去应有的价值。这时猎人们手中换上了气枪，狩猎的主要对象是林中的小雀，由此，鸟类也在骤减，村寨周围甚至不能听到吱吱鸟鸣。在传统文化中与狩猎有关的山神祭祀，平分猎物，向村社长老进贡等等习俗也随之而改变了。猎人们手中的枪现在已渐渐成为传统习惯中的随身饰物。再以采集为例：过去森林茂密，植物资源丰富，妇女们依靠每日收工随手采集可食植物，即可满足对蔬菜的需求。而今，随着人口的增多，森林资源的破坏，致使可食植物已经减少。人们不得不学习种植蔬菜，从外地贩子手中及附近村镇购买已成为获得蔬菜的主要来源。基诺族狩猎与采集的方式、内容随着其自然环境的变化而发生的变迁，只是基诺族文化变迁的一个侧面，但对我们的论题来说是极好的佐证。

交通的改变，对于文化变迁同样产生了较大的影响。由于交通的改变，并且总是朝着人类便利交往的方向而变，这样不仅促进了物资的流通，也加快了人的交往频率，扩大了人的交际地域。由于物资的流通，过去没有的东西今天可以买到，人们对于自己的传统生活方式及用品有了新的选择。而自己的物产也可以上市交易，并依据市场的需求而生产，又带动了新的产业的出现。这样，在人们的日常生活中出现了很多新鲜事物，过去没有的东西可以通过商品交易而购得，传统的生产也渐渐被淘汰，并进而引起人们思想观念的变化。如过去一个民族通过自己种植棉花进行服装、盖被的纺织，而现在通过贸易就可以买到花色、质地较本地产品好的纺织品，并且较自己生产成本低，那么其结果也就导致了传统纺织业的衰落，这在人类社会中已是普遍现象。一个封闭的、通过巫术治疗疾病的民族，当现代医疗手段进入这一民族，神奇般地治愈了巫术所不能治愈，但事实上又很普通的病，那么人们所表示的不仅是对现代医疗手段的欢迎，而肯定会对本民族的巫术产生怀疑，进而诱发人们思想观念的变化。

交通发展又一方面的影响是使人们的社会交往面扩大，社会交际频率加快。在传统封闭的社会中，人们交际较少，对外部事物知之甚少，从而也缺乏促使传统文化发生变化的因素。而当交通的发展——公路的通畅及交通工具的改进，人们的社会交往面都空前扩大，所见的事物，所接受的信息等都会促使人们思想观念及生活方式等的变化，从而带动传统文化发生变化。

影响文化变迁的外部环境的第二个方面是社会环境的改变。随着人类交往的扩大，社会的发展，任何一个民族，任何一种文化所处的外部社会环境都不可避免地要发生变化。国家文化的变化，政治制度的变更，政权归属的变化，政策、法令的影响，其他邻近民族社会的变化，战争等等因素都会对一个民族的文化产生不同程度的影响。如中国土地制度的变化，在1949年中华人民共和国成立之前，土地基本上是私有的，边远地区的少数民族中，则还存在着村寨、氏族的土地公有制，领主制等多种土地所有制成分，并由此而决定了不同的土地公有制与社会组织形式。在1949年以后，全国都进行了土改，不论何种土地所有制，都实现了国有化，土地的使用采取了合作社、人民公社，直到20世纪80年代实行以家庭承包为核心的生产责任制。这其中，农民与土地的关系几经变化，生产组织形式也发生了较大的变化。如在过去中国南方很多少数民族还处于土地公有的农村公社社会中，土地制度的改变就意味着原有的与土地相关的社会组织形式的瓦解，原有的土地利用、分配等的改变并影响到社会文化的很多方面。这一切，都是外部社会环境的变化所带来的影响。

影响文化变迁的外部因素的第三个大的方面是传播。人类文化不论开放或封闭，都会因种种渠道或带来文化之间的接触与交流，并最终相互影响。在异文化的影响下，引起文化内部的震荡与调整，其结果也导致了文化的变迁，因而文化传播是影响文化变迁的一个重要因素。在人类社会中，文化传播的渠道是多种多样的，影响面也是十分广泛的，从民间交流、商品贸易、传教、战争、航海到报刊、书籍、广播、电影、电视、网络等现代化的传播工具，都能起到传播人类文化的作用。文化传播对于一个文化体系来说影响是十分广泛的，因为人类文化的创造，文明的出现，并不是同时同地的，而今天人类所共有的很多东西，是产生于一种文化中，通过不同的传播渠道而使之遍及世界的。如佛教起源于印度，蒸汽机发明于英国，造纸术、活字印刷、火药、指南针起源于中国，烟草起源于北美印第安人中，人类文化中通过传播而获得的东西及事例不胜枚举。在这时，我们更多的关心在于传播对于一种文化来说将产生什么样的影响。

人类学家夏普在其《石器时代的澳洲土著与钢斧》(Lauriston. R. Sharp, "Steel Axes for Stone-Age Australians")一书中曾记述了一个名叫耶攸容特(Yir-Yoront)的部落因钢斧的传入而引起其社会发生深刻变化的生动事例。此部落与外部的接触开始于1623年一支荷兰探险队的到来,但此后与外部的接触仍是有限的,到1915年,英国教会派遣的传教士带着许多工具到达这里,其中包括对这一部落产生了巨大的影响的钢斧。随后,钢斧很快地取代了过去广泛使用的石斧。而石斧在这一部落中是有很独特的意义的,在这里只有男人们才能制造和拥有石斧,因为可以制造石斧的石料在他们所居住的沿海附近是找不到的,他们通过一个精心组成的交换系统从南面400公里以外的部落中获得石斧。每个男性一般都有一个永久的合作者,双方进行交易,而交易一般要在有数千人参加的大规模的集会上进行,同时举行图腾崇拜典礼,显得十分隆重。在耶攸容特社会中,石斧有许多重要的功能,它被用来采集食物及柴火,用于建筑,制造工具和武器,而其中更重要的是石斧的所有权属于男子,妇女和儿童只能借用。借用石斧必须遵从一定的行为模式,即借用的对象为丈夫、兄长、父亲,而其他人则很少借用。这种模式的目的在于划分和维护根深蒂固的身份、性别或其他角色的不平等制度,这就是妇女、儿童依附于男人,青年人依附于老年人,弟弟依附于兄长,因此石斧的借用,象征着男性的优越和统治,这种特点渗透在社会文化的方方面面。

钢斧通过商人和传教士而大量涌入耶攸容特社会,因其高效和高质量而被欣然接受,导致了其传统社会的深刻变化:第一,导致了人们性别、年龄、亲属角色的混淆。青年人与妇女、儿童一道都能拥有自己的斧头,不必再通过特定的渠道借用。第二,传统交换模式的弱化,过去为交换而举行的原始礼仪被直接简单的交换所取代。第三,导致了明确规定的领导从属模式的衰亡,劳动群体中自然的领导角色不管年龄与亲属关系,只按劳动的具体情况分配。第四,钢斧的传入影响到了其信仰系统。过去其文化中的每一种要求都伴随着神话,用神话来解释其存在,赋予其意义,把它分配给一个特定的亲属群体。但由于没有谁能为钢斧创造一个神话,所以无法将它整合进其文化模式中去,因此人们对于其原有的神话产生了怀疑。出于这种变化,夏普认为耶攸容特的传统观念、情感和价值模式被一种很快的加速度而暗中毁掉，而且没有新确立的东西来填补它，结果造成人的精神和道德上的空虚。

以上这一例子反映出了文化传播给一种文化带来的深刻影响，这一实例的典型性使之成为人类学研究中的经典实例之一。但这一例子所反映的现象在人类社会中并不少见，只是程度不同而已。在当今社会上，几乎没有不受任何文化传播影响的社会，而且文化的传播必然地带来另一种文化的变化，人类文化也是在这种相互间的影响中发展的。在此我们再以基诺族社会变迁中的一个人的典型事例为例。

居住于云南南部西双版纳基诺山区亚热带雨林中的基诺族人民自古以来都是居住竹木结构的干栏式楼房，上层住人，下层堆放实物。基诺族的住房从建盖到居住都集中地反映了基诺族传统文化的很多方面。一家建房，全村人都要来帮助，从上山砍树备料到下料拉回，打草排等，都是全村人义务出工。这一点反映了人们的团结协作，互帮互助的精神，也是民族传统的集中体现。在建房过程中有很多传统仪式，如抛鸡蛋选择宅基地，备料的吉日吉时，部分料由青年男女分别负责，表现出青老年之间在劳动地位上的过渡。住房建好后要举行传统的置火塘，点火仪式，这一仪式中的执行者就是一种传统身份的象征。与此同时，在楼下要举行由巫师主持的祭祀及剽牛仪式。上新房之后要在房内举行盛宴，村中长老按辈分排座次，唱歌祝贺。这其中具有以下几点传统的功能：（1）它使传统的团结互助的原始平均主义及传统得以体现。（2）在这些仪式中体现了某种民族传统，如宗教、歌舞、人们的血缘关系、亲长身份、氏族长老的社会地位等，传统文化的很多方面都从这种典型的文化活动中体现出来，使人们受到传统的熏陶。（3）它是文化传承的一个重要方式，建房及上新房中都要举行各种传统仪式与活动，正是因为这种集中体现民族文化的工程仪式及其反复熏陶，使得传统得以继承，代代相传。

然而，20世纪60年代以来，这种情况发生了较大的变化。首先是在"文化大革命"中，"破四旧"作为一种观念传进了基诺族中，致使这一文化活动中的很多内容丧失，如宗教祭祀等，但尽管如此，传统的大多数内容仍旧保存着，在80年代初还有更多的恢复。最大的冲击来自20世纪80年代中期。在此期间，大批外地的民间建筑队涌入基诺山，为基诺族建筑砖瓦结构的民宅，一时间瓦房建筑风行各村寨，传统的干栏式住房纷纷被单排平房式瓦房所取代。短短几年间,至1990年基诺山的瓦房已建起1032幢,而1986年仅有197幢,大有取代传统住宅之势。这种因技术及观念的传入给基诺族住宅带来的变化所造成的影响是深刻的。第一,它使传统住宅从建筑到使用中所寓含的种种文化内容及功能从此丧失,基诺族传统文化的传承也受到影响。第二,人们的观念、价值体系也受到冲击,人们在传统得不到再现的情况下一方面感到惋惜、茫然,一方面又对此无奈,尤其是传统的互帮互助体系的瓦解,加之包产到户造成的分散状态,更使这一50年代初还处于村社制度下的民族感到茫然。笔者近年在基诺山的实地调研中发现很多基诺人都感到面对传统及外来文化,不知如何选择。尽管很多人出于对传统的留念,目前又推倒瓦房重建传统住房,但大的影响已是难以逆转的。这仅仅是基诺族文化变迁的一个侧面,在基诺族的文化变迁中受到文化传播的影响是十分广泛的。

3. 文化变迁的内在机制问题

文化变迁是一种可察可见的客观存在。在这其中,人是文化变迁的中介体,一切文化的变迁都必须通过人的传达才能得以实现。在文化变迁中,不论处于文化核心层的精神文化,还是处于文化外层的物质文化,最终变迁的结果,都会对整个文化系统产生影响。如我们上一节中所论述到的澳洲土著中因钢斧的传入所引起的变迁及基诺族中住房的变化所引起的变迁,其影响面都不仅仅在于这些物质的变化,而是整个文化的波动。文化是人的创造物,而人亦是文化变迁的具体受体,通过人可以决定文化在内外部因素的作用下产不产生变迁,变迁的速度的快慢以及朝什么方向变化。这一切并不是取决于人的生物因素,而是人的文化因素,即取决于人们对于自己文化的认同,人们的价值取向,人们对于变迁的态度等。

人类文化的变迁是必然的现象,但是变迁的方式、途径、动因却是多种多样的。并不是同样的因素在所有的文化中都能引起文化的变迁,这就是文化的差异所在。也就是说,文化变迁的内在机制是相同的,都要通过人作为变迁的中介及决定者,但不同文化对于内部事物的反映又是不同的。钢斧的传入能在澳大利亚的耶攸容特人中引起巨大的文化变迁,但在其他的文化中却不一定能引起相同的变迁。

人们对于周围的事物都会有自己的态度。而这种态度的产生，是以对自己的文化的认同为出发点的。凡是与自己的认同相符合的东西，人们就可能对此有较宽容的态度；相反，如果周围的事物与自己的认同相悖，不符合于自己的价值观，那么就可能对此持反对的态度。这一特性我们在前面已经谈到过。这一特性同样适用于文化变迁中，并且是文化变迁的内在机制。对于周围的事物，人们的态度如何，能不能接受，这也就直接地影响到文化变迁。这在人类文化中是一个十分普遍的现象。如在中国古代"男女授受不亲"是处理男女交往的基本准则，在这种准则为人们强烈认同的情况下，男女如果有过多的接触，那就会引起人们的反感。一个当时的中国人如果到欧洲看到男士在社交场合亲吻女宾的手背时，一定会惊叹乱了纲常，但是今天当人们所认同的处理男女交际行为的准则已发生了变化时，在中国，男女在社交场合亦可握手为礼，这就是说在中国男女交往上已发生了文化的变迁，但从"男女授受不亲"到自然握手为礼，这其中已产生了从观念到形式的深刻而广泛的变化，这种形式的变化隐含着中国文化变迁的丰富内容。因此，我们可以说一旦人们的认同改变了，对内外部新的事物的态度发生了变化，那么传统的堤防也自然地要被冲垮。

人们的认同可以影响文化变迁的速度与方向。如果一种新的因素与人们原有的认同不发生冲突，那么也就易于为人们所接受，在这种情况下，社会变迁就有可能较快地发生。与此相反，如果诱发变迁的新事物与人们的认同相抵触，那么人们就很难接受这一事物，即使是通过曲折的矛盾冲突而最终达到了认同，对变迁来说也将是缓慢的。其次，人们在对新事物认同之后怎么变，也同样取决于人们的选择。在不同的选择之下，变迁的结果可能是彻底的，也可能是局部的，可能是把新的事物与固有的文化加以融合，也可能是放弃固有文化，全面接受新的文化，这种种不同的结局在人类既有的文化变迁中都存在。

人类的文化认同决定了人们对于诱发变迁的新的事物的态度与选择，但是它与文化的变迁既有同步的可能，即在文化发生变迁时文化认同能与这种变迁一致，不存在抵触，但也有可能存在不一致。这有两种情况：一是文化中的很多内容已经发生了变化，但人们的认同仍未发生变化，也就是没有认同这些已经出现了的变化；二是人们的认同已经发生了变化，但是文化的整个体系还没有发生变迁。因为人的文化认同是一个既与文化整体不可分割，同时又相对独立的体系，在很多情况的影响下都可能发生变化，文化认同的构成及内容也在因时代及外部环境的改变而不断地变化着，它能对于文化的其他方面发生能动作用。因而当人们的文化认同发生变化，那么文化的变迁已成必然趋势，只待内外部其他因素的成熟。

人对于文化变迁有着主动性，在一定程度上能够决定文化变迁的速度与结局，或文化变与不变。但这仅仅是问题的一个方面，我们也不能忽视外部其他因素对于人的认同的影响，同时外部很多条件、事物对文化变迁的影响也是较大的，能够在人们不情愿或不自觉的情况下促使文化发生变化，最终导致文化的变迁。战争及殖民活动强加给被征服民族或地区的异文化、文化的传播、文化内部产生的发明等等因素都可以产生这样的效应。如前面我们所列举的钢斧的传入对于澳大利亚土著的影响，钢斧本身与这一民族的认同不仅不抵触，相反是相一致的，只是质发生了变化，在这种情况下钢斧给这一社会所带来的变化是人们所预想不到的。因此，尽管人的认同可以在一定程度上左右文化的变迁，但人类文化的很多因素也可以强制性地或在人们不自觉的情况下引起文化的变迁。人的认同也是在不断地变化着的，它与其认同的事物存在着相互影响的辩证关系。但不否认人的主动性对变迁的作用是巨大的，因此对于这种主动性，即人们的认同对于文化变迁的影响的研究具有特殊的意义。

（二）文化认同的新构建及其价值

人类的文化认同并不是一成不变的，而是随着时代的发展，在内外部因素的作用下不断地发展变化的。这也就是说，同一文化，同一民族，在不同的时代可能有不同的变化——因为人类的文化总是在不断地变迁之中，而文化认同与这种文化的变迁是相适应的。但亦如前节我们所论述的那样，文化认同对于文化变迁有着较大的能动作用，对于文化变迁的速度、结局都能产生重要的影响，甚至可以说，人们认同了什么，往往也就决定了文化变迁中文化以什么形式存在及其内容的存留与更新。如果人们的认同体系中是一种对既有文化的强烈认同，那么对于可能诱发变迁的新事物自然是采取一种抵制的态度，而人们的认同中已有了很大的变化，有了很多新的因素，那么认同之外的其他因素自然就处在与认同不相适应的地步。这一方面是人们的认同为文化的变迁奠定了思想基础，而另一方面也会主动地去促使文化发生变化，最终与文化认同达到相一致——这亦是我们在前面所论述过的文化认同与文化存在的相互关系中的一个法则。这样，对于文化变迁，我们不仅可以从人类文化的外部环境中去寻找原因，亦能从文化认同中去探寻更深层次的原因了。

1. 文化认同的新构建及其意义

文化认同是一个体系，是由对不同文化层面及构成要素的认同而构建成的，除了文化在不断变迁外，人类的文化认同的构成内部也同样在不断地发生变化。因而人类文化的认同体系也处于不断的构建之中。在认同体系处于一个相对稳定的状态时，其中的某些因素发生了新的变化，这样，就有可能打破原有的稳定状态，进而带动文化认同的结构性变化，这种由认同体系内某些构成发生变化而引起的认同的变化就是文化认同的新构建。在云南部分傈僳族中，过去把疾病归咎于鬼神作祟，并用巫术驱鬼的方法加以治疗，这种对待疾病的态度及治疗方法，与其所认同的精神世界及信仰是相一致的。但是后来有了乡村诊所，运用的是与其传统完全相反的方法，即服药打针等，并且较之于传统有效，由此很容易为人们所接受，受到人们的欢迎。这样人们对此有了新的认识，发现传统的巫术并不是万能的，现代医学对于治疗疾病的魔力也更进一步地使人们对于产生疾病的原因发生怀疑——疾病是否为鬼神作祟所致？这样，传统信仰中的很多东西发生了动摇，人们有疾病时，更多地是去诊所或医院，而很少求助于巫术驱鬼、祭祀，这直接间接地导致了人们对原始宗教的淡漠及一些祭祀内容的消失。就此我们曾在实地田野工作中访问过很多傈僳族人，他们说：过去由于不了解现代医学，自然是听信传统，认为疾病的原因在于鬼神作怪或得罪了神灵，而这三十多年以来，各村中渐渐有了卫生所等医疗机构，并且可以到县乡医院治病，所以就不再相信巫术了。认识到疾病的产生与日常生活中的种种活动有直接关系，除老年人外，大多数人生病都不再求助于祭祀驱鬼，而是去求医。事实上，对于疾病的态度及传统的医治方式，只是傈僳族文化认同体系中的一个方面，但是现代医疗的传入，使这一个方面发生的变化也同时影响到了相关的其他方面，诸如传统的原始信仰体系的调整，人们的世界观、巫术、生活方式等文化习俗。这样，傈僳族文化认同体系中就出现了与传统不同的新因素，通过对其他方面的影响而出现了认同体系的新的构建。在文化的发展中，影响文化认同构建的因素往往是来自多方面的，而不是单方面的，这对于认同体系的调整影响就更大。

文化认同的新的构建对于文化变迁有直接的影响。新的认同构建使人们对于传统的东西产生怀疑，甚至是否定，这在上面所列举的傈僳族医疗卫生发展的例子中就可看出。这种对于传统文化的态度对于其命运是至关重要的，因为原有认同之下的文化价值及相应的人们的感情、精神等方面的寄托都已发生了变化。新的认同的构建必然是由于新因素所致，这就意味着对新的事物的选择，传统的价值一旦发生变化，必然地为新的价值所取代。新的认同构建也正是这样，由于对新的事物的认同而导致认同体系内部发生变化，形成新的认同，这样就形成了人们在新的文化认同之下的新的文化价值，新的感情，新的文化心理、归属与内聚力，原有的价值及认同失去了意义。这样，相应的很多原有的文化就要被淘汰，为新的文化所取代，因为新认同的出现本身就是新的文化因素——不论是产生于文化内部的还是外部传播而来的因素所引发的，在前提上也就具备了取代、调整原有文化的条件。因此，新的文化认同的构建对于文化变迁有着特殊的意义，它能从人的主观上使文化顺应变迁的趋势，促动文化的变迁。

但是，人类文化认同的构建也同样有其内在的机制过程。因为与文化的结构一样，文化认同也同样具有核心及边缘的层次。一般来说，对于文化的外层，即物质层，只要不与人们的特殊价值，如信仰上的禁忌相抵触，就容易为人们所认同。如过去使用木筷，现在改为使用竹筷，过去做饭用土锅，现在使用电饭煲，这只是一种形式上的变化。但在文化的核心层，如信仰与价值观、道德等，从信仰某一教到改信其他宗教，这就要经过冲突与曲折，一时难以为人们所认同。因此，文化认同的新的构建一般也是与文化的变化相对应的，新的因素一般产生于文化认同中那些与文化价值不直接冲突的层面中。但是这些处于非核心层的层面的变化所能引起的变化往往又是人们难以预料的，它同样能引起核心层的变化，而当文化认同的核心层发生变化时，整个文化认同的新的构建也就形成了。从这个前提出发，文化认同的新构建开始于文化认同体系内的方方面面——既可能是非核心的层面，也可能是核心的层面。但是，最终发生实质性的变化，形成新的认同，则取决于文化认同的核心层面——文化最高价值、认同的基点，人们在认同的基础上所形成的文化感情、意识、心理以及信仰体系的变化。这其中，对文化及其认同的影响来自方方面面，对人类文化发生影响的渠道与方式也是多种多样的。文化价值的堤防在很多方面都可能被冲开，最终导致大堤的溃塌。

人类文化认同的构建是一种渐进过程，伴随着人类文化的发展与变迁从来就没有停止过。但这其中却有着自觉的，不自觉的，被强制的种种情况。出于种种需要强制性地改变既有的认同，我们在前面已经探讨过。在人类的过去，由于人类文化交流的局限，人类文化认同新的构建的因素一般都产生于文化自身，文化内部的新的发明、发现、技术的进步、自然环境的改变，等等。这种构建是一种局部到全面渐进性的过程，即某些因素的改变而引起文化认同的新的整合，但这种在传统基础上的整合是较为艰难、缓慢的，因为每一种文化环境中都有很多压抑创新的因素存在。所谓新就是与现有不同，因而是相对而言的，即便有的已为人们所认同，但与这种认同不一致的东西的出现一般都不是一帆风顺的，尤其是影响面大的因素。

随着人类文化交流的扩大，影响人类文化变迁的因素便日益增多，这些因素主要来自异文化，尤其是在今天，人类相互了解、认识，文化的传播随着现代交通及传播业的发达而空前扩大。在这种情况下，人类对于文化的认同也具有了更宽广的选择及更深刻的意义。人类文化的新的构建的速度也更加快了，因为进入人们文化认同体系内的新的因素日益增多，从而促使人类文化认同更快地发生整合，一种新的认同刚刚构建起来，而新的因素又进入了这种构建中，促使认同体系进行新的整合。在这种情况下，人类的认知水平及对外来文化的融合就有可能超越现有的文化，并带动文化产生新的变迁。

由于外部因素的影响，文化认同的新的构建不断形成。这有别于一种文化的传统发展方式，同样对于现代人类文化的发展来说有着深远的意义。因为它意味着人类可以主动地去构建新的认同，控制文化发展的走向。作为人类的发展来说，人类可以从共同的利益、共同的发展繁荣出发，获得新的认同，并引导人类的文化向着有利于人类和平和繁荣的方向发展。而作为一种文化所依托的一个国家或一个民族来说，则可以在与人类共同的认同一致的情况下，依据本国及本民族的实际与发展进步的需要，构建新的文化认同。例如一个现代教育水平较低、传统文化对民族发展制约较大的民族或国家中，要改变这种状况，使这一民族适应发展的需要，就可以通过现代教育的发展，科学技术的普及，引进吸收其他民族先进的文化，促使这一民族的认同发生变化，形成新的民族发展观念，从而促进民族的发展。在中国南方的很多民族中，由于民族传统文化的影响，至今商品观念仍然十分淡漠，甚至以商品交易为耻，对于这些民族发展商品经济，调整产业结构，发展致富十分不利。改变这种状况除了为其提供优化的外部环境外，更为重要的是要通过外部因素调整人们传统的文化认同，构建一种有利于商品经济发展的新的认同。

通过观念的更新与思想的变革去调整人们传统的认同，进而促进发展，这同样是一种有效的发展途径。

2. 新的文化认同构建的途径

新的认同的构建不是对既有认同的彻底否定而构筑起一种新的认同，这不仅仅在于人类文化的认同是通过长期的文化发展而获得的，不可能一朝一夕而改，也在于人类不可能在一朝一夕而获得一种与过去截然相反的认同。人类文化认同的新构建是在原有认同的基础上通过新的因素的注入，进而使人们达到从局部到全面的新的认同而获得的。因此，文化认同新构建的基点是既有的文化认同，这是新文化认同构建的关键之一。如果一个民族或一个国家完全放弃了自己的认同，完全放弃了自己的文化而企图接受一种新文化，那么，等待这一民族的只能是文化的沦丧，因为一个民族要接受一种新的文化同样需要一种相应的机制，一种新的文化并不是拿过来就可以变为自己的东西。

文化认同的新构建的关键之二是新的因素的注入。这种新的因素既可能产生于文化的内部，也可能来自于文化的外部。在文化内部，则如前所言，对社会影响较大的是源于这一文化中的人们的新的发现、发明、创新、从而导致人们既有的价值观、世界观的改变，认识的进步，最终带动社会发生变革。这种发现、发明、创新等，既可能是有关人类自身的，如人体结构、健康、疾病、医疗保健；也可能是对自然的，如自然现象的起源、实质，自然与人类生存的关系，利用自然资源的问题；在技术方面，如生产工具的改进与发明，生产技术的新的提高，各种新技术的发明，等等。在人类历史上，任何一次重大的发现都推动人类认识的提高及世界观的变革，欧洲的古典进化论、天体运动学说、近代力学、相对论等莫不如此。

能对人的文化认同带来新的变化的又一条重要渠道是异文化的传播。在今天人类的文化中，有很多因素都是传播的结果，不同文化的传播，不仅仅给人们既有的文化认同中注入了新的因素，也同样能诱使人们调整既有的认同，人类历史已经证明了这样的事实：由于文化的传播而导致人们的认同发生变化，从而带动了文化的变迁。我们可以看到很多这样的事例，一个社会越开放，那这个社会变迁的速度就越快，因为开放状态下通过传播注入的新的文化因素较封闭社会要多。文化的传播，既可能是精神及习俗方面的，如宗教、文学、艺术、风俗习惯、生活方式等，也可能是物质方面的，如衣服、生产技术、交通及生产工具等。当然，不论源于文化内部发明、发现还是传播的文化，都不可能很快地、全面地促动文化认同新的构建，因为它还有接受、协适与既有认同不相符的过程。

在影响文化认同新的构建的种种因素中，我们尤其要强调科学技术的影响。不论是产生于文化内部的科学技术的发明、发现、进步，还是传播所获，都能对人类文化认同的新的构建产生巨大的影响。因此，科学技术产生于不同的文化中，但却是属于全人类的，这应是人类文化认同的一个重要基点。任何一种文化，只有认同科学技术的产生与传播，主动地接受科学技术及其成果，才能获得发展，这是已为人类进步所证明了的。一种文化，如果有了较快认同、接受科学技术的机制，那么这种文化的变迁与发展就快，相反则封闭，落后甚至衰败。其次，科学技术对于人的文化认同的新的构建产生着直接的影响。第一，科学技术能直接地影响人们的认知及世界观，从而导致人们对于文化的认同的改变。科学技术本身就具有认识功能，它的认识成果给哲学及人类认识的发展不断提供新的经验和思想材料，甚至开辟新的认识领域，促进哲学理论的革命。牛顿力学的建立推动了培根学派唯物主义经验论的发展；18世纪末自然科学的新变革，促进了德国古典哲学的进步；19世纪自然科学的一系列重大发现，在哲学领域引起了根本性的变革，产生了辩证唯物主义；20世纪，现代科学技术向自然界更深层次的进军以及它的整体化趋势，使人们的物质观、时空观、因果观、宇宙观发生了革命性的变化，更大地丰富了哲学的领域，而这一切又直接地影响到人类文化的变化，这一切，对于人们原有的对文化的认同都是较大的冲击。科学技术所带来的人类的新的认知，本身就是人类文化认同的一个组成部分。

第二，科学技术能直接触动社会的变革，进而引起人们文化认同的变化。科学技术的运用及其进步，能够直接地改变文化中很多构成及面貌。由于科学技术的发展，人们从过去居住草屋到今天建起了高楼大厦；从过去的骑马、步行发展到了今天坐汽车，乘飞机；从过去人们相互隔绝到今天通过电视、广播、报纸、网络就可以尽知天下大事。[①] 同样，科学技术的发展也改变了人们的生活方式。在传统封闭的社会中，人们以传统的劳动为业，社会交往亦有限。随着科学技术的发展，一方面带动了新产业的出现，另一方面由于交通、通讯等工具的发展，人们有了新的劳动就业方式，社会交往面扩大了，信息量也通过现代传播工具而迅速地扩大。过去人们晚饭后的生活可能是在聊天中度过的，而今天可能在电视机旁度过。凡此种种不胜枚举的现象，无不对人们的思想带来冲击，面对着科学技术带来的这种巨大变化，人们的思想观念亦随之发生变化。过去认同一致的东西，过去认为此因此果的事，在科学技术的发展中就可能发生变化，而过去未曾预见过的东西，今天出现了，人们只能随着这种新的对事物的认识的变化及其带来的文化变革而修正自己的认同。

科学技术在人类文化发展及文明的进程中产生了巨大的影响。如果说过去科学技术对于文化的影响，对于人类文化认同的构建是不自觉的话，那么今天我们可以运用科学技术去构建新的文化认同，这不仅有利于人类文化的发展，也同样是人类获得一致认同的一条捷径。

---

① 徐纪敏：《科学学纲要》，湖南人民出版社1986年版，第149—150页。

（三）文化认同与文化变迁

1. 文化冲突与价值选择

如上所述，文化变迁是由于文化内外部的各种因素促成的。由于这一原因，种种可能促成文化变迁的因素与人们既有的认同一般都是不一致的，因为只有对一种文化来说是新的因素才能促动文化发生变迁，而新的因素就意味着与既有的认同的不一致。因此，人类文化的变迁往往都始于文化的冲突中，只是由于情况的差异，冲突表现得或强或弱。当一种文化在与新的因素发生了冲突，并最终作出了认同于新的因素后，文化便开始了变迁，而当人们对文化中已产生了的变化形成了认同，那么这一文化就发生了变迁。

首先让我们看看文化内部的因素。在文化内部，一种认同的形成也就成为人们一个时期内稳定的价值取向，它影响到人们的思维、观念、感情、心理等等方面。除了诸如战争、自然灾害、自然居住环境等强制性因素而使人们对周围发生的一切无可奈何之外，凡是一种与既有认同不同的新的因素的出现，如对事物的一种新的认识、发现，一种新的劳动方式的出现，人们都会从既有的认同出发去加以审视，从而得出不同的结论。对有的事物可能比较宽容，通过一段时间则可能被接受；而对有的事物则比较苛刻，这一切都要看与传统的认同和价值是否相悖。我们再以文化内最具革命性的科学发现为例："人猿同祖论"的产生与发展，就是在与"上帝造人说"的基督教势力的斗争中逐渐确立起来的。在18世纪中叶，瑞典著名的生物分类学家林耐发现了人与猿的基本形态有着较大的相似之处，从而产生了人猿同源的思想，在动物分类学上客观地反映了人与猿的亲缘关系。当他的这一思想发表后，即遭到罗马教会的坚决反对，并查禁他的《自然系统》一书，因为它与教会所宣扬的人类是上帝的创造物的人类起源观是根本对立的。在林耐之后，布韦、拉马克等人虽然也进一步阐述了由猿变人的科学进化论思想，但终因宗教势力的迫害，"人猿同源说"夭折了。一个世纪以后，当达尔文发表《物种起源》一书后，再次掀起了一场轩然大波，经过赫胥黎等科学家与宗教神学和学术界的激烈斗争，才确立了进化论的地位。

再以中国的节令为例：在中国，节令及历法与政治一直有着密切的关系，同时也与人们的生活习俗、信仰密不可分，历法历来是各朝的经典。自春秋战国以来，"月令思想"就根深蒂固，认为只有在某个特定的月份才能从事某种生产、政治及宗教活动，如果违背了这个秩序就会受到天的惩罚。阴阳历并月，采用闰月的方法来调整历日与节气脱节的问题，但仍然有明显的缺点，其次，中国古代用干支纪年，六十年一轮回，周而复始，用来计算表示六十年以上的时间，这很容易混淆，于是人们又加上帝王年号一并使用。沈括经过长期周密的研究，提出了"十二气历"的彻底改革方案，把一年分为四季，每季分为孟、仲、秋三月，以立春之日为孟春之月的首日，依次类推。这不仅符合天体运行的实际情况，又解决了历法适应农业生产的需要的问题。但是"十二气历"提出后，就一直受到千百年来沿用阴阳历的旧传统的抵制，认为它破坏了人们周而复始、习以为常的习俗，不能容忍这种违反常规的离经叛道的行为，因而历法改革方案长期受到阻挠，不予承认采用。

清末资产阶级登上政治舞台后，由于受到西方民主思想和世界通用公历的影响，也是出于反封建的需要，提出了对帝王年号纪年及用夏历的异议，并提出了以孔子纪年和黄帝纪年等新的纪年法。然而这一新的历法一提出，马上就遭到了保守势力的强烈反对。张之洞曾下令刊有孔子纪年的《强学报》停刊，当时的驻日公使吕海寰也在给清廷的奏折中称留学生中以黄帝纪年是"自为其政"，破坏纲纪的叛逆行动。辛亥革命后建立起来的南京临时政府也进行了历法改革。孙中山于1912年1月2日发布改元通电："中华民国改用阳历，以黄帝纪元四千六百九十年十一月十三日为中华民国元年元旦。"改历政令颁布后，立即遭到保守势力的反对，他们认为中西不同俗，历史迥异，改从西历，影响到保存国粹和遵从农时，有的人则宁愿重新制定历法，也不愿改用西历。[①] 从以上中国历法演变的简单概述中我们可以看出，一种既成的事物一旦为人们所认同，那么就具有较大的稳定性，而对这种既成的认同的修改及变更，都是十分艰难的。人们对于历法的改革的抵触思想，一方面是它与封建统治相联系，是作为一种人们所认同的正统，其次则是因为它与人们的生产、生活、风俗等密切相关，历法的改革也必然地要

---

① 严昌洪：《西俗东渐记》，湖南人民出版社1991年版，第199页。

引起这一切既成的文化形态的变化,这一点我们在下一节中还会谈及。历法的改革只是中国科学发展史上的一个部分。与此相同的很多发明、发现亦由于与人们既有的文化及其认同的不一致而受到长期的压制。在中国古代,长期重经验,重人文而轻科学,而且整个传统文化的价值都以儒家伦理为中心,否认科学探索的独立价值及主体意识,科学技术在传统文化中只有纳入道德伦理规范中才有存在的生命力,如果与之背道而驰,则往往难免夭折。如中国古代天文学都是附于历法之中的,而历法、天象学又是直接为统治者服务的,并掺杂着大量封建迷信的内容,把天象与世间万物变化联系起来,因而受到历代统治者的重视,但是对天体运动的观察与发现,并不是科学意义上的探索。正因为如此,中国古代一代又一代的知识分子都被传统文化的传承机制纳入"一心只读圣贤书"的轨道上,相形之下科学发明与创造并没有其应有的地位,甚至只能看作是邪门小技,从中也可以看出传统的文化认同所导致的价值取向对于中国文化内科学发明与创造的消极影响。但是,在中国古代仍然有很多辉煌的科学发明与创造,只是人们对它的价值作出判断与选择往往需要经历漫长的时间,而不是一经发现就能得到社会的承认与运用,如中国古代的科学巨著《本草纲目》、《天工开物》等,在产生时都遭到冷遇,直至近现代它的价值才为世人所公认。

对于文化变迁的又一个重要诱因是文化的传播。对于文化认同来说,外来文化的传入所引起的价值冲突往往较之于文化内部产生的因素更为激烈。因为外来文化与既有的认同往往是截然相反的,同时也掺和进了文化感情、心理,甚至是民族兴亡等等复杂的因素。因此,在对异文化的认同上,一方面具有十分重要的意义,因为异文化的传入对于文化变迁来说往往是最活跃,最具革命性的因素;另一方面,对异文化的认同往往又是十分不客观的,如上所言,它受到多种因素的影响,人们总是站在自己的文化认同的立场上去对待异文化的,因而异文化的传入一般都会表现出明显的冲突。

在中外文化交流史上,文化冲突最激烈的时期莫过于明代以后西方文化的传入,这一时期也最能反映出文化认同对于文化传播的能动作用。

明代基督教的传入在中国引起的冲突就是很典型的。在中国封建社会中,皇帝是至高无上的,他拥有对世间事物的一切权力,而皇帝又是替天行道的，是天的代表，是"天子"，对皇帝的崇拜与天地的祭祀是不可分割的整体。因此，在中国宗教作为一种独立的存在力量是不可能的，这一切亦是几千年的正统认同。基督教的传入恰恰与这种认同是相抵触的，它宣扬上帝创造万物，这一点对于中国则是把上帝凌驾于皇帝的神权之上，这更是大逆不道。当时的南京礼部侍郎沈㴶在1716年控告南京传教士的奏章中写道："三代之隆也，临诸侯曰天王，君天下曰天子。本朝稽古定制，每诏诰之下，皆曰奉天。而彼夷诡称天主，若将驾轶其上者，然使愚民眩惑，何所适从。"① 当时出于这种文化间的根本对立而对基督教的抨击较多，把基督教视为异端邪说，并加以限制、查办，迫使传教士不得不采取其他方式以回避这种文化间的根本对立。② 明万历年间，意大利传教士利玛窦将天文历学介绍到中国，同样遭到了保守的士大夫的反对。因为天文历学历来就是封建统治者的专利。他们认为三纲五常、礼乐教化等儒学价值尺度具有超越时空的优越性，并以此来判断西方文化，沈㴶攻击西方历学道："天无二日，亦像天下奉一君也，惟月配日，则像于后，垣宿经纬，以像百官，九野众星，以像八方民庶。今（西人）特为之说曰：日月一星，各居一天，是以举尧舜以来中国相传纲维之最大者而欲变乱也。"③ 对于西方天文学的疑义与攻击，直至清朝都还未停止。清代著名学者，曾任云贵总督的阮元在其所著《畴人传》中对哥白尼的日心说攻击道："以为地球动而太阳静，上下易位，动静倒置，则离经叛道，不可为训。固未有若是甚焉者也。夫如是而言，西人之言天，能明其所以然，则何如日盈缩、日迟疾、日顺流伏逆……但言其当然，而不言其所以然之终古无瞽哉。"从这一例子中我们可以看出，中国人在判断西方文化上并不是从科学的态度出发，而是以自己的认同为是非标准，是以是否"离经叛道"为依据的。西方天文历学与中国正统的封建认同不一致，自然就成了"惑世邪说"，要引起文化上的激烈冲突。

冲突就必然要有选择。任何一种文化长期与世隔绝都是不可能的。不论时间长短，终将作出价值上的选择，并终因选择而导致文化的变

---

① 《天主教东传文献续编》，第1125页。
② 参阅《中国文化与基督教的冲撞》，辽宁人民出版社1989年版，第120—166页。
③ 徐昌治：《圣朝破邪集》卷一。

迁。总的来说，在价值选择上一般与既有文化认同中的核心层冲突较为直接的就很难作出选择，而与非核心层抵触较小的易于被接受。这并不在于文化的物质构成部分还是核心构成部分，关键是一种文化认同基点，也就是价值的基点是什么。同是科学技术，数学、医学在西方传教士传入的西方文化中是与中国文化冲突较小的部分，而天文历学冲突则较大，甚至私自制造、藏有的浑天仪都遭到查禁。① 由此看来，目前学术界很多同仁认为引起文化冲突的因素一般在于精神文化范畴而不在于物质范畴的看法是不够全面的。

这一点，在清朝已表现得较为明显。在《四库全书总目提要》对1628年李之藻编纂的《天学初函》一书的按语中有这样的评论："西学所长在于测算，其短在于崇奉天主，以炫惑人心，所谓自天地之大，以至蠕动之细，无一非天主所动手造。悠谬姑不深辩，即欲人舍其父母而与天主为至亲，后其君长而以传天主之教者，执国命，悖乱纲常，莫斯为甚，岂可行于中国者哉？之藻等传其测算之术，原不失为节，取仍并其惑诬之说，形而布之，以显与《六经》相龃龉，则慎之甚矣。"在《四库全书总目·寰有铨》中还有这样一段文字："案欧罗巴人天文推算之密、工匠制作之巧，实愈前古。其议论夸诈迂怪，亦为异端之尤。国朝节取其技能，而禁传其学术，具存深意。"在这里，已明显地表现出对西方科学技术的有限度的接受，但是对于与中国伦理纲常对立的基督教教义，则仍旧拒之于门外，视为异端邪说。

鸦片战争以后，资本主义列强的洋枪洋炮打开了中国紧锁的国门，中国所面临的西洋文明，成为了一种在政治上、经济上影响中华民族存亡命运的力量。但是由于这种文明与中国固有的文明反映着社会发展截然不同的阶段以及两种不同的文化，因而形成了尖锐的对立，造成中国历史上又一次激烈的文化冲突。这场文化冲突，在诸多重要的历史事件中表现出来，如太平天国运动、洋务运动、戊戌变法及五四前后长达数十年的中西文化大论战。仅作为一场文化冲突而论，它的轨迹划出了中国人不同的反应：从"师夷长技"办洋务，学习西方先进技术，到企图在西方文明的基础上加以变革，"中体西用"，中西结合强国强民，再到"五四运动"前后在中西文化的对比中对中国民族性的深刻反省。

---

① 《基督教与中国文化的冲撞》，第61页。

这其中深刻的冲突发生在"五四运动"前后,因为它涉及的是对既有文化认同的深刻的反思,并处在进行新的选择的十字路口上,于是保守的、激进的、主张西化的、主张民粹的人物纷纷登场,涌现出了陈独秀、梁启超、胡适、李大钊、梁漱溟等一大批文化斗士。这场论战之所以激烈的原因,就在于它涉及的是文化的核心部分,因而每一种观点都较之前面的"师夷长技"的观点而更难为人们所全然接受,论战中涉及的不再是西方的大炮与中国的长矛的优劣,而是中西两种文明的本质差异及其优劣。① 在这个过程中,中国人的认同作什么样的调整,都将对中国文化发展的走向产生巨大的影响。但是,不论产生什么样的冲突,不论人们愿不愿意,都将在文化的冲突中作出价值的选择,调整既有的文化认同,这亦是伴随着这场冲突而发生的事实。正是有了选择,才有了后面的发展,这一点梁启超总结得十分精辟,他在1922年4月著的《五十年中国进化概论》中写道:"近五十年来,中国人渐渐知道自己的不足了。这点子觉悟,一面算是学问进步的原因,一面算是学问进步的结果。第一期,先从器物上感觉不足……于是福建船政学堂,上海制造局等等渐次设立起来……第二期,是从制度上感觉不足……所以拿变法维新做一面大旗,在社会上开始运动……第三期,便是从文化根本上感觉不足。第二期所经过的时间,比较的很长——从甲午战役到民国六七年间止……革命成功将近十年,所希望的件件落空,渐渐有点废然思返,觉得社会文化是整套的,要拿旧心理运用新制度,决计不可能,渐渐要求全人格的觉醒。"梁启超的这一段总结,勾画出了近代中国文化冲突的脉络。首先是冲突的过程,是依次从物质、制度到整个文化渐进展开的,即从文化的外层渐渐向文化的核心层展开。其次在价值选择上,亦是先有了物器、制度等方面的"感觉不足",才有了后面的结果。

2. 超越认同:对异文化的认同导致的文化变迁

一种文化中的认同往往具有较大的保守性,它导致了人们以自己的文化作为最高的价值取向,而与这种认同不一致的因素都会受到既有认

---

① 参见庞朴《文化结构与近代中国》,载《中国社会科学》1986年第5期;陈崧:《五四前后中西文化论战及其意见》,载《八十年代中西文化讨论文集》,中央党校科研办公室编。

同的压抑,而对外部的异文化亦是站在自己的认同的立场上,以自己的价值去加以衡量。这样,不论文化内部还是外部,可能促使一种文化产生变迁的因素都不可避免地要引起文化上的冲突。但冲突的结果,则必然地要作出抉择。不论这种抉择是被迫的还是自愿的,亦必然地要引起文化的变迁。对于新的可能诱发变迁的因素的认同,一般就是人们在文化冲突中进行选择的结果。当然,这种认同可能是局部的,也可能是全面的,这都取决于文化冲突的具体情况。

在这里我们要着重考察对异文化的认同所导致的社会变迁。在文化冲突中,异文化是最活跃,最具革命性的因素。而不论通过激烈的冲突还是没有冲突而导致的对异文化的认同,都意味着对于异文化的接受。人类历史正是这样:文化认同的堤防一经打开,那么异文化自然也就有可能长驱直入,为人们所接受。尤其是当两种文化在发展程度上存在差距时,先进的文化必然地要影响落后的文化,或者一种文化中的某些因素正好能对另一种文化有所补充。如一个民族使用石斧、弩弓,而另一种民族则使用钢斧、火枪。如果不是因为石斧、弩弓有什么特殊的文化象征意义的话,那么对于钢斧、火枪的接受必然地要淘汰石斧、弩弓及其制作、拥有、获得传统的文化内容。

在人类历史上,有很多因为接受异文化而引起文化变迁的例子。尽管这其中因素千差万别,但结局都是一样的。墨西哥由于外来文化的传播而导致的文化变迁就是一个典型的例子。众所周知,现代拉丁美洲文化大部分形成于殖民时期。在西班牙、葡萄牙等国家的300多年殖民统治下,西欧各种文化成分通过不同途径和手段被移植到拉丁美洲,并最终成为这一地区的主体文化。在这个过程中,它们又同美洲印第安文化,来自非洲的黑人文化及少量的东方文化相混合,从而形成了独特的拉美文化。墨西哥也一样,其近现代文化是伴随着殖民活动而形成的以欧洲文化为主要特征的文化,其文化从土著文化变迁至今的过程,也正反映了对异文化的认同导致文化变迁这一事实。墨西哥是美洲大陆上最早被西班牙征服和殖民的地区,因此也是受到西欧文化影响最深的地区,是西欧文化与土著文化发生冲突和融合的典型地区。在16世纪以后,西班牙的征服者征服了墨西哥,欧洲文化也随之而被带进了这个国家。在此之初,两种文化也曾发生了短暂的冲突,这表现在西班牙人对墨西哥土著野蛮的征服及对土著文化,如宗教文化及设施的毁坏上。西班牙传教士和征服者拆毁土著印第安人的庙宇，夷平其金字塔，捣毁其宗教神像，将土著文化及宗教遗产或是洗劫一空，或是付之一炬，这样自然地引起了土著的反抗。但是，这种反抗是短暂的，当地土著在很短的时间后便开始了对殖民者的文化认同，并开始与之融合，其导致的文化变迁引出了今天墨西哥文化的结局。这其中最典型的表现就是对作为文化殖民主体的天主教的皈依，1521年，当西班牙人攻占了阿兹台克后，大批土著以惊人的速度接受入教洗礼，在一天之内就有6000个成年人参加了洗礼仪式，同时在索奈米尔科，一天内由两个牧师主持了15000余人的洗礼仪式。随着对天主教的认同，当地土著对欧洲人其他文化的认同也是较快的；当地印第安人大量与西班牙人通婚后，产生了新的一代，土著人口也逐步西班牙化了，他们生活在西班牙统治的城镇，讲西班牙语，遵循着西班牙的生活方式。到1950年，墨西哥人口的90%已采取了这种模式，只有10%的人仍旧保留着他们的印第安认同，但已经丧失了原始印第安文化的模式。由此可以看出，对于异文化的认同能够迅速导致文化的变迁。

墨西哥土著对异文化的认同是有其特殊原因的，首先西班牙人作为征服者，在同一时代，其文化较之于墨西哥土著印第安人的文化发展水平要高，并且使用武力等野蛮的殖民手段对当地文化进行毁灭，并强制性地通过办教育、印刷出版等文化事业，通过宗教等把自己的文化强加给当地土著。其二，在16世纪初期西班牙人征服墨西哥之前，阿兹台克人的上层统治阶级对于当地人民的统治早已引起了人们的不满，因而在西班牙人入侵时，他们站在了侵略者一边，帮助西班牙人攻占了阿兹台克的首都及军事、经济中心，随着阿兹台克的衰败，许多从前被他们统治的部族和平地转向了西班牙人。其三，原来的土著宗教一直与统治他们的阿兹台克部族政权有密切的联系。当阿兹台克人战败后，这种宗教的威望急剧地下降，人们期待着新的宗教观念，因而基督教很快在土著中找到了市场。[①]

墨西哥由于当地土著对异文化的认同而导致了文化的变迁。这种情况在世界文化发展史中并不鲜见。不论何种情况导致人们对异文化的认

---

① 参阅施惟达《文化变迁》，胡华生译，云南教育出版社1989年版；刘文龙：《墨西哥：文化碰撞的悲喜剧》，浙江人民出版社1990年版。

同，其结果都要引起文化的变迁。我们再来看两个中国近代史上的例子：在辛亥革命以后，南京临时政府颁布改历改元的政令，要"与世界各强国共进文明"，决定采用阳历，即采用西方的历法制度，并加进了一些中国的东西，如以中华民国纪元而不以公元纪年。采用西历尽管遭到了保守势力的反对，但通过政令加以推行，毕竟还是渐渐为人们所接受，并在人们的社会活动及日常生活中运用。这种历法的改革，引进了西方文化，必然地要遭到反对，这一点在前面我们已论述过。自明代以来，历法的变革虽然几经周折与冲突，但最终还是为人们所选择，同样也引起了相应的文化层面的变化，例如传统的节日及其习俗发生的变化。尽管农事节令，各种节日等还保持着原有的一套活动方式，但内容已经有了变化。由于受西方文化的影响，人们在节日中的衣着、饮食、娱乐、交往方式上多了一些洋化现象，迷信色彩逐渐有所淡化，有些纯迷信的节日走向衰败，并最终为人们所淡忘。人们对旧有的节日习俗也进行批判及革新，许多人在过年时不再四处拜年、挨门磕头、大操大办，在饮食上也提倡节俭。而在此前，一到过年，全国上下不论官民都有一个月左右的事实上的休息，社会各界亦停止一切活动，工商界要过了初五，迟的要到正月二十才开工、上市。旧衙门的人，也是十二月二十日封印，正月二十日开印，在此期间不理政务，甚至相互交火的军队也因过年而自动罢战。历法改革后，对这些陋习有所抑制，政府节庆一般只按新历休假，社会上也掀起了一股革新年俗的风潮，梁启超、陈独秀、梁实秋等名人对此都有很多评论及带头革新。与此同时，一些有意义的新式节日，纪念日相继出现在人们的政治生活和日常生活中，梁启超就曾提议学习西方人设立一些具有意义的庆祝活动，使人们"记已往，振现在，励将来，受到爱国主义的教育，更增添强国、勇猛、进步、自立之气。"[1] 进入民国后，人们的这种认识多了起来。在传统的节日以外，逐步增加了不少有纪念意义的新式节日，如民国成立日（元月1日），国庆（10月10日）及孙中山诞辰纪念日，国耻纪念日等。今天，我们已经完全采用了世界通行的公历，作为一种文化，公历的使用与民众的日常生活、社会活动、政府公务、中外文化交流等都有直接的关系。公历的使用不仅使中国的历法更加规范，同时也有利于与世界

---

[1] 梁启超：《敬告我国民》，载《饮冰室合集·文集》第5册。

各国的交往。至此中国的历法及其文化自清末以来发生了前所未有的变迁。在清代以前，历法的变化多限于朝代帝王国号的变更，而近代始于西方历法的引入而引起的文化变迁，则是一种与过去性质完全不同的变化。

我们再看看妇女文化的变迁。在中国古代，妇女深受男尊女卑和男女礼教之防的封建伦理的压迫。到了近代，由于受到西方男女平等思潮及社会风俗的影响，妇女解放运动开始涌起，从而掀开了女性文化在近代变迁的序幕。鸦片战争以后，少量外国妇女随夫来华，给中国人最早的印象是袒胸露臂的奇装异服和某些场合男女不分的奇风异俗。到了19世纪六七十年代，首批走向世界的中国人和早期的资产阶级维新思想家们开始比较全面地具体介绍西方的妇女生活，这其中给人们印象最深的是西方社会普遍尊重妇女，男女平等，男女社交公开，婚姻自主。陈东原在其所著《妇女生活史》中说：甲午战争以后，"发愤图强的声浪弥漫了全国，这总有人想到西洋文化也有他的好处，妇女生活也总随着有改变的倾向"。应该说，在鸦片战争前后，尤其是其后，中国的社会风俗的很多方面已受到西方风俗的影响，很多文人志士从强国的愿望出发，提倡对中国封建礼教的反抗，学习西方文明。在西方男女平等思想的启蒙下，伴随着社会各方面的变化，妇女解放的呼声也高涨起来。康有为、康广仁、梁启超、陈独秀等都先后投身其中，把妇女解放作为反封建的一个重要内容。于是，首先从禁缠足、兴女学开始到争取男女平等，争取参政、出国留洋、婚姻自主等，发生了前所未有的变化，康有为、康广仁就曾在广东创办"不缠足会"。到了20世纪初，社会风气渐渐开化，女子学堂也渐渐增多，甚至还有出国留学的，随后北京大学也对女子开禁了。女学的开禁，少女入学一时成为时髦，使妇女获得了一个前所未有的新天地，终于走出了几千年紧锁的闺门，加入了新生活的行列。如女学生们学习西方妇女慈善举动，关心起赈灾之事。北京各女学堂学生们在琉璃窑等地开办女学慈善会，唱歌跳舞，卖自己制作的手工艺品。女子们还组织诗社、创办女性刊物，如《女子世界》、《中国女报》、《中国女界杂志》等，高呼妇女解放，抨击封建礼教。妇女解放从放足、兴女学，发展到了要求参与社会事务、参政，不少妇女甚至投身于革命，秋瑾就是其中的代表人物。鸦片战争以后，随着人们文化认同的改变，封建时代传承了两三千年的男女礼教之防终于被冲开了缺口。

认同导致了文化的变迁,而变迁也以人们对于变迁的结局的认同而告一段落。这其中,文化认同作为变迁的主位因素,与变迁并不完全是同步的。尽管有了人们对于引发变迁的因素的认同而导致了变迁,但认同与这些新的因素之间并不一定是同步的。有时是由于新的因素的产生而为人们认同,并由此而导致了文化的变迁。在这种情况之下,是新的文化因素导致了人们的认同的改变;而在另一种情况下,则可能是认同自身作为一种新的因素而诱发了文化的变迁。因此,在探讨文化认同与文化变迁的关系时,我们还要注意到认同的超前与滞后两种情况,认同与文化变迁之间的关系并不是一种固定的态势,而是随着情况的变化而有所不同的,而且在同一文化的变迁中,这两种情况也往往交替出现。

首先我们谈谈认同超前的情况。人类文化认同总是在不断的动态构建之中的,因此文化认同也可以作为一个相对独立的系统而在内部调整,从而出现新的认同。因此在文化的变迁中,往往是认同作为一个体系已经出现了新的调整,具有了新的认同,但与此同时原有认同之下的文化各种构成还处于原有的状态之下。认同作为一种存在于人们头脑中的文化体系,既有它顽固保守的一面,也有因外部因素的影响而迅速调整的一面。人们有了新的认识,新的发现,接受了新的价值观,就能够较快地修正自己的原有认同,调整自己的思维定式。进而也希望改变原有认同之下的文化,使之与自己现有的认同一致。这样,就出现了认同改变超前于文化实际变迁的情况。但是,要使已经具有的认同得以在文化变迁中发生作用,促动文化的变迁,这又是一个复杂的过程。因为这其中涉及了诸多因素,新的认同还要与原有的文化进行调整;如果是物质文化,则需要物质上的建设。但尽管如此,新的认同一经获得,那么不论过程多长人们都会努力去促使文化的变迁达到与认同的一致。事实上,人类历史上很多重要的文化变迁,都是具有了成熟的思想准备的前提下发生的,如欧洲18世纪社会的变革,就是在17世纪产生于英国,继而波及全欧洲的思想启蒙运动及这一时期科学发现的革命性进展的前提下出现的,这一时期出现了艾萨克·牛顿、约翰·洛克、伏尔泰、德尼·狄德罗、大卫·休谟、卢梭、伦勃朗、威廉·吉尔伯特、罗伯特·波义耳等哲学、艺术及科学上有伟大建树的人物,从而促成了这一时期激荡全欧,对后世产生了巨大影响的思想革命。美国历史学家伯恩斯及拉尔夫在其巨著《世界文明史》中评价道:"历史很少有别的运动像启蒙运动那样对人的思想和行为发生如此深刻的影响。"在论及这种影响时他们写道:"任何运动都没有像启蒙运动那样强有力地驱散了笼罩着西方世界的迷信和不合常理的束缚人们的浓雾。启蒙运动的唯理论对粉碎政治暴政的枷锁和削弱那些丧尽天良的教士的特权起了促进作用。它的宗教自由理想在最终使教会和国家分离,使犹太人摆脱古老的束缚方面起着主要的作用;反抗压迫所体现出的人道思想,被用来鼓吹刑罚改革和废除奴隶制。对社会自然秩序的要求加强了人们推翻封建主义残余和消灭垄断与不劳而获的特权的要求。"[①]

在中国近代文化的变迁中,也多属这种情况。如前面所提到的历法改革,妇女解放运动等,都是在西方文化的启蒙下,人们的思想观念发生变革进而触动了文化的变迁。在1919年爆发的"五四"爱国运动之前,新文化运动的产生与发展为这一运动的产生奠定了思想基础,并对后世的文化变迁产生了深远的影响,白话文的提倡就是其中对教育影响较大的一例。

在文化变迁中,文化认同的超前是最主动、最顺利的变迁模式,因为它已经超越了既有文化认同对于文化变迁的阻滞与障碍。这种变迁是始于文化核心层的变迁,自内而外,因而也可能是较深刻的变迁。

文化认同滞后现象。这一般指文化的很多方面已经发生了变化,但是文化认同仍未能发生变化,认同落后于文化其他方面的变化,这种变迁一般都是自外而内的。在很多情况下,由于文化传播、战争、内部的新的发现、发明等因素而促使文化一些方面发生了变化,这在文化变迁中是十分常见的。在文化变迁中,尤其是物质文化,如工具、日常生活用品、交通工具,居住等,很容易在内外的因素的影响下发生变化,并且最终可能导致整个文化发生变迁。在这种情况下就有可能出现两种结局,一是既有的文化认同显现出对自己文化的维持而阻碍、压抑已出现的变化的进一步发展,呈现出较大的文化保守性。二是认同被迫跟随着外部的事物的变化而发生变化,出现认同上新的构建,并最终达到与文化其他方面的一致。总之,从文化认同与文化变迁的关系来说,认同及

[①] E.M.伯恩斯、P.L.拉尔夫:《世界文明史》第2卷,商务印书馆1987年版,第300—309页。

其文化总要处于一种相对应、相一致、相对稳定的状态下。变迁，就在于内外部各种因素改变了这其中一方的既有状态，从而打破了双方的均衡，而未改变的另一方在不均衡状态下努力去寻求新的均衡，当这种新的均衡达到了，那么文化也就发生了变迁。

最后还应指出的一点是在现代文化进程中，文化由于交流的频率较高，文化的复合成分高，人类文化的弹性也变得比过去大，一般不至于因为一种因素而促使整个文化发生变迁。社会越封闭，其文化构成也就越单一，异文化的成分较少，那么这种文化事实上也就显得较为脆弱，经不起新的文化的冲击，在外部文化的影响下很可能发生骤变，如澳大利亚土著耶攸容特人那样，钢斧的传入就改变了其文化原有的面貌。而在现代社会中，文化通过不断的交流与整合，文化的单一性已大大改变，一种文化一般都是以自己传统的文化为基础，融合了大量其他文化，从而形成一种新的复合文化。这种复合文化的弹性是较大的，对于这种文化变迁的影响，一般都需要多种因素的影响，或是二种因素直接地影响到这一文化构成的核心，这也证明了一条规律：一种文化体系包容性越强，融合其他文化越多，就越具有稳定性。

由于上述原因，今天文化变迁的发生一般不会是全面的，而是可能发生在不同的侧面，如文化的物质层、制度层等。在这其中，文化的不同载体，如青年人、老年人等，也会产生文化变迁上的差异，当今的文化呈多层面变迁的趋势。这一点在中国近年来文化变迁中就可以看出来。在20世纪80年代初，改革开放的东风吹遍了中国大地，封闭多年的中国开始向外部开放了。在这种情况下，外部的文化自然要随之而入，而当时的中国在多年的封闭后，文化的复合程度仍较低，外来文化的成分较少，因而面对外来文化显得较为脆弱而缺少弹性，往往一点今天看来并不为奇的东西都会产生较大的震荡。一些公共场所明令禁穿"奇装异服"，在一些地方人们的裤筒如果窄到放不进一个啤酒瓶，就有可能被治安人员当街剪开。学生禁止留长发；几首邓丽君的歌风靡南北；交谊舞掀起热潮而又被禁止，继而再开禁；舞场窗外围满好奇的人们，发着种种议论；大街上，成百上千人围观"洋老外"，其情其景至今历历在目。穿什么样的衣服、留什么样的发式、听流行歌、跳舞引起十分广泛的关注，甚至被作为评价一个人的道德标准，反映了新旧两种观念在文化上的冲突。这其中最典型的是1980年出现的"潘晓现象"：

1980年5月号的《中国青年》杂志发表了一篇署名潘晓的文章《人生的路啊，为什么越走越窄……》，提出了"任何人，不管是生存还是创造，都是主观为自我，客观为别人"等观点，对中国青年的人生价值提出了挑战。这封信发表后，立刻在广大青年中引起了一场人生价值的大辩论。《中国青年》杂志1981年第6期的"本刊编辑部评论"披露：短短几个月内，该杂志就收到"全国各地工、农、学、兵和党政、工、青、妇等各条战线各个部门的青年、团员和青年工作者以及中老年同志，还有港澳同胞和大洋彼岸的青年朋友"寄来的六万余封信，而这其中有不少是"几十、上百青年联名写来的"，可见其反响之大。其后在中国青年中还出现了"萨特热"、"尼采热"、"弗洛伊德热"等热潮，而时至今日，短短10年之后，类似上面提到的文化的引入还能在中国引起如此大的反响吗？回答是不可能了。因为当时是在长期封闭及文化的单一状态下对新的文化所作出的反应，而今天的中国文化已发生了前所未有的变迁，文化已呈现出纷繁的状态：跳交谊舞，听唱流行歌已十分普遍，甚至迪斯科、霹雳舞、爵士音乐、摇滚乐等对中国人来说都已不再陌生，穿比基尼泳装参加健美比赛也已司空见惯，喝可口可乐、用洋电器、穿西装打领带、着牛仔裤都已成其自然，更不会再把这些东西与一个人的道德品行联系在一起。今天，国外新的东西还在不断地涌入中国，但并没有像过去那样能引起震荡，中国文化的主旋律仍旧是中国本土文化，但在对待、吸收外来文化上已表现出了较大的弹性，并且文化的变迁是多侧面、多层次的，既有物质文化方面的变化，也有精神文化方面的变化，既有年轻人层次中的变化，也有老年人层次中的变化。这种弹性大、层次变化多的文化变迁趋势，也正是现代文化变迁的特征。文化中多层次的变化继而形成一种新的主旋律，推动文化的变迁。在这其中，文化认同的宽容度也在增大。在现代文化变迁中，文化的自我认同在淡化，从而形成了对异文化进行认同的宽容，也更促使文化发生较快的变迁。

（四）文化认同与人类文化的未来发展

在人类文化的未来发展中文化认同仍然是一个积极的因素，对人类的文化产生重要的影响。在这种发展中，文化认同也将被赋予新的意义，具有更丰富的内涵，其构建也不仅仅局限于对自身文化的认同及处于一种文化的角度上对于异文化的传入的认同，而在于对全人类文化的广泛的认同。

1. 新的文化认同是人类发展的共同需要

人类的文化认同与人类的文化共始终，只要人类文化存在，对文化的认同也将同样存在。但人类的文化认同却经历了形成和对自己文化的认同、对其他文化的认同，并将经历对人类共同的文化的认同等不同的阶段。随着人类文化的发展，文化认同具有了新的内涵，被赋予了新的意义。在人类文化在当代及未来的发展中，不仅文化认同将长期存在，而且从人类共同的发展而言，构建一种新的文化认同是人类的共同需要，这一点我们可以从以下三个方面来理解：

第一，维持自己的文化认同以使自己的文化得以继承发展。一个民族的文化，是这一民族长期劳动创造及智慧的结晶，不仅仅是属于这一民族的财富，而且也是人类共同的财富，其优良部分对于人类的发展来说是有益的。一个民族的文化塑造了一个民族的精神、品格、价值取向、思维方式及种种风俗习惯、行为方式，是一个民族生存与发展必不可少的因素。中国有一句老话："一方水土养一方人"，也恰如其分地道出了文化与其传承者之间的关系。人们具有对自己文化的认同，也就是对自己的文化赋予感情，受其滋养，如果一个民族丧失了自己的文化认同，那么等待这一民族的将是精神上的沦丧，民族的衰败，也就无从发展，这在历史上已有很多例子。

其次，人类文化发展的趋势是相互借鉴，取长补短，不断融合，随着人类的发展，人类文化将渐渐融合成一个不可分割的共同体。但在这个过程中，只有不同的民族的文化得以发展，才谈得上共同发展，对人类文化有所贡献。人类文化在发展中都将相互交流、借鉴、融合。但是，文化是植根于一定的人的群体中的，是其传承者长期创造、发展的结果。它塑造了一代又一代文化意义上的人，也为一代代人所传承，这其中的问题是能否完全放弃自己的文化而接受另外一种文化呢？从文化起源及文化与人的关系来看这是不可能的，更不利于民族的发展。因为人类社会中大多数文化不具有对另一种文化完全接受、内化的机制。在人类历史上曾经有很多强制把自己的文化加于其他民族的事例，而其结果并没有导致这些民族的发展,而是有害于这些民族的发展,使这些民族成为其文化的附庸,这一点在近代西方殖民活动中得到了验证,在前几章中我们也有一些例子论及。因此,只有在弘扬自己民族文化的基础上,大力吸收其他民族优良的文化,才能获得新的发展,从而也才能对人类文化有所贡献。

但是,今天人类文化的发展中仍然存在一些不平等的、不利于后进民族文化发展的因素。这不仅仅表现在殖民时期给很多被殖民国家文化带来的灾难,直到今天这种消极影响还未能消除,同时发达国家及不发达国家之间的经济贸易关系、文化活动等,以及大民族与小民族之间,都还存在不平等、不利于世界各民族文化的平等发展的因素,世界各地区还存在着民族冲突,种族歧视,弱小民族发展的权利仍得不到保障。

基于上述原因,民族及国家不论大小,都应维持自己的文化认同。一方面,作为民族、国家的内聚力,作为民族的精神力量,激励本民族不断进取;另一方面,则以此作为保护弘扬本民族传统文化、不断创新发展的动力,这样,不同的民族、国家才能得以发展,尤其人数较少的民族才具有发展的机会。但维持自己的文化认同,应以自己的文化作为基础,不断地融合吸收其他民族中有益的文化,在加以整合更新的前提下进行,否则就将步入狭隘的民族主义及唯我至尊的误区中,导致自我封闭,甚至产生文化偏见与歧视。强调维持不同文化传统认同的目的不在固守既有的文化,而在于使自己的文化不至于在现代文化变迁中被其他文化迅速湮没,从而丧失自己的文化,导致民族的没落;而在于以自己的文化为基础,在现代文化发展中不断地融合新的文化,保持一种渐进的变迁势态,使文化不断获得新的养分与生命,以利于民族及国家的发展。

第二,新的文化认同是人类和平的需要。人类需要维持不同文化的认同,以利于不同文化的发展。但是,今天所需要的不是过去那种唯我独尊的文化认同观,而是在认同自己文化的前提下,积极地吸收其他民族优秀的文化,共同创造人类新的文化。因此,人类需要相互之间在文化上的认同,超越传统的认同所形成的人类文化交流中的障碍。其一,相互认同,才能体现人类文化的平等。人类文化不论大小,不论发展快慢,程度高低,都应有平等的存在与发展的权力,都是人类文化的一个组成部分,不应受到歧视,更不应被其他文化强行改变。人类必须有这种共识，才能使人类文化不论大小都获得平等的发展机会。这样，人类文化在人们的认识上也才能体现出是平等的，也才能在实际中努力去实现这种人类文化的平等的愿望。如果每个民族、每一种文化中的人们都认为自己的文化比其他文化优越、伟大，甚至由此而对其他文化产生偏见，那么不仅会封闭了自己，人类文化的平等也得不到体现。当今世界，发达国家的文化随着其经济活动范围的扩大也在不断地向外渗透，更应该具有对后进民族及发展中国家、地区的文化有新的认同。先进的文化有利于后进民族的发展，但是，把一种文化注入这些民族的同时，忽视了这些民族自身文化的发展，则起到了相反的后果，自然也就背离了人类文化平等发展的原则。

其二，人类文化相互认同，有利于人类和平共处。当今世界上很多不安定的因素都与人们的文化认同有关。由于认同所造成的偏差而产生了民族、种族、文化上的歧视与冲突。当今世界很多国家及地区中存在的宗教冲突、民族冲突、民族歧视与压迫等不安定因素都可以从文化上找到原因，往往都是由于存在着对其他文化不平等的态度而导致的，这种站在自己文化的立场上歧视其他文化的状况直接地影响了人类的和平。其次，今天世界上很多民族随着经济的增长及民族解放运动的高潮，民族文化也正在复苏，局部地区也出现了新的文化对立状态。人类需要和平共处，就必须把自己的文化放在与其他文化平等的地位上，相互认同，只有这样，才能消除偏见与歧视，消除文化导致的冲突。其三，人类文化的相互认同，有利于人类文化的交流与发展。人类文化的发展需要相互吸收与借鉴，因而文化的交流对于文化发展来说是极其重要的，没有交流就谈不上借鉴与吸收。但是，人们对自己文化的认同往往又是文化交流的障碍，它使人们站在自己认同的立场上对待其他文化，对其他文化往往采取排斥、歧视等态度，限制了人类文化的交流。因此人类不论何种民族文化都应相互认同，超越自己的文化认同的樊篱，形成开放的机制。有了相互间的新的认同，人类就能消除因文化差异而带来的纷争，实现人类的和平共处与文化的共同繁荣，从而构建起人类新的文化格局。

在强调人类形成新的认同的同时，不应否定文化之间的价值差异的存在。承认这种存在，才能体现文化之间真正的平等，否则，一种文化的价值就有可能为另一种文化价值所取代。文化之间的相互认同，是对人类文化平等的承认及其在人类文化格局中地位的肯定，并不在于完全放弃自己的文化而去接受另一种文化。在持有人类文化平等的态度上，应正视各种文化发展的机会，积极参与文化之间的交流，吸收其他文化中优良的因素。其次，在认同的前提下进行选择，仍可以自己的价值为标准。因为人类因文化的差异而存在价值观、生活方式等方面的不同，在一种文化中合理的东西，在另一种文化中则可能是有害的，同时，人类文化中也还有很多属于糟粕的东西需要共同抛弃。总之，人类文化认同的范畴在于宏观层面：正视人类文化平等发展的机会与权利，汲取人类文化中优良的成分，促进人类文化的共同发展与繁荣。

第三，人类的发展需要在一些共同的问题上达到认同。随着人类的发展，出现了很多关系到全人类共同利益的问题，需要全人类在这些问题上达到一致的认同，获得共识，一道关注解决人类发展上的共同的问题。今天，在人类的发展中出现的关系到全人类的切身利益与共同发展的问题是较多的：富国与贫国之间的贫富悬殊；发达民族与后进民族之间发展差距加大；种族、宗教之间的冲突；全球生态环境的恶化；自然资源的毁坏；人口的骤增等等问题都直接地威胁到人类的生存与发展，威胁到世界和平，因而全人类的发展应是在达到新的认同关系后达到人类未来的和平与繁荣进步。在目前，至少以下问题需要人类尽快取得共识：(1) 世界和平问题，包括消除不同文化、宗教间的对立，消除霸权主义，监督并控制和平利用原子能，监督武器控制，裁减军备和逐步降低军事等级等。(2) 控制人口增长，尤其是发展中国家的人口增长，制定全球统一的措施与并采取行动，加强国际合作。(3) 改善人类的生态环境，遏制自然资源的无度毁坏与开发，保护动植物资源，和平利用外层空间，保护太空臭氧层，防止并降低工业污染。(4) 全球经济合作问题，包括国际协作促进贫富国之间的资源开发与交流；实施有效的粮食政策与措施，提高粮食产量，解决日益突出的区域饥荒问题；合理、均等地利用海洋资源合作进行全球自然环境的整治，现实可持续发展等。(5) 保护人类的文化遗产，各民族、各国家及地区除了保护自己的文化遗产外，全人类都应把保护人类文化遗产作为己任，而不应分彼此。对于人类现存的重点遗产，应视为人类共同的文化遗产与财富，全人类都应对此尽责，以避免其在自然环境、战争、工业污染等情况下遭到进一步的毁坏。这一切既是一些关于全人类的具体工作与行动，同时也是一种全球文化的表现及其实践,这其中不同民族、不同国家的共识,即全球共识,实质上也就是一种全球性的文化认同。

2. 人类文化的当代发展促使人类新的文化认同的形成

从上面的分析我们可以看出,人类在很多问题上获得共识,达到认同,在人类文化未来发展中是十分重要的。这要求人们的认同的内涵从过去对自己文化认同扩大到对整个人类文化的认同。那么,这种新的认同能否形成呢?

在当今世界上,不同民族、不同国家的文化仍然表现出较大的差异性,而且这种差异性在很长的时期内仍将存在。人类在认同文化上仍将以自己的民族与国家文化为其基点,维护自己的民族文化,寻求新的发展途径。这似乎又使人类文化向着一种新的多元的方向发展。这种多元化发展,带来了新的问题,那就是文化之间新的对立:种族与宗教对立,民族主义的复苏,地区之间经济、政治、文化上的条块分割与对立,这种状况在当今世界已表现得十分明显。其后果虽然不像世界大战那样给人类带来巨大灾难,但其造成的消极影响是不可低估的,它影响到人类文化之间的交流、国际合作及世界和平。但也恰恰是这种种对立给人类发展带来消极因素影响的存在,使人类对于共同的命运与前景倍加关心。因为在今天世界文化的发展中,任何一种文化都不可能游弋于世界之外,我行我素。全人类共同的利益与命运,也就是自己的利益与命运,两者具有越来越密切的关系。法国社会学家阿兰·图雷纳在论及联合国教科文组织今后的作用时指出:"教科文组织今后10年的主要事业和努力方向,应当是对现代性——这正是各个社会全力以求的东西——重新加以界定这样一个重大任务……这是因为世界各民族都有一个最根本的关心之处,那就是要把历史的经验重新加以组合而成的全人类共同的命运,这样一种关心自然会使它们趋于一致。"他在此所指的现代性,即全人类在发展中的共同性。同时他还指出:"赋予某些国家的历史以普遍性是无法被承认的……反之,如果我们赞同每种文化都是独一无二的说法……对每一种文化的特殊性强调过头,只能导致文化冲突一触即发这样一种危险的局面。"[①] 因此,人类在发展中寻求一致性

---

① 阿兰·图雷纳:《现代性与文化特殊性》,载《国际社会科学》中文版第7卷第1期。

的共识已是历史的必然,而探寻文化林立的现状与人类发展的共同道路也是当今世界的一个重要课题。联合国教科文组织曾于1987年12月组织了一个与这个主题相关的"现代性与个性"学术讨论会,在刊载这个讨论会论文的专集《国际社会科学杂志》中文版第七卷第一期(1990年)封四有这样一段话:"我们时代的一场主要争论,涉及理性的单一和文化的多样化二者之间的关系,或者说,涉及趋于普遍一致的现代性与各自发展其特征的文化个性二者之间的关系。哲学和社会科学领域中的这个热门课题可以作很细的划分,因为各民族国家之间多方面的关系中许多方面的问题便由此而生,相伴而俱至。这个问题处于文化的,以及发展的过程的中心,在南北两方艰难的对话中起着一种既重要而又几乎全然未得到阐释的作用。"这段话所提出的问题,与我们在前面的主论是一致的,那就是在今天人类文化的发展中,必须解决文化发展的多样性与一致性的问题,而这种一致性,除了文化的发展使人类的文化出现一致的特征、共同的文化外,最现实而最迫切的则是人类在文化发展中获得新的认同。因为共同文化的形成需要种种条件,克服种种障碍,而人类共同的发展中首先获得认同,并在这种认同之下来促使人类文化的新发展,消除文化之间的隔阂,寻求人类文化的共同繁荣是可能的。从文化变迁与发展的一般规律来讲,有了认同,那么文化的其他方面也就会在发展中逐步通过种种努力去达到与认同的一致。这一点对于人类文化未来的共同发展也同样是有重要意义的。

  事实上,今天人类文化的发展已使这种趋势正在形成,只是我们需要具有这方面的更强烈的全球意识。首先,今天人类文化的交流与融合空前扩大,现代交通、通信事业迅速发展,使人类在交往上缩短了时空上的差距,足不出户而知天下事。这样,人类有了更多相互了解的机会。人们通过经贸往来、旅游、国际间的文化、学术交流活动等扩大了人类文化的交流面与交流量,人们通过电影,电视、广播网络、书刊、报纸等了解到的外部世界的信息量之大都是前所未有的。随着这种交流的扩大,人们可以对各种文化进行选择。凡是有益于人类的、为人类所共需的文化都能获得人们的认同。今天人类文化的很多方面已经发生新的融合,民族间相互吸收借鉴,文化交流的频率也大大高于过去,这在我们身边常常耳闻目睹的事例中可以看出来。正是这种文化交流面的扩大与频率的提高,促使人们对于人类文化及共同的利益与问题产生更多的关心以及共识。如在对西欧9个国家价值观念的调查显示,虽然欧洲不同的国家具有不同的文化背景,但在今天文化交流不断扩大的情况下,欧洲人的价值观念,不论道德、国家、宗教、劳动观念等都呈现出一致性,"欧洲在伦理领域界存在着某种文化的共同性"[①]。

其次,人类今天越来越多的国际合作与对国际事务的共同努力,既是人类对普遍存在于全人类的发展问题的关注的结果,也带来了人类更多更广泛的共识的形成。这包括诸如联合国、欧洲经济共同体、石油输出国组织、东南亚国家联盟等等国际组织及种种国际公约的作用与影响。而在欧洲经济共同体等国际组织内,随着开放国界、市场、政治一体化、统一货币、跨国文化传播体系的形成,对促进政治、经济、文化交流融合发挥了积极的作用。人类对于自己的发展与前景,对于文化的关心已从国家到区域,再到全人类,这种趋势还会随着时间的推移而扩大。

再次,一种不以人的意志为转移的催化剂在瓦解着文化的堤防,那就是科学技术的发展。不论是何种文化背景的民族,也不论是何种政治制度的国家,科学技术所显现出的威力都是相同的,差别只在于其在不同文化及国家中所引起的变革的速度快慢不等。任何国家和民族都不会拒绝现代交通——诸如火车、汽车、飞机等及现代通信——诸如电信、电视、广播等事业的发展,而这种种发展不但要改变人们传统的生活方式,也同样要改变人们的思想观念。今天科学技术的影响在世界每一个角落都可以看到。以微电子学为例,它通过微型化、自动化、计算机、人工智能、机器人化,对于人类产生巨大的影响,它大大地改变了人类的生活,包括劳动、家庭、政治、科学、文化、教育、医疗等,乃至人类的和平和战争,而且在未来还将产生更大的影响。因此,科学技术已经成为今天人类文化变迁与发展的一股动力,它也为人类在推动及运用科学技术,在科学的基础上建立人类共同的思维方式及价值观等方面达到认同奠定了基础。

3. 人类文化未来发展的前景

通过我们对于文化认同的全面研究,我们对于人类文化发展的规律

---

① [法]让·斯托策:《当代欧洲人的价值观》,社会科学文献出版社1988年版。

有了新的了解，尤其是文化认同与文化发展的关系。这样，尽管对于人类文化遥远的未来我们还难以作出预测，但我们也可以基于我们研究的思路及目前发展趋向对此作出一些展望。

首先，我们再归纳一下目前文化认同的特点：第一，不同的文化在认同自己文化的基础上，对异文化的认同也在不断地扩大。在很长一段时间内，现有不同民族、国家的文化仍将存在，民族、国家的利益并不会消除。相反随着人类的和平努力，不同的民族文化能获得平等发展的机会，民族、国家为争取独立、解放及自己的发展权益，也需要维护、发展自己的文化。这样，对于自己的文化的认同不仅不会消失，相反还有可能被强化。但是，今天的发展不再是一种封闭式的发展，上述发展也正是在全人类寻求共同的发展与和平的前提下获得的，因而又形成了人类文化之间千丝万缕的联系。人类文化之间的交流与合作也空前扩大，人们在认同自己民族文化的同时，也能在不损害自己的认同的前提下加速对异文化的认同，从而使自己文化的发展与整个人类文化的发展相一致。

第二，正因为人类文化在未来的发展中相互不可割离，不可能再是一种传统状态下的封闭式发展，所以人们就需要协调共同间的发展。人类共同的利益与发展会被人类所普遍重视，而现阶段的发展也使文化的封闭状况受到冲击。因此，人类在文化的发展中也将对共同的利益与命运获得更多的认同。其次，随着文化的发展，人类也能更多地认同不同于自己的文化，并从中进行选择、吸收。在文化的很多方面，人类都具有共同的需要，而这种选择为满足这种需要提供了机会，这一切，都为人类共同的文化发展格局奠定了基础。

在这种文化认同的趋势之下，人类文化变迁与发展的走向也是相同的。一方面，人类不同文化经过不断的融合仍将被保留着，使我们的地球像一个七彩的花篮。所不同的是尽管不同民族、不同国家的文化不会消失，但在发展的过程中也已经历了新的整合。这其中凡是不适应发展的、不利于人类和平与进步的因素将被不断地扬弃；而有利于自己发展的，有利于全人类共同繁荣的很多其他民族的文化将被吸取，并成为自己发展的新的动力。这样，不同文化的变迁与发展所呈现出的是一种与传统不同的开放的态势。

另一方面，人类共同的文化也将逐步形成。这是人类共同的利益、命运及文化的交流、选择所造成的。人类关心共同的利益与命运，也将促成不同的民族与国家共同行动，从而使人类共同的东西也成为不同文化中的一分子。如国际劳动节、儿童节、妇女节等，有特定意义的纪念日、行动日，都会在不同的民族、国家中形成一种新的文化现象。而在很多问题上，人类还将更多地携起手来，进行共同的努力，如保护与和平利用南极，保持太空臭氧层等。其次，由于人类文化的发展呈开放的势态，人类将具有更多的文化交流，有更多的选择其他民族文化的机会。在这种选择中，一种优良的文化，就能为人类所选择，成为人类共同的文化，只是这种文化起源于某一个民族或某一种文化之中。在人类的过去，这种事例已较多，如英国人瓦特所发明的蒸汽机，今天已成为人类共同拥有的生产力。而今天，这种事实则更多：起源于美国西部的牛仔服，非洲的迪斯科，日本的企业管理经验，中国的武术，等等，都渐渐成为人类共同的文化，而不仅仅限于一种文化之中。在未来的发展中，这种起源于一种文化中，而为不同文化中的人们所认同，成为全人类共同的文化成分将会更多。人类的文化也将因此而形成一种既包容了不同传统的文化，又因为种种不同的文化的交融而形成的具有人类文化共同旋律的新的格局。

六 全球化时代的文化认同

文化认同是人类对于文化的倾向性共识与认可。由于人类存在于不同的文化体系中，因而人类的文化认同也因文化的差异而不同，文化认同也因此表现为对其文化的归属意识。由于文化是发展着的，因而文化认同是一个与人类文化发展相伴随的动态概念，即随着文化的变化文化认同也会发生变化[①]。文化认同问题研究近年来成为国内外一个热点领域，这不仅是因为学者的兴趣，更因为文化认同问题是当代社会中显现出来的影响最广泛、最活跃的一个因子。文化认同不仅影响到个人对自己身份的认定、社会群体的角色、还影响到民族以及民族文化的保持、国家的意识形态维持与强化、不同的宗教与文明形态之间的理解、甚至当代的国际政治格局。在全球化时代，事实上大多数国家、民族及其民众都存在文化身份定位问题：我的国家文化属性、民族文化属性、传统文化属性甚至地区文化属性，同时也面临着如何维护自己的文化与文化认同的现实。当代的全球化过程中也造成了人类文化的融合与冲突共存的局面，同时也造成了人类文化认同的新的势态与危机。在全球性的各种冲突中，都有文化的因素，往往与不同的文化形态（种族、民族、国家、宗教、地方[②]）有关联，这已是广泛获得认可的事实，极端的政治学者如美国政治学家亨廷顿在解释当代世界格局中的文明对立和冲突时，就是以文化和文化认同为主题展开的，亨廷顿提出"文化和文化认同（它在最广泛的层面上是文明认同）形成冷战后世界上的结合、分裂和冲突模式"[③]。文化认同问题也直接关系到人类文化之间的理解与融合，文化认同问题在当代社会生活中显现出的对全球性政治、经济、文化、社会等的广泛影响力，直接关系到人类的和平与发展。可以说，文化认同问题是当代人类面临的重要性不亚于环境问题的全球性问题

---

① 郑晓云：《文化认同与文化变迁》，中国社会科学出版社1992年版。
② 这些非全球层面上的文化笔者称为特质文化。
③ 亨廷顿：《文明的冲突与世界秩序的重建》，新华出版社2002年版，第135页。

之一。

因此，在当代的全球化过程中文化认同呈现出什么样的特点，文化认同问题如何影响到文化人类的文化的格局，全球化是否会带来人类文化认同的趋同化，如何看待全球文化认同与非全球层面上的文化认同的关系，如何通过构建全球文化认同去促进人类的文化理解与和平，等等，都是在当代迫切需要加以研究的问题。与此同时，深刻地认识全球化时代的认同的特征，对于处理国内民族关系及国际间基于民族与文化的关系，促进人类的理解与和平都有十分重要的意义。本书将就当代全球化背景下的文化认同问题的特征、对人类文化的发展的影响及通过全球文化认同的构建去促进和平与发展等问题进行一些新的探讨。

（一）我们所处的全球化时代与文化认同

从文化的角度讲，全球化时代是一个人类文化通过政治、贸易、金融、技术等活动得以在全球迅速传播与融合的时代，它促使个人、民族、国家走向开放和全球大家庭发生更多联系；同时也是一个人类文化冲突凸显以及人类更多共识、共同文化形成的时代。在这个时代，有不同文化高频率、多渠道、大空间传播并导致民族、国家的文化边界在时空上有变得模糊的一方面，同时也有民族、国家文化以及由于宗教、传统的文化所形成的文明形态之间的边界变得更加清晰甚至对立的一方面，这其中文化融合和文化对立的一个重要基点在于文化认同。由于不同民族、国家，不同文明形态之间的相互认同促进了文化的融合，同时也存在不同民族、国家，不同文明形态之间由于各种原因造成的文化认同上的对立，从而导致文化冲突。仅仅在近几十年的时间里，人类的文化认同已经历了诸多全球性文化整合的影响，不同的政治、经济、技术发展背景带来了人类文化认同的变化。在冷战结束以后，由于世界政治格局的变化而导致了人类社会的很多新的变化，人类的文化及其认同也一样发生了新的变化。

在冷战后的世界政治格局下，一些国家解体了，一些国家重新组合，一些国家民族分化瓦解，而一些传统民族的独立运动不断兴起，一些民族自觉意识也不断增强，人类文化处在一个融合发展与新的对立不断产生的格局之中。例如前苏联及南斯拉夫的解体，不仅造成了国家的分裂，同时也造成了这些国家内部民族的分化以及不同民族集团社会、经济、文化关系的变化，尤其是国家格局的调整，很多民族和国家在这个过程中都彻底改变了自己原有的社会和文化状态，在文化认同上同样有较大的调整。在过去认同一个国家以及国家的文化，但是随着这些国家的体制变化，原有的对国家及文化的认同改变了，一方面造成认同的茫然和迷惑，一方面是自我认同增强，甚至由此生成了激烈的冲突。这些大的政治格局变化不仅仅对于欧洲，对全世界都产生了广泛的影响。因此20世纪90年代不仅是第二次世界大战以后世界政治格局的一个重大的调整时期，也是当代人类文化认同产生变化的一个重要时期。世界政治格局的变化致使一些国家的瓦解、一些传统民族及国家民族的重新组合以及在国家和世界政治格局中的身份的变化，导致了世界文化格局的变化，同时导致了文化认同的变化。这一时期人们可能要放弃传统的文化认同，尤其是放弃既有的以国家文化及民族文化为基础的文化认同，去认同新的国家、民族（新的国家民族或对本民族新的地位变化带来的认同）以及新的世界文化，世界文化格局的调整导致了很多民族文化认同危机。一个典型的例子是1989年以后匈牙利的变化。在1989年东欧的政治格局发生变化以后，匈牙利的文化以及文化认同同样也发生了复杂的变化，在1989年以前匈牙利深受前苏联政治的压力及其控制之下的文化影响，在1989年以后随着匈牙利政治体制的变化，文化的开放性与多样性也同样出现在匈牙利，人们力图从前苏联文化的影响中摆脱出来，而面临的选择是美国文化还是更复杂的殖民地文化，因为苏联文化被人们看作是亚洲的文化，并且是在政治强权下树立起来的文化，而美国文化更接近东欧公民的心理和思想，并且是可以自由选择的。与此同时随着国家的开放，大量的西方文化迅速涌入匈牙利，如好莱坞的电影、摇滚乐、麦当劳等快餐食品等，带来了更大的文化冲击，同时也给人们带来了更多的文化上的困惑。匈牙利的政治经济体制也迅速向西方的体制转型，参加北大西洋公约组织、制定大众媒体法、改革大学等。匈牙利国内的政治精英曾对此有过困惑以及西方化的抵抗，试图寻找本国文化发展并建立新的国家认同的途径，但这种抵抗是微弱的。今天的匈牙利仍然处在一种各种文化交融、混杂的过程中，人们的文化认同仍然是不明确的,仍处于困惑之中①。一些国家在经历这种变化,一些国家在目睹世界的变化过程中同样产生对传统认同的反思和迷惑。但是这时期的文化认同变化只是一个不长的过程,因为新的世界政治格局很快就已经初步形成。

20世纪90年代末以来人类进入了一个全球化加速发展的时代,这是对当代人类文化认同影响最有意义的阶段。世界政治格局经过调整后进入了一个新的发展时期,文化的传播以及文化的交融在时空上都是前所未有的,文化传播的技术手段如因特网络、卫星通讯、电子媒体、无线电话等发展速度惊人并且受国家政治的影响及国家疆域的限制越来越小。尽管一些国家仍然在以强制手段限制文化交流,但当今世界上大的文化交流格局已经形成,全球化的各种要素,包括经济全球化、文化全球化、信息全球化、教育全球化等都正在瓦解着世界各国以及各个民族传统的文化边界,这必将造成人类文化新的融合以及文化认同的调整,并对不同层面的文化认同造成影响。以信息化为例,在中国2007年上网的人数已经达1.44亿人,其中宽带上网用户达到9700万。按照信息产业部的第十一个五年计划,到2010年中国的互联网网民将会达到2亿人,平均每年增长百分之八,普及率为15%。② 在大众信息化发展起步较晚的越南,根据国家的法律,因特网在1997年被引入使用。1999年登记注册的因特网用户145000人,到2004年登记注册的因特网用户已经达到3849000人,发展的速度是惊人的。

社会的开放及因特网络等文化传播业的发展迅速地改变着人们的传统文化生态。在越南社会,尤其是在河内、胡志明市等大城市中对青年人的影响很大。它迅速地改变着人们的传统价值观念,使人们迅速脱离自己的传统文化而进入以网络为中心的文化氛围之中,使青年人脱离传统去接受一种由网络带来的新的社会价值。例如在人们的传统友谊方面,传统的友谊需要人们面对面地沟通交流,需要人们有一系列的行为包括交换礼物、互相关爱、互相尊重以及互相理解,而网络上的友谊则是一种虚拟的、不见面的友谊,可以和数以百万计的人同时交朋友,发

---

① 《全球化的文化动力:当今世界的文化多样性》第六章《竞争的诱惑及消极的抵抗:匈牙利的文化全球化》,亨廷顿等主编,新华出版社2004年版。

② 据新华网北京2007年5月17日报道。

生由网络带来的友谊关系。再如人们的关爱方面，传统关爱的形成及其表达是通过家庭、亲戚、朋友、社会等方面的种种行为来培养和表达的，但是今天这些关爱和亲情都是通过网络来实现。由于网络对青少年的影响，人们越来越脱离传统的家庭和社会生活方式，在网络上建立起新的生活方式，甚至现实生活中真实的爱情方式也变得越来越淡化。近年来在越南的大城市中由于因特网的使用，青年人受到的西方文化影响也越来越突出，超过50%的青年人认为因特网络上十分容易受到暴力、色情以及不良的思想和政治观念的影响，使人们背离传统的文化价值①。相同的例子在发展中国家也存在，例如近年来在中国青年人对于西方舶来文化的热衷，尤其是西方的节日如情人节、圣诞节等都有很大的热情，这些源于西方的节日在中国青年人中越来越受欢迎，但同时青年人对中国的传统节日也怀有认同感。在今天的现实中，一方面随着时代的发展，越来越多的外来文化融进了我们的生活，另一方面则更加珍视传统，强调传统价值，在中国目前已将中秋节、端午节、清明节等传统节日纳入国家的法定节日。当代全球化对人类文化的冲击还在扩大、加速，全球化推动下的文化融合通过从物质到精神文化的不同层面显现出来，人们面临着越来越多的文化选择，这也将是导致不同民族文化认同发生变化的动力。

美国人类学家葛登·马特维斯认为全球化时代的人类处于"文化超市"之中，全球文化集中于一个"文化超级市场"中供人们选择，人类的文化的概念已从"人的生活方式"转向"可以从文化超市中获得的信息与认同"，人类的文化认同也可分为"民族的认同"与"超市化的文化认同"。在文化超市中，自己的文化也同样只是其中的一种可供他人选择的商品（非货币意义上的商品），而文化超市中的商品原有的文化属性越来越淡化，如生活用品、流行文化产品等已很难说清源自哪个民族，从而带来了文化认同的茫然。② 这一理论形象地揭示了人类文化与文化认同在当代的状态：从民族文化（可以理解为以民族、国家、

---

① THE EFFECTS OF INTERNET ON YOUTH IN HANOI, By BUI HOAI SON, p. 174, VEITNAM SOCIAL SCIENCES PRESS HOUSE, 2006.
② GLOBAL CULTURE/INDIVIDUAL INDENTITY, p. 11, By GORDON MATHEWS, ROUTLEDGE, LONDON, 2000.

宗教等为载体的文化）到被全球化推动而融合着的文化状态。葛登·马特维斯也指出：尽管人们处于"文化超市"中，但人们也在寻求一个自己的家而超越它，这个家就是自己的（或是民族的）文化认同。[①]因此，在人类文化被全球化交织在一起的时候，不同的民族更注重于回归自己的文化。全球化尽管带来了文化的融合，但与此同时，全球化带来的对人类文化的大调整也必然造成了一些国家和民族、一些文化体系（也就是很多政治学者所称的文明体系）在寻找自己的文化归属及新的位置中防范与抵御文化侵蚀，在实现自己的政治价值和政治目标中产生新的文化认同上的对立以及文化冲突。全球化不仅没有导致不同民族、国家、宗教属性上的文化的消失，反过来导致了这些特质文化的强化，使文化认同问题在当代呈现出更为复杂的状态。

美国人类学家乔纳森·弗里德曼认为，中心化的世界体系（世界霸权、帝国主义体系、资本主义发展过程、现代性）的衰落与以民族为基础的文化认同的增长呈现的是一种相反的关系。当中心主义衰落的时候，表现为民族性、宗教性的文化基础上的"边缘的"认同会得到强化。"文化认同正是在霸权的衰落期，才越来越多地强调的"，"当现代主义在中心崩溃时，文化认同在国内外都呈现指数增长。在国内，寻找已失去的东西，在边陲，寻找被中心在以前压制的文化自决，甚至是民族自决。文化认同从族群到'生活方式'都是牺牲体系为代价繁荣起来的。"[②] 弗里德曼提出这些观念的时候正是20世纪90年代初世界政治格局的大调整时期，如上面所分析的那样，以前苏联的解体为代表的世界政治格局的大调整造成了地方性（包括民族的、宗教的）文化认同的强化，这是事实。按照弗里德曼的理论，"中心"，即一种全球性的势态的衰落与地方性文化认同的增强成反比，那么也就意味着如果"中心"强盛了，那么地方性的文化认同就弱化。但事实上，当90年代以前的霸权主义格局以及现代性衰败后，当代全球化发展势态这一个"中心"的力量并不亚于那一个"中心"，而当这一个中心的势态增强时，

[①] GLOBAL CULTURE/INDIVIDUAL INDENTITY, By GORDON MATHEWS, ROUTLEDGE, LONDON, 2000, p.184.

[②] 乔纳森·弗里德曼：《文化认同与全球性过程》，郭建如译，商务印书馆2003年版，第11、135页，Jonathan Friedman, CULTURE INENTITY AND GOLBAL PROCESS, SAGE, 1994。

地方性文化认同也在增强。弗里德曼所看到的是全球性体系的失落与地方性文化认同的增强关系，而当代则是全球性文化的增强与地方性文化认同的增强同步出现为特征的。也就是说全球性文化这一个中心增强并没有导致地方性文化认同的弱化，这一点是弗里德曼所没有看到的。因此当代全球化的过程证明了全球文化的形成可能与地方性文化认同会同步增强的事实。这说明乔纳森·弗里德曼流行一时的理论在当代的全球化进程中已需要修正，全球化造成的全球文化增强与地方文化认同的增强在当代成正比关系，这才是事实。笔者对全球化与文化认同的理解正是基于这一理论基点上的。

综上所述，在20世纪中期以来的近60年间，人类的文化认同已经历了两次大的全球性变革的影响。在20世纪90年代以前，全球性的政治经济格局的变化改变了人们文化认同的根基。虽然全球化现象早已存在，但是对人们的文化认同的改变更多的是其属于全球性政治格局的变化而带来的在民族、国家范畴内文化认同的大格局调整，尤其是冷战的结束以及前苏联阵营的解体带来的后果。这种国际政治格局的变化造成了一些国家、民族的传统地位（政治的、文化的）的变化，从而造成了文化认同的危机与新的整合。在20世纪90年代以后，全球性的政治格局变化已经基本稳定，新的政治经济格局基本形成，尽管很多民族仍然在构建自己的文化认同，这一时期对不同民族、不同国家文化认同影响最大是以经济全球化为中心的技术全球化、文化全球化、社会全球化、信息全球化等造成的文化在全球层面上高速、多渠道传播，同时往往又是自由、甚至是合法的传播，使得当代的全球化时代成为一个对人类文化认同影响最深远的时代。在这个时代不同文化背景下文化传播速度是前所未有的，文化传播的空间也同样前所未有地被放大，更重要的是文化与信息的传播难以被控制，传统的民族、国家的意识形态防线的作用越来越小，而在全球性的文化和信息传播中占主流的价值观往往是一些有能力垄断全球传播业的企业和国家，同时这些占主流地位的价值观其背景往往可能来自一些强势国家，利用当代多样化的文化传播手段传播自己的文化及文化价值，从而改变其他民族以及其他国家的文化认同。

（二）全球化时代文化认同的势态

1. 全球化导致文化认同的迷惑与博弈

在全球化过程中，全球性的文化传播和融合是一种腐蚀剂，使接受全球化的不同民族和国家的文化受到侵蚀，这也许是全球化，尤其是文化全球化最直接的一种结果。不同民族、国家、文化形态在接受全球文化的过程中，其结果一方面可能与自己的文化相融合后出现一种新的文化形态，另一方面则可能覆盖自己原有文化。不论是哪一种结果，事实上进入全球化过程中的任何一种文化形态都没有可能完整地保留自己的文化不受到外来文化的影响，否则将进入一种文化对抗之中。只要不选择对抗，就有可能出现文化融合，使得一个民族、一个国家或者一个地方的文化很难再保持原有的状态，尤其是文化边界（即原有的一种文化区别于另一种文化的特征）。因此全球化对于很多民族来说是一种文化冲击的过程，尤其是对一些弱小的民族和国家，这种冲击力量更大，能够对抗全球化中文化冲击的国家并不是大多数。在全球化的文化冲击之下，很多国家、民族、地方的文化很难保留完整的独立性，文化边界呈现出模糊的状态。文化边界模糊状态同样会导致文化认同的迷茫，建立在原有的文化之上的文化认同因为文化的改变而发生变化。在现实生活中，文化的变迁速度往往较人们的文化认同变化要快得多，不同的文化现象的出现可以使人眼花缭乱，尤其是凭借着现代文化传播手段，包括技术手段、政治手段、经济手段进行的文化传播，其冲击力之大不是一般的民族和国家能够承受得了的。在大量的、快速的文化传播过程中，任何一个国家都很难对这种文化是否与自己的文化价值相抵触、对自己的文化将会带来什么样的影响作出较快的判断与选择。人们既保持着对自己的文化的认同，同时又面临着大量的外来文化，人类文化往往呈现出你中有我我中有你的状态，需要作出价值判断与选择，更需要在这个基础上构建新的文化认同。在现实中由于对外来文化选择的困难，人们传统的文化认同受到了挑战，需要进行新的文化认同构建，尤其是选择一些什么样的文化因子来构建自己新的文化认同是非常困难的，这样的结果往往导致人们文化认同的迷茫，甚至是一个民族的文化迷茫，这种现象是全球化过程中文化认同所面临的一种消极现象。

在全球化过程中，文化认同在人类文化交流和融合中起着非常关键的作用，其复杂性远远超过了种种文化表象，在全球化过程中很多文化的表象往往都是文化认同的结果和表现。一些文化之间发生融合，原因可能在于两种文化之间的文化价值观是相同的，人们之间的文化就容易互相产生认同，导致两种文化之间的融合。一些强大的文化融合了另外一些弱小的文化，这可能是文化的强势而导致的结果，在这个过程中强势文化并不一定认同被同化的弱小民族的文化，但是弱小民族的文化却可能被迫认同这一种强势文化。在一些民族和国家的文化之间，可能由于文化和政治利益的对立，以及文化和文化之间的价值对立而造成人们之间的文化不能相互认同，甚至形成文化认同上的对抗，最终导致文化对抗。但在今年世界上更多的情况是人类文化在全球化过程中相互影响，发生着文化的融合，在这个过程中人们一方面维持自己原有的文化认同，同时又面临着大量外来的文化，在对这些文化中所显示出的文化价值还没有进行完全的判断之前，通常还不存在文化认同上的对抗，但却有可能使一些民族和国家出现文化身份的危机，也就是文化认同的危机，只有在对外来的文化价值作出判断与选择以后，才能结合自己的文化构建起新的文化认同。

文化认同在全球化过程中的迷茫现象不仅存在于一些不发达民族和国家中，同样存在于发达民族和发达国家中，成为一种不同民族、不同国家都面临的普遍性困惑。人们需要在这种困惑中寻找答案，作出反应，有的国家可以有积极的反应，但是对于全球化带来的文化冲击，并不是所有国家都能够做出积极的反应，因为这种反应需要有强大的文化、经济、政治资源作为后盾。对于缺少这些资源的民族和国家也许文化认同的迷茫状态将长期延续下去，甚至有可能最终导致原有的文化认同被改变。文化认同在全球化过程中受到的挑战不完全是在对抗中产生的，而是在文化的融合过程中发生，很多文化融合现象的出现往往是轻松的、和平的，对人们文化认同的侵蚀往往是在和风细雨中发生的。因此一个民族或者一个国家，如何应对全球化的文化冲击所带来的人们的文化认同茫然现象是非常重要的，因为文化认同一旦改变，自身的文化也将发生变化，被全球化带来的文化浪潮所覆盖。

在当代，全球性文化的融合和扩大与一个国家、一个民族、一种文化形态努力维护自己的文化认同是一对矛盾，文化的趋同化和不同文化形态中由于固守自己的文化认同而带来的对抗和博弈是全球化过程中的一种现实。全球化是一把双刃剑，它在促成人类文化融合的同时也在摧毁原有的文化形态的边界，不论是依托于一个民族、一个国家还是由于宗教所形成的文化形态，都必然地受到全球化的影响。然而不论哪一种文化都有自己的文化价值及其文化利益，涉及到一个民族、一个国家或者是一种宗教、一种地方的文化传统的根本利益，甚至涉及一个民族或一个国家的存亡。因此一种文化形态的拥有者出于对自己的利益的考虑，往往要维持自己的文化价值以及文化认同，尤其是维持一种文化形态中的核心价值理念。这样在全球化过程中就形成了一方面全球文化融合加快，更多人类共同文化认同在形成，而另一方面不同民族、国家不同区域或宗教文化形态为了保持自己的文化与政治利益而固守自己原有的文化认同，尤其是文化认同中的核心内容。由于这种现象的存在，在全球化过程中人类的文化认同处于一种越来越多共同的文化在形成，与此同时不同的民族、国家和不同的文化形态在固守自己的文化认同的状态中，从而形成一种博弈和对抗的状态。不同文化形态的维护者，民族、国家、宗教、不同文化背景的人群，都在极力采取不同的方法对抗全球化对自己的文化的侵蚀以及对自己的文化认同的影响，如文化封锁、强化自己的文化认同或者树立自己的新的文化价值。这种对抗和博弈在全球化过程中将会长期存在，对全球文化的认同如果是对自己的文化发展有利的，或者不涉及自己的文化核心价值的内容则较容易被接受和认同，涉及自己文化的核心价值的内容则可能发生冲突。在全球化过程中一种文化形态能否守住自己文化认同的核心，取决于多种复杂的因素，例如一个民族、一个国家的强盛就是文化认同的坚实基础，就可能在全球化的过程中维持本民族的文化认同，甚至通过全球化使其他民族认同自己的文化，使自己的文化以及文化价值在全球层面上得到更广泛的传播和认同。当今世界上的发达国家就已经有这样的能力，文化往往成为一个国家在世界上制造影响力最有力的武器。通过文化认同的维护以对抗全球化影响的国家和民族往往是一些弱小或者发展中的国家和民族，这也是一种现实。但从长远来说这种全球化过程中的文化对抗和博弈的结果对每种文化形态来说都是难以预测的。

2. 全球化导致了全球性文化认同的扩大

事实上，当代的全球化对于人类的文化认同而言也并非完全是悲观的后果。它在造成对立的同时也在推动着全球认同的扩大，形成内涵更广泛的全球性文化认同，这是积极的一面。在今天，人类所具有的文化共识是前所未有的，并且人类还在通过不同的方式与渠道去促进更广泛的共识的形成。全球性的文化认同是基于人类的生存要素之上的文化利益、共识，除了作为"人"所共同的文化要素的认同，如仁爱、人权、和平等具有普世意义上的文化理念、共识外，在全球化背景下由于文化的传播和交流形成了人类越来越多的共同文化以及人类共同的文化认同，人类共同的文化认同表现在对人类共同利益的关注以及人类的文化共识上，例如对保护生态环境、促进民族和解、维护国际和平、消除战争威胁、维护人类的生命安全、提高人类的生存质量、推动平等就业、消除种族和性别歧视、保护文化遗产、提供更多的文化产品。人类社会对社会公平和社会和谐、人权、社会伦理等的关注以及这些现象中所反映出来的文化认同也反映在人类文化构成的不同层面上，如对人类共同价值观的认同，对人类的精神文化、物质文化及大众的流行文化等的认同，例如流行音乐、舞蹈、居住和饮食文化等。这些文化可能起源于某一个民族、一个国家，由于获得了人们的接受而形成人类共同的认同，在当代人类文化的快速交流融合过程中，人类会形成越来越多共同的文化与文化认同。总之全球化提供了人类文化不论在时间和空间上前所未有的交流机会，促进了人类文化的理解和融合，也促成了人类更多共同的文化认同的形成。人类为此而进行着不懈的努力，包括联合国及很多国际组织、地区性组织、非政府组织、国家，都为解决人类共同存在问题，形成人类文化的共识和进行积极的努力，最终形成人类更多共同的文化认同。这一点是全球化过程中人类文化发展中的一种积极的现象，是不可忽视的。正是由于有了人类寻求更多共同的文化共识的努力，一定程度上调适了全球化带来的人类文化认同的对抗。在此我们仅仅指出这种趋势，关于全球文化认同的问题将在后面详加讨论。

（三）全球化对非全球层面上的文化认同的影响

总体上而言，全球化是一个全球文化一体化的过程，它使不同民族、国家的文化都产生了变化，导致了全球文化格局的重新整合。这一方面可能导致原有的文化认同在全球性的文化融合中被弱化，但另一方面的现实是很多层面上的文化认同不是弱化了，而是被强化了，在族群、地方、国家、宗教等层面的文化认同都表现出被强化的倾向。全球化促使不同民族、国家和不同的文明形态的文化认同意识的增强，带来了全球化中的文化觉醒，这是全球化过程中文化与文化认同最有意义、最具有长远影响力的一个层面。

1. 在族群层面上

一个国家内不同的群体、民族之间的认同感获得强化并且显现出来。进入了全球化进程的国家中，原有的文化传播和文化控制格局都将被改变。在一个封闭的国家中，国家文化是一个国家的主流文化，其他的亚文化包括民族文化、地方性文化等往往都受到国家主流文化的控制和左右。在全球化过程中文化的传播改变了这种格局，使一个国家内不同的群体、民族的文化都可能被显现出来。这种情况在很多国家中都是十分明显的，一方面在一个国家中不同的地方性文化以及民族文化都会在国家文化的主导之下融合成为一种主流文化，但是也可能使得不同群体、不同民族的认同感在这个过程中获得强化。这种认同感的强化一方面可能是文化意识觉醒的表现，是为了通过增强民族文化认同感来保护自己的民族文化，但在另一个方面却可能是为了通过维持自己的文化认同去争取本民族的文化权利及政治权利。在今天很多国家仍然是由多民族构成的，或者是由不同移民背景的人们构成的，既有传统的多民族构成的国家如中国、越南、俄罗斯等，也有由移民构成的国家如美国、加拿大、澳大利亚等。这些国家中存在不同的民族以及不同文化背景的人群，形成了文化多元的状态，从而也形成了不同的文化认同产生的基础。笔者近年来研究的结论是：社会越是开放，文化交融的空间越大、文化接触的频率越高，不同的民族、不同文化背景的人群甚至不同的地方为基础的文化认同会得到增强，文化认同表达了不同社会群体、不同地方的文化利益和文化愿望。有的民族和人群是为了保护自己的文化，使自己的文化在全球化的过程中不至于被淹没、消失，或是在传统文化中得到熟悉而亲切的本文化体验，而有的则是为了争取自己的政治、经济和文化权利，显示自己的存在，尤其是当一个国家中不同的民族和不同文化背景的群体之间的发展和权益不平衡的时候，最容易导致不同的文化背景中人们文化认同的强化，甚至发生一个国家中不同文化背景的人们之间文化认同的冲突。因此，在全球化的过程中，一个国家如果不能调和国内不同民族和不同文化背景的人群之间的文化认同，那么一个国家中的文化整合过程就将会变得非常困难，最终不利于一个国家的民族与社会整合。

　　本人在泰国北部的研究中发现，泰国泰人之中有很多支系，并且每个支系都有自己的文化，在20世纪70年代后，不同的泰人支系文化与泰国的国家文化发生了更进一步的整合，向着文化一体化的方向发展，自己的文化渐渐处于消失状态中。进入21世纪以来，很多泰人支系的人们又重新开始审视自己的文化，强化自己的文化认同，以获得保护自己传统文化、争取文化平等权利的机会。在泰国北部很多泰人都是一二百年前从中国云南迁移到泰国北部的。在帕尧府有14个历史上从云南迁徙去的泰泐人村子，这些村子的人们一方面接受了泰国的主体文化，一方面保持着自己的文化以及文化认同，在当地和其他支系的泰人虽然居住在一起，但是文化却没有发生融合现象。近年来这些村子的人们祖籍认同意识不断增强，一些知识分子将他们的祖籍地西双版纳的各种文化例如宗教仪式、节庆文化、饮食风俗、民间歌舞等编辑成为乡土教材让本村的小孩子从小学习，同时不断前往西双版纳旅游访问，也邀请西双版纳的人们来访问。泰国的泰泐人还组成全国性的泰泐人协会，定期召开全国性大会，举办自己的文化活动，通过这些活动来强化人们的祖籍认同意识，因此近年来在开放环境中人们的文化认同不是弱化了，而是获得了强化。这其中的主要原因并不是人们具有的对祖籍的回归愿望，而是为了保持自己的传统文化，显示自己在全球化过程中的存在。当地的知识分子认为，自己虽然人数不多，但是也必须保持自己的文化认同与文化传统，一旦丧失了文化认同，将会造成从精神到现实生活中的迷失，甚至是生存条件恶化。这种现象可以视为在全球化过程中的一种本土文化复兴现象，或者说是对文化全球化的一种适应：在全球化过程开始的时候，民族文化、本土文化受到往往是外来文化的冲击，而随着全球化进程的加深，人们会产生民族文化的觉醒，从而使自己的文化认同得到增强。

在全球化进程中，由于文化传播的加快、社会和经济活动空间的扩大，促进了不同国家人们之间的相互了解，一些地区性的基于历史和民族关系之上的文化认同同样会被强化，这一点尤其在今天居住在不同国家有共同的民族和历史关系的人们中十分明显，例如中国的内蒙古和蒙古国的蒙古族人民尽管居住在不同国家中，但都有共同的民族文化认同，再如居住在中国、越南、缅甸、老挝、泰国的傣泰民族人民有共同的民族和文化关系。在当代的全球化的过程中，人们之间共同文化关系以及民族认同都会被强化，形成一个基于共同的民族和历史关系之上的文化圈，这种文化圈有着较大的现实影响。在这种现实之下，同一个民族不仅有对自己国家的认同和国家文化认同，同时还有对本民族的民族文化认同（这种基于民族渊源关系上的文化认同是跨越国界的），形成了文化认同的多重性特征。[①]

2. 在国家层面上

在没受到当代全球化影响的国家中，或者说和外界没有当代这样高频率、大空间、多领域的文化接触，不同国家中传统的文化认同往往处于某种稳定的状态中，文化认同的形态往往也是单一性的，对传统的民族、国家文化的认同是大多数人的共同认同，事实上这种状态在20世纪80年代以前仍然较为普遍，比如越南、老挝、缅甸、中国以及中亚的很多国家中，由于国家的封闭状态及政治格局的影响，国家的主体文化认同较为强大，文化认同是较为单一的，甚至在泰国、马来西亚等国家中，地方性的民族文化状态的改变也仅仅是近30年来迅速发生的。[②]作为传统社会或传统国家来说，个人的文化身份和他所处的国家相关的社会中的种种政治、血缘、民族、阶层关系是一致的，文化认同与其生

[①] 参阅郑晓云《傣泰民族先民从云南向东南亚的迁徙与傣泰文化圈的形成》，《云南社会科学》2005年第3期。

[②] 参阅郑晓云《全球化背景下的云南与东南亚傣泰民族文化多样性》，民族出版社2006年版。

存环境相一致，形成了一种相对稳定的文化认同形态。在当代的全球化进程中，由于内外部环境的改变，使基于传统生存环境中的人们的文化认同随之发生变化，导致文化身份的多样化。因此在当代的全球化过程中，只要卷入了这个过程那么原有的状态就必然被改变，这种改变事实上是一种文化认同格局的重新整合。一方面人们可能会对外来文化形成认同，接受外来文化，构建起一种新的文化认同，另一方面则可能对本国文化和一种文明产生更强烈的认同感。文化认同的增强往往是在文化对比之中，甚至是在文化危机之中获得的，在没有对比中可能也就没有强烈的自我的文化认同感受，人们仅仅是生存在一种熟悉的文化环境之中。在外来文化的冲击之下，就可能产生文化之间的反差，同样形成了文化认同之间的冲突与调适过程，在这个过程中有可能通过认同外来的文化构建起一种新的文化认同，但也有可能产生文化认同上的冲突，尤其是感受到自己的文化危机或是外来文化与自己的文化价值产生冲突时，人们的文化认同不仅会变得强烈，也会成为在全球化过程中捍卫本国文化的一种武器。在全球化的背景下，国家与国家之间的文化界限也变得更加清晰，国家意义上的文化认同将被凸显出来，成为一个国家的文化凝集力，甚至是捍卫国家文化安全的武器。

在这个意义上来讲，全球化不仅不可能消除不同民族和国家的文化认同，相反却使很多国家产生更为强烈的基于国家意义上的文化认同，并且以此为基础捍卫自己的文化和国家的文化安全，对全球文化产生接受或对抗等不同的反应。国家可以开动国家机器，动用国家资源对外来文化进行抵制，以维护国家的文化认同及文化安全。

3. 在地方文化层面上

在当代的全球化过程中，由于文化及社会融合，改变了人们原有的文化和生活环境，在发展中国家中城市化的进程造成了人口的大量流动，使人们的居住环境发生了新的组合，越来越多的人离开了自己的祖籍地，脱离了原有居住地区的文化而加入到一个新的居住环境中，也就加入到一种新的文化环境中。这样就导致了人们文化身份的多重性及文化认同的重构问题。对这些新的居民来说对新的居住地的社会环境的认同更为重要。在当代中国，近年来大量的人口从农村涌入城市，或从一个城市因为各种原因涌入另外一个城市定居下来，成为另一个城市新的居民，一个城市的"原住民"的比例正在下降。对一个城市和地区来说这就面临着新的认同的整合，一方面人们要融入新的社会环境中，认同新的地方文化，另一方面人们还可能保持着对祖籍的文化认同以满足感情和其他利益方面的需要。

联合国开发计划署在《2004年人类发展报告——今天多变世界中的文化自由》中指出，人口的流动已经导致了全球公民的多重身份。在多伦多和洛杉矶有近半数的人是外国人的后代，在阿比让、伦敦和新加坡等大城市中外国人生育的人口占到总人口的近三分之一。由于全球人口的流动以及新的居住地人口来源构成的重组，使得人们的身份和文化认同度出现多重化现象，一方面人们要固守自己的民族文化认同和文化身份，这样做和自己的文化感情、文化权利的保持有直接关系。同时人们还必须要具有对当地文化、社会以及新的居住国文化的认同和忠诚。事实上在当代这样一个人口流动频繁的社会中，人们具有多重的文化认同和文化身份已经成为新的势态，既要认同新的文化，同时要寻求新的文化环境对自己的认同。这种势态带来了当代流动社会中不同群体间的文化歧视、冲突、认可、忠诚等涉及文化身份的复杂问题[1]。

对一个地方来说尽管居住者结构发生了变化，但是地方的文化传统并不一定会被改变，新来的居民更多的是去主动地认同新的居住地方的文化，尽快融入当地的社会环境中，了解当地的文化传统、社会习俗，学习当地的语言，遵从当地的价值观，以尽快融入当地的社会环境中。与此同时人们还会维持对祖籍地的文化认同，使得人们既有对新的居住环境的认同，同时保持着对祖籍的文化认同。这种双重文化认同是当代的一种越来越普遍的现象。笔者在日本的研究中发现，今天人们不是太在乎大的地方概念，例如东京、名古屋、大阪等的文化认同，因为很多人都已因为工作等关系而离开了祖籍地，但人们却非常在乎对一个小地区的文化认同，因为这是自己现实的生活环境。在日本维系地方认同有特殊的方式，地方文化认同的维持和强化和宗教有关系。例如在东京人们往往维持着自己出生和长期居住的地方的文化认同，这种文化认同的核心是当地的神灵寺院管辖的地区的文化。由于不同的地区有不同的神

---

[1] HUMAN DEVELOPMENT REPORT 2004—CULTURAL LIBERTY IN TODAY'S DIVERSE WORLD, THE UNITED NATIONS DEVELOPMENT PROGRAMME, 2004.

灵,祭祀内容、祭祀的仪式等相关的文化都有较大的差异,因此人们往往认同以此为中心的地方文化,形成了地方性的文化认同。每年不同的神道寺院管辖的地区都要进行大规模的祭祀活动以及相关的文化活动,在当代这些活动还和旅游业、经贸交流等联系在一起,每一次活动都尽可能多地吸引外地人前来参加,通过这些活动使这一地区的人们的文化认同得到维持和强化。对当地人来说,这种强化往往是从儿童时期就开始的,在一个地方拥有同一种文化认同的人们之间或有更多的社会联系、友情的体验,因此人们除了信仰宗教以外很在意维持这种文化认同。在当代由于社会变迁造成了人们居住的改变,但是当一个人迁移到这个新居住地的时候,他要自觉地加入到当地的文化活动中,认同当地的文化,并且将居住地的文化认同调整为自己的地方文化认同,这样使自己能够融入当地的社会,在今天参与一个地方文化认同整合过程的人越来越多的是外地人。①

如果我们将地方文化认同的视野放大到全球环境中,我们就可以发现一些大的地方文化认同也随着很多国际政治环境的格局而形成。这种地方不再是一个地区或者城市,而可能是一个大的区域。随着当代政治、经济、文化关系的新的格局的出现,一些区域性的国际组织,包括经济组织、政治组织也会造成新的地方性认同的出现,例如在欧洲随着欧洲国家联盟的扩大以及欧洲国家联盟一体化进程的加快,共同的经济基础、共同文化和共同的社会生活都有可能使人们形成更广泛的文化认同,人们既是欧洲某个国家的人,同时也是"欧洲人",形成人们对欧洲文化的体验与欧洲情结。在这个过程中,欧洲不同国家的国家概念也是被强化的,但欧洲文化认同也同时在不断被强化着②。笔者曾在欧洲做过相关的研究,"欧洲人"这一概念近年来得到了强化,这一概念与欧洲的生活方式、经济与社会利益、宗教、文化传统、历史都有联系,笔者接触到的很多当地专家都认为欧洲国家联盟的形成与"欧洲文化"这一概念有直接关系,而"欧洲文化"的基础就是欧洲的历史,形成

---

① 参阅郑晓云《日本传统文化的价值与保护:当代节日祭的考察》,载日本《国学院杂志》2000年第5期。
② 关于全球化过程中的欧洲文化认同,参阅 David morley & Kevin Robns SPACE OF INDENTITY, Routedge Press, 1995。

了今天欧洲文化认同的显化。再如东南亚国家联盟发展所形成的东南亚国家内部的政治、经济、文化、社会关系的强化也同样会促使这一区域内文化认同的形成。

4. 在宗教层面上

相同的宗教可以在不同的国家中构建起共同的及宗教信仰上的文化认同，这既是历史事实，同样也因为全球化所带来社会、经济、文化交流的便捷，促进了这种宗教信仰之上的文化认同在一些国家、地区，尤其是在一些过去社会开放程度较低的国家中被强化。人们认同于某一种宗教，甚至这一种宗教并不局限于一个民族或一个国家中，所形成的文化认同是信仰这种宗教的人们共同拥有的，在全球化过程中不论出于宗教的利益、信仰的差异、对宗教文化的守护，都可能使得相应的文化认同变得强烈起来。不论是基督教、佛教、伊斯兰教还是一些民族的宗教，都可能由此形成不同的宗教文化边界更加清晰的文明圈，形成基于宗教之上的文化认同，这种现象对当代世界政治产生着非常明显并且意义深远的影响。在当今世界上，很多冲突、暴力事件的出现往往都与宗教有关系，这已是事实，在此不再多言。

（四）全球文化认同构建与当代人类的和平

1. 关于全球文化认同的构建

全球化是否能够使人类文化完全融为一体在今年仍然是看不到其可能性的。一方面，不论全球化怎样发展，人类文化不可能实现完全的融合，例如基督教、伊斯兰教、佛教等宗教之间不可能完全融合，中国文化、印度文化、俄罗斯文化、日本文化、法国文化、埃及文化等不同的文化不可能完全融合为一种新的文化，这是一种现实。在人类社会中一种文化的形成往往经历了数以千年的积累，不可能轻易地被另一种文化所替代，尤其是以宗教为核心的文化。但另一方面，在今天我们所处的全球化时代，文化的交流和融合也是一种发展的趋势，不同的文化之间尽管不可能发生全面性的融合，但是却可能在文化的某些层面上产生融合，甚至某些文化因子被另外一种文化所全部吸收，导致其原有文化的丧失。同时在全球化的过程中，一些文化可能因为文化交流而获得发展的机遇，但一些文化之间却可能因为文化的核心价值不相容产生文化上的冲突，在当今世界上这种现象已变得很普遍。

既然人类文化不可能实现完全融合，那么人类可不可能构建起共同的文化认同呢？答案是可能的。文化认同从原理上来说和文化过程不完全一致，它可能超前于文化的变化，也就是说对不同的文化已产生了新的认同，但是原有的文化并没有发生与此相适应的变化，而另一方面的情况则是当文化已发生与其他文化融合和变化，而原有的文化认同仍然没有改变，甚至与新的文化仍然存在抵触。从这一点上来说，文化认同和文化存在、发展、融合之间的关系在当代有着更重要的价值，文化认同可能游离于文化融合过程，首先产生不同民族、国家、文明之间的文化认同的接触，其结果也将最终影响到不同的文化融合进程及其结果。两种文化认同的冲突必将导致文化之间的冲突，而两种文化之间的相互认同却可能导致两种不同的文化之间发生融合，即便不发生融合也能够互相并存。调整人们的文化认同，可以控制文化发展的结果，这是文化认同在当代最有价值的一面。在全球化过程中，人类可以采取积极的行动，主动地去促进人类共同的价值观的形成，促成人类更多的文化共识，从而扩大人类共同的文化认同，通过全球文化认同的达成去影响人类的行为，造成有利于人类和平与发展的积极结果。

人类文化由于历史、民族、国家、宗教、地方传统等因素导致了其中的差别，在当代甚至还存在着现实生活中的文化冲突。但是尽管文化之间存在差异，甚至形成冲突的可能，从文化认同的基本功能来说文化认同可能超越于文化现实之上，实现文化之间不同程度的认同，这种文化认同可以是在全球化过程中自觉的现象，即通过全球化所推动的经济、社会、技术等方面的全球性发展而获得。另一方面，人们也可能依据人类文化发展的战略和人类和平的需要而主动地促进人类文化之间的理解和人类不同文化之间的相互认同，进而促进人类共同文化的发展与人类和平。人类文化虽然不可能全面融合，尤其是不同宗教形态中的文化不可能实现融合，但是不同的文化之间却可能实现相互认同，这种认同的基点和表现形式就是文化之间的互相尊重、理解、沟通以及在此基础上的相互吸收，从而达到和平共处的状态。因此在当代文化认同是非常积极的因素，它可以超越文化的差异而使人类互相理解，和平相处，在相互认同的基础上就有可能促使更多人类共同文化的形成。

在当代的全球化时代,应当积极促进人类共同的文化认同,也就是全球文化认同的形成与内涵的最大化。人类的共同文化认同,即全球文化认同是一种普世认同,包括了人类的共同价值观以及文化间的尊重及基于文化之上的生存和发展的共同意识、一致性看法。在文化认同的基点上,每一个人都具有人类的普世身份:我是一个人,并以此展开、达成具有普世意义上的文化认同。

全球文化认同包括两个层面:文化理解与文化共识。在文化理解的层面上,首先,人类本身就存在着普世观(现实中的或仅仅只是人类追求的理想),对于人类来说,很多观念不分民族、国家、宗教都是一致的,如人与人之间的友爱、家庭与社会的和睦和谐、公证、公平,中国人强调的仁义忠孝,西方人强调的自由、平等、博爱,当代所注重的人权观等,这些观念都是一种文化观,都具有人类共同的意义,都是人类共同的理想与追求,而在现实的社会生活中,这些具有普世意义的观念都是社会秩序重要的思想基础。其次,人类的文化差异是一种现实,不论是民族、国家、宗教等形成的文化差异都难以在短时间内融为一体,甚至根本就不可能融合,但不同的文化却可以相互尊重、理解,简而言之即不求融合但求尊重与理解。不同文化背景中的人们都应当尊重其他文化的存在现实,理解不同的文化与其载体的关系及文化中所包含着的人们的文化意识、文化感情与文化体验,而不是用自己的文化价值去衡量其他文化,基于自己的文化认同去判断其他文化,甚至要用自己的文化去取代其他文化,前者带来的是和平,而后者则将导致冲突。因此人类文化之间的相互尊重与理解是人类共同的文化认同的重要因子。

在文化共识的层面上,如上所述,人类在当代的发展中面临诸多关系到人类共同发展利益的问题,需要全人类达到共识,共同加以解决。如保护全球生态环境的全球行动、保护文化遗产、促进民族和解、维护人类的生命安全(尤其是在克隆时代构建起人类新的生命伦理)、提高人类的生存质量、推动平等就业、消除种族和性别歧视等。人类在当代发展中的文化共识是人类文化认同的重要构成因子,共同文化共识达成,关系到人类共同的发展利益。人类在文化意义上形成的对共同生存与发展利益的关注和行动,也是人类的一种新的文化。

2. 构建全球文化认同是化解全球危机的重要途径

当代人类社会中存在的很多冲突都与文化认同有关，一方面是固守自己的文化认同，一方面是以自己的文化认同为基点去看待其他文化，同时现实生活中不同文化之间相互了解的局限性仍然是我们这个时代和谐的障碍，在当今世界上很多民族与国家存在着文化上的不了解或是误解仍然普遍，甚至是以自己的文化为基点对其他民族文化的歧视。很多民族与国家之间的分歧和冲突与双方对对方文化的不了解有直接关系，因此人类需要在相互尊重的基础上形成文化上的认同。在当代有必要促进人类共同的文化认同的从内涵至外延的扩大，人类在文化上的一致性越高，表明人类社会的和谐度也就越高。因此人类在文化尊重与事关人类共同发展的利益中形成全球性的认同，对于人类和平与发展是有积极的意义的，人类共同的文化认同不是不同的文化认同形态融为一体，或是以一种文化认同取代另一种文化认同，而是在达到对不同文化民族与国家的文化的尊重及人类发展利益的文化共识。这样，尽管人类文化不可能完全融为一体，人类文化的多样性仍将长期存在，但人类却可以形成普世性的文化共识，并以此作为促进人类文化理解、消除文化对立与冲突的有效手段。只有促成了全人类不同民族、国家、宗教等的互相尊重与理解，在关系到人类的和平与发展中基于文化的种种问题上达成共识，也就是构建起人类共同的文化认同，人类社会才可能实现和平。人类在形成全球文化认同后，必然会影响到人类的行为。如促进宗教之间的理解，可以化解宗教基础之上的文明冲突，国家之间的文化理解不仅能促进国家之间的友好，也能带来国家之间的长期与合作；而在人类共识层面上，达成了共同就可能形成全球行动，从而造成后果，如消除种族歧视、维护人类生命安全等。

在当代发展中，人类达成更多的文化共识的可能性较之20世纪50年代以前大得多，因为全球化对人类的影响力的增强也是在20世纪50年代以来，尤其是20世纪80年代以来的20余年间，随着东西方两个阵营的对立消除，全球化也进入了一个更广泛的扩张阶段，全球化促进了人类文化的融合，也促成了全球文化认同扩大的更大的现实性，这种现实性在当代所具有的种种条件，包括政治条件、经济条件、技术条件等都优于过去，如通过联合国等国际组织的努力，通过政治、经济、通信、文化交流等手段去促使人类形成更广泛的文化认同与文化实践。

如何看待在全球化进程中全球文化认同与非全球层面上的特质文化认同的关系是一个十分重要的问题。特质文化认同指全球文化认同之外的民族、地方、国家、区域国家联盟、文明的文化认同。特质文化认同的强化是否会使世界变得更加对立？首先笔者认为是肯定的。在当今世界上，基于民族、国家、宗教等不同利益上的文化认同在强化，势必造成大的文化认同体系上的对立，如宗教之间、国家联盟之间的文化对立，这是一种现实。但从长远来看，特质文化认同的整合有利于人类的共同发展利益。就全球层面而言，人类的文化及文化认同越是多元，人类达成共同的文化认同的难度越大。但是，通过大的特质文化认同的达成，却有利于全球文化认同的达成。如一个国家如果没有达成共同的文化认同整合，而是处于国内种族、宗教之上的文化认同对立状态中，那么这一个国家本身就还没有处于稳定的状态中。一个民族或一种宗教也一样，内部支系派系众多、纷争与冲突不断，就达不成共同的文化认同，就没有参与全球文化认同整合的基础。而当一个民族、一个国家、一种宗教等都已达成了共同的文化认同，或形成了大的区域性的文化认同，就能减少多样性带来的文化与认同对立、冲突，去参与全球文化认同的构建。因此在当代的全球化过程中去促成大的层面上，即国家的、宗教的、区域的文化认同的形成有利益于全球文化认同的融合，从全球层面上来说，大的文化认同体容易通过国际性的组织与全球合作机制获得协调。

（五）余论

当代全球化过程中人类文化认同的特点是在全球化强势增长的同时地方性的文化认同也在增强，同样地在人类文化和文化认同的多样性凸显的同时，人类共同的文化和文化认同也在扩大形成多样性与趋同化并存的势态，即人类文化认同基于不同民族、国家、地区、宗教、文化传统等之上的多样性的凸显和人类基于人类共同的文化和发展利益之上的共同文化认同并存。全球化一方面促进了人类文化之间的人类文化的融合，扩大了人类的共同文化与文化认同，但另一方面也使不同地区、民族、国家、不同文明形态中的文化认同得到强化，人们会更多地强调文化认同的民族性、国家性、地方性以及不同文化形态的传统认同，甚至由于文化价值观的抵触带来文化认同冲突的扩大。全球化并没有使人类达到文化的全面融合或文化认同的状态，却使得人类不同文化的认同边沿趋于清晰化，随着全球化对不同文化形态的调整所触及的文化利益格局的变化而带来了文化认同的对立、危机与冲突。但与此同时人类也在寻找更多的认同的基点，找到更多的人类文化的共同性，达到更多的文化共识与认同，并且为此作出努力。总之，危机、冲突、融合并存，是当代全球化背景下文化认同的特点与现实，它将深刻地影响到人类从地方到全球层面上的社会与政治生活，对此应当有深刻的认识。

在不同的民族与国家、不同的文明形态中，文化认同可以作为一种维护自己的文化存在以及文化利益的堡垒，在这一点上对于希望维持自己文化的民族来说是积极的，但是对促进人类文化之间的理解和交流来说又可能是消极的，它使不同形态的文化认同被强化、甚至被政治化，以此作为衡量其他文化价值的标准并影响到行动，造成人类在文化上理解与和解的困难，乃至于更大范围内的基于文化价值上的冲突。如上所述，在当代的全球化过程中，全球化的增强与地方文化认同的增强可能成正比，但客观而言，人类文化认同的极端多元化并不利于人类的和平与发展，它可能影响到人类的理解与交流、文化的融合，进而带来文化及政治上的对立，因此人类面临的挑战在于如何消除这些消极因素。但在另一个方面，文化认同也可以成为人类和解、交流、融合的工具，通过文化认同的新的构建促进不同文化之间的相互认同，进而促进人类的理解和和平。民族文化认同是人们的文化之根与文化归属，而全球文化认同是人类和平相处、共同发展的需要，两者都是人类现实的需要，并不矛盾。

在当代发展中，一方面要尊重人类文化以及文化认同的多样性，另一方面对于人类文化认同来说，共同的文化认同不论是内涵扩大还是形成速度的加快对于人类的发展来说都是有益的，人类可以通过共同的努力去扩大人类共同文化认同的内涵，加快人类文化共识形成的速度，促进全球文化认同的扩大。全球化过程是一个全球性的文化接触过程，必然导致文化的交流和融合，只有促成了人类共同的文化认同的形成，人类的发展的方向才会一致，也才能保障人类共同理想的实现。通过人类共同文化认同的构建，消除不同民族之间、不同国家之间以及文化类型之间在认同上的隔阂,减少文化上的对抗,促进人类的合作。因此构建更广泛的全球性认同,应该是全球化时代人类所面临的共同使命。人类不同文化体系之间能够互相认同、互相理解、互相尊重、互相沟通、互相吸收对共同的优秀文化、并在人类有共同发展的利益和更多共同文化的基础上形成更多的共识,形成更广泛的全球文化认同,对当代人类的和平与发展有十分重要的意义,应通过人类不同的努力,包括联合国等国际组织到国家、民间的努力,全球性的文明对话、了解、理解及文明理解教育行动去推动全球文化认同的达成。当然如何去构建全球认同,仍然是需要进行深入研究的问题。

七 专题研究

（一）论当代全球发展环境中的中华民族认同

1. 问题的提出

目前研究中华民族问题的成果已较多，很多相关的问题都已有了公认的结论。但是由于中华民族是一个随着时代的变迁在不断重构的民族[1]，在当代新的国际与国内发展环境中一些关系到中华民族自身发展以及中华民族在全球化背景下处理族际关系的重大问题不断显现出来，需要进一步加以研究，因此再次提出关于中华民族的一些相关问题的研究是时代发展的必然。在当代关系到中华民族发展的诸多问题中，中华民族的民族认同问题就是关系到中国在当代全球发展环境中长治久安、其中诸多关系至今没有理清的重大问题。本文问题的提出主要是基于以下考虑：

（1）当代中国，中华民族的重构仍然是一个进行中的过程，我们通过国家而界定了中华民族的政治边界，但是我们依然没有完全解决中华民族的认同问题以及构成中华民族的一些关联问题。也就是说，中华民族如何才能构建成一种由多民族共同构成的牢固的统一民族，并千秋万代维持下去、繁荣昌盛。国内各民族都认同自己是中华民族的一员，并形成民族认同所具有的要素，才形成中华民族的认同，但是在当代的全球化背景下与开放环境中，各民族都对自己的文化境遇产生了新的意识（客观而言是一种可能强化本民族意识的文化觉醒），同时我们也面临一些不可回避的民族分裂问题[2]。

---

[1] 郑晓云：《中华民族认同与中华民族21世纪的强盛》，载《云南社会科学》2003年第1期。

[2] 参阅张植荣《中国边疆与民族问题：当代中国的挑战及其由来》，北京大学出版社2005年版。

在海峡两岸关系中，"台独"势力的扩大也在侵蚀着中华民族认同这一在政治分裂状态下一个民族的共同意识，如果中华民族认同在"台独"势力的"去中国化"运动中被淡化，那么两岸的统一就失去了思想与文化基础，但事实上中华民族认同的维持在台湾已出现了明显的危机。在台湾，否认自己是"中国人"的台湾人在过去十年增加了10倍，自称为"中国人"的台湾人则在同一时间锐减了2倍多[1]。台湾人认同趋于多元化，尤其是认同于台湾文化，使台湾人的认同出现脱离中华文化的本土化的趋势。"在建立不同于中国文化的台湾特色之外，同时不认同台湾是中国文化的一部分，也不认为传统中国文化是值得发扬的"，各族群之间"目前明显的困境还是在国家认同方面[2]"。

（2）目前中国学术界对中华民族的族际界定与中华民族认同依然没有一致的概念，在中华民族的意识层面上，除了公认度较高的"中华民族认同"这一概念外也还有"民族国家认同"[3]、"中华民族的中国认同"[4]、"国族认同"、"国民认同"、"族群认同"[5]、"中国意识"等概念在讨论与使用。总之，笔者查阅大量可能查阅到的文献表明，中国认同与中华民族认同、国家认同与民族认同等的关系在中国学术界还没有一致的认识与概念的使用规范。这一现象不利于中华民族在这一重大的理念上达成概念上的共识。因为"中华民族"是一个重大的概念，因而不论是在学术界还是在政治与社会生活中，中华民族的意识层面上有必要形成规范化的表述概念。

（3）中华民族全球化进程中面临的问题。在当代，国际政治风云变幻，强权政治在很多景况下仍然在左右着世界，不太平的世界要求中华民族的每一个成员都要负起复兴民族的使命，不仅要发展经济、文化、教育，同时也要构建一个强大的民族族体，构建中华民族的族性，

---

[1] 叶鹏飞：《族群意识十年倍增，统独问题一成不变》，载《联合早报》2004年9月12日。

[2] 章英华：《台湾民众的文化取向：兼论台湾的族群关系》，载乔健等主编《文化、族群与社会的反思》，北京大学出版社2005年版。

[3] 许纪霖：《现代中国的民族国家认同》，载《世界经济与政治论坛》2005年第6期。

[4] 何博：《中华民族的中国认同》，载《云南社会科学》2006年第4期。

[5] 张永红、刘德一：《试论族群认同与国家认同》，载《中央民族大学学报》2005年第2期；张海洋：《中国的多元文化与中国人的认同》，民族出版社2006年版。

为此必须强化中华民族的凝聚力,也就是强化中华民族的民族认同。首先,我们所处的全球化时代,是一个经济、信息、消费、教育、文化、金融等的大交融时代,同时也是一个最容易使民族文化个性被削弱的时代,使人们的文化身份认同迷失的时代,民族性也随之在全球文化融合中迷失、弱化,这种现象往往发生在经济发展、国力上升较快的民族中,这样的民族全球化进程快,民族优越感强,与其他民族的文化融合较快,从而造成民族意识的弱化。其次,在当代的全球环境中,中华民族还要处理要与其他民族的文化共融问题,处理好与其他民族的关系,尤其是文化意义上的关系,处理好中华民族在发展中必然产生的当代民族主义与世界民族、不同文化之间的平衡关系,否则就将影响到中华民族的长远利益。因此构建一种什么样的文化认同,既影响到中华民族的内部发展,也关系到中华民族在世界民族之林中的利益与前景。

(4) 中华民族的强盛需要强大的凝聚力支撑,中华民族认同就是中华民族凝聚力最核心的要素,构建中华民族的认同,就是构建中华民族的凝聚力。为此,需要解决中华民族认同在当代构建中遇到的问题。

总之,从费孝通先生提出"中华民族多元一体格局"的概念以来,中华民族的构成格局为学术界所认同,中华民族的共同性等问题也已有诸多前辈的研究成果[①],但是客观地说费孝通等先生理清了中华民族的发展脉络与格局,但是从这些前辈到当前的学术界对中华民族在当代发展环境(包括国内与国际)中的诸多关系的深入研究还不足,诸如本文的主题。对中华民族认同的研究没有深入考虑其构成的各民族之间的关系,与海外华人、港澳台等政治格局的关系。对内如何完成各民族、各地区(港澳台地区[②])构建中华民族的过程,并建立起中华民族成熟的民族认同,对外如何处理中华民族与其他民族的关系,共同构建和平与发展的国际环境,谋求中华民族的长远利益,诸多相关问题都有待于结合时代的背景进行探讨。

---

① 参阅费孝通等著《中华民族多元一体格局》,中央民族学院出版社1989年版。
② 在港澳回归后,当地人也面临着身份的转变,这种转变必须影响到其认同的重构。参阅苏耀昌《香港人身份的形成与转变》,载乔健等主编《文化、族群与社会的反思》,北京大学出版社2005年版。

2. 中华民族认同的当代内涵

今天的中华民族是由居住在中国境内的各民族所构成的现代民族，但各民族都有保持与发展本民族及其文化的权利，作为国家政体内的一种亚文化。中华民族的认同就是在这种基础上所形成的，各民族在保持本民族的文化与民族认同的同时，又认同自己的国家以及国家内的主体文化，从而形成中华民族的认同。中华民族认同就是对中华民族这一现代国家民族的归属意识。

在当代，中华民族的认同可以分为三个层面，一是共同的民族历史渊源，二是共同主体民族的文化，三是共同的国家——中国，这三个层面认同共同构成了中华民族的认同。这三个层面缺一不可。民族历史渊源促使中华民族的形成成为历史的必然，成为中华民族具有诸多共同性的基础，因此中华民族的认同必然包括了中华民族形成历史的认同，即对中国各民族共同创造了中华历史的认同。作为一个民族，必然有其主体文化，这种主体文化是可以被选择的（近代很多国家都选择了异文化作为本国的主体文化，如诸多拉丁美洲国家）。作为中华民族的主体文化，一方面是可以被选择的，但中国主体文化的形成，即中华文化，也同样有其历史的必然性。因此中国各民族选择中华文化作为主体文化既是历史的必然，也是符合国家民族构成的逻辑，中华文化成为中华民族认同的构成要素也是必然的。中华民族的认同不仅仅基于国家之上，也基于中华民族发展的历史与形成的共同文化之上。基于上述论述，在表述中华民族认同时，中华民族认同与"中国认同"、"国家认同"等还不是一个概念。中国是中华民族的载体，也是中华民族认同的载体，但只是中华民族认同构成的一个要素。中华民族认同是中国各民族共同的民族认同，是跨越不同时代、不同政治制度与体制的认同，而国家认同则是政治概念，是多变的。"国族认同"虽然与中华民族认同内涵相同，但由于国家格局的动态性，在中国则由于国家统一仍未完全的实现，"中国认同"仍然是不一个准确的概念，因此中国的国家民族必须准确表述为中华民族，中国的民族认同必须准确表述为中华民族认同——尽管二者有必然的关联性。

中国民族国家的认同可以分为中华民族认同与构成中华民族的各民族的自我认同两个层次。各民族自我认同包括汉族及各少数民族，即法定的"56个民族"的自我认同。

（1）在中华民族的认同层面上，是对中华民族的整体认同，也就是居住在中国境内的各个民族，无论是汉族还是少数民族对统一国家民族共同拥有的认同，是中国境内各个民族拥有对中华民族的归宿感及认同所具有的各种要素。对中华民族的认同，使得各个民族都共同拥有一些认同构成要素，即在中华民族长期形成、发展的过程中所形成的一些跨越不同民族文化及族源所共同拥有的文化要素，如作为一个民族所拥有的共同的心理状态、民族意识、文化价值、语言文字等，这一切超越了各个民族自身的文化及发展的历史、族源关系等因素，而达到在中华民族这一统一的国家民族主体之下各个民族相互的认可、交往、融合的状态。

与中华民族的形成一样，中华民族认同的形成也有其历史过程，中华民族的概念也是一个发展着的概念。首先，中华民族是由多个文化民族所构成的，在中华人民共和国建立之前，根据孙中山先生的国家民族构成理念，即"满汉回藏蒙五族共和"，在中华人民共和国成立以后，即为今天法定的"56个民族"构成，"56个民族"都有不同的历史背景及渊源关系，文化上的差异性及历史渊源关系的多样性形成了中华民族构成的各民族在历史、文化等方面较大的差异。中华民族是在中国近代所形成的一个政体民族，因此它有一定的强制性，即在中国国境内的各民族都属于中华民族，中国近代共和制国家的形成，使中国境内各民族人民进入了中华民族一体化融合的过程，同时也开始了构建共同的民族认同的进程。民族认同要求一个民族拥有对本民族一致的认同，这就要求中国境内不论何种历史渊源关系及何种文化背景之下的民族都要达成对于国家民族的认同，即在自己是中华民族的一员这一点上达到共识，进而形成共同的民族意识、价值取向等，这就需要一个较为漫长的过程。

由于民族认同是一个动态的概念，因而民族认同是可以重新构建的。中华民族的认同有形成的过程，同样也是可以不断构建的。事实上从上面的分析中就可以看出，近代中国形成以后所形成的中华民族及中华民族认同，也是在不同的时期不断构建而成的，并且会随着时代的发展而不断发生构成要素上的变化，出现新的重构现象。中华民族认同作为一种基于国家之上的民族认同，作为中国各民族的共同认同将会被强化，中国各民族将会形成更多共同的认同层面上的因子，如共同的民族归属感、价值观、民族意识，甚至情趣等。各民族的文化在不断融合的同时，也将带来中华民族认同的强化。

（2）国内各民族认同中华民族，维系着作为国家民族的共同认同，但在达成中华民族认同的同时，也将维持着本民族的认同。中国是一个多个国家法定民族构成的国家，每一个民族都有自己的认同，这是在其自身长期历史发展过程中形成的现实。从认同的原理而言，只要一个民族存在，民族认同就必将伴随其始终。在另一个方面，并不意味着拥有了对中华民族的共同认同就将放弃对本民族的认同。各民族的认同是自身存在的一个基本要素，各民族的认同对于其存在与发展都十分重要，如果丧失了本民族的认同，那么一个民族的存在与发展将是不可能的。基于这一现实，在统一民族国家中构成中华民族共同认同的基本元素是多元的。这个问题可以从以下三个方面来理解：

第一，对于各个民族来说，民族认同包容了人们对于本民族的历史、文化、人际关系之间的归宿感，同时也凝聚着一个民族的民族感情、民族意识等要素，因此它是一个民族最核心的凝聚力，丧失了这种凝聚力，将会使一个民族涣散或者丧失发展的内动力。因此，构成中华民族的各民族仍然具有民族的地位与自己的民族认同，并不因为中华民族的认同而强迫各民族弱化本民族的认同。

第二，中国是一个多民族构成的国家，各民族有着政治、经济、文化、社会等任何意义上的平等权利，无论大小都有平等生存与发展的机会，各自的文化都应该受到尊重，因此各民族认同的维系及对不同民族文化认同的尊重，也是平等的体现。只有在各民族的生存和发展权利都获得了平等的对待，各民族文化都获得尊重的前提下，中华民族共同的认同才可能实现。

第三，不同的民族只有认为自身的生存和发展权利都有了保障，文化获得了尊重的前提下，才能够平等地看待其他民族，才能达成对中华民族的认同，认同自己是中华民族大家庭中的一员；而当某一个民族的发展权利受到侵犯，文化得不到尊重，那么它维持自身的认同往往是为了维持本民族存在的需要，相反难以达到对其他民族的尊重及对中华民族的认同。这一点在中国的历史上是有诸多先例的，在上个世纪60—70年代的政治动乱中，由于各少数民族的文化权利得不到尊重，甚至受到摧残，迫使很多人改变了对中国的认同，甚至逃离中国，在这样的景况下，很难使这些民族达到对国家的认同，当然也就不可能形成统一中华民族的认同。因此，在统一的民族国家中，各民族维持着自身的认同，并不会损害于中华民族统一的认同，相反各民族的认同能够得到尊重，就可能形成各民族之间相互尊重与相互认同，认同自己是一个国家民族中的成员，而其他民族是和自己生活在一个国家中，最终形成中华民族统一的认同；相反，如果各民族不能达成相互认同，那么中华民族的认同就不可能达成。因此，各民族团结和睦，相互尊重，各民族的认同能得以维持，是中华民族共同认同形成并得以维系的基本保障。

3. 当代中国民族认同中的多维关系

当代，中国正处于一个在全球化推动下中外不同民族文化加速融合的进程中，尤其是在今天全球化的背景下，由于电视、报刊、通讯、网络等传播媒体的发展，所导致的信息沟通和文化交流的速度是前所未有的。这就更加促进了中国国内各民族的文化在国家文化层面上新的融合，同时也加快了中国文化与世界文化新的互动，这一切对于中华民族的认同及中国境内各民族的自身认同，都产生着巨大而深远的影响。

（1）在国家层面上，中华民族的认同体现着中国各族人民对于国家民族的归宿意识，同时也使人们能够体验到国家文化，体验作为一个中国人的感受。随着中国的发展与强盛，中华民族认同将会得到增强，作为一个中国人的自豪感、一个中华民族成员的民族自豪感都会得到增强。国家民族的认同与国家认同在特定的环境下可成为同一种认同。国家需要建立并强化国家的认同，作为维系的纽带及民众思维与行为的基准，使民众的思想及行为与国家的利益、目标一致；民族认同成为一种促成一个民族最高价值形成的要素并使之得以维系，因此使得民族的利益与国家的利益相统一，使民众对国家产生感情，热爱国家，捍卫国家，民族认同成为国家的灵魂。在有了共同的民族认同之后，国家利益受到损害，也就必然构成了对民族认同的损害，必然会伤害到民众的感情，激起民众的反抗。因此，在全球化时代，民族认同将会在全球景况中显现出一些特殊的价值：中华民族作为全体中国人的最高象征，如果受到压制或不公正的对待，对"中国人"这一概念的感情、文化等方面的伤害，都可能伤害到中国境内每一个人的共同感情，从而引起中国各族人民的共同反感甚至是对抗。在这个意义上说，只要国内的各族人民都具有了共同的民族认同，对于中华民族及中国国家利益的侵害，也就伤害了中华民族的每一个构成民族及其每一个人，并不需要指明是伤害中国境内的某一个民族，而它同时伤害到了中国境内每一个人的感情，必将激起各族人民共同的愤慨与回应。这就是中华民族认同的结果，即中国国内各族人民有了共同的认同的结果。如果达不成共同的民族认同，则一个国家就不会有一致的民族意识与危机体验。

（2）在构成中华民族的国内各民族层面上，不同民族的自身认同也同样在发生着较大的变化，这主要体现在以下几个方面：

第一，由于中华民族文化的融合及中国国内各民族文化的融合，各族人民固有的认同的各种构成要素，如文化、价值观、民族意识等方面都在发生着较大的变化。尤其是文化的融合使得很多民族的传统文化价值体系受到冲击，文化传统不断受到瓦解，甚至面临丧失的危险，从而引起了一些人对自身民族文化认同的迷失，出现当代的文化认同危机。由于国内各民族文化与国家主体文化有一定的差异，尤其是在发展的过程中往往以主体文化作为发展的尺度，使得发展差距更加显现出来，例如在使用汉语、汉字的技能及接受现代科学技术方面的差距，这种差距在现实生活中能直接地反映出来，如发展经济的技能、从事政务管理、甚至高考等，从而使得人们对于自身民族文化的认同产生动摇。

第二，发展的差距使得人们对于自身的文化产生怀疑，弱化了自信心。在某些衡量发展的尺度下，如科学技术、现代教育、经济等的发展尺度下显现出差距，可能会导致相关人们自信心衰减，使得自豪感降低，从而弱化了对自身文化的认同，认为自身的文化落后，这尤其表现在以往发展观不成熟的社会条件下。发展观的不成熟主要体现在仅仅以经济发展水平、教育发展水平、科技发展水平等尺度来衡量一个地区、一个民族的发展，而忽视了不同民族人民的幸福感、生态环境、社会和谐等其他的要素和指标。例如基诺族、佤族等，过去经济发展水平相对落后，社会封闭，使得他们的自尊心受到伤害，认为自己既然是"原始民族"，那么自己的文化同样也是一种"落后文化"，从而缺少对自身文化的自信心，影响到了人们对于自身民族的认同感。①

第三，由于在全球化的文化交汇融合的过程中，很多民族的传统社会出现了不同程度的瓦解与分裂，传统的价值观丧失，导致了人们的民族认同的迷失。在过去，人们对于自己的民族认同是建立在固有的社会价值、民族的物质与精神文化、民族感情、民族之间相互关系的体验等要素之上的，但在当代这一切都在发生着不同程度的变化，尤其是受到商品经济的冲击，很多民族传统的价值观、人与人之间的关系、社会结构等都被改变，这一切自然使得人们的民族认同受到改变。对于一个民族来说，目前所崇尚的很多价值很难判断是本民族的价值还是其他民族的价值，甚至很难判断一种价值的优劣。例如在20世纪80年代初，中国农村实行农村联产承包责任制，要求各地都要包产到户，把集体的田地承包到家庭，对于在历史上个体经济并不发达，以集体经济和集体生活模式为主体的村社社会来说，家庭联产承包责任制无疑是将导致他们的传统社会结构彻底瓦解。违背传统的社会价值与认同，这一切是他们不愿意的，却是在国家的发展背景之下必须推行的，这就使得人们在认同自己的传统还是认同商品经济价值中产生迷惑，但最终不得不放弃传统的价值认同，而认同于新的经济模式——商品经济下的价值观。包产到户后，由于个体经济的发展没有明显的进步，甚至与其他地区在经济发展水平上的差距不断加大，这使得一些民族的认同危机更加加大。

第四，随着全球化与国家文化转型的影响，一些民族的民族自觉意识会不断增强，从而导致对本民族认同的强化。民族意识新的觉醒，这往往是伴随着社会变迁而产生的一个自我发现的过程，在中外都有大量事例。在社会的开放环境下，民族与民族之间产生了相对的比较，从而也发现了自己在一个多民族国际大环境中的地位，在比较中不仅发现了自我，也了解了其他民族的生存状态。在这种情况下，如果各民族的生存状态不平衡，或者说为了争取在这种生存环境中的新的地位，改变自己的状态，都会使民族意识得到增强。从民族认同的角度来说，在对其他民族的比较中，尤其是在全球文化的比较中，发现自己民族的位置及自己与其他民族的差异，是导致民族认同强化的一个重要因素。在传统

---

① 参阅郑晓云《社会中的傣族文化——一个西双版纳傣族村的人类学考察》，载《中国社会科学》1997年第5期。

社会中，尤其是在封闭的社会环境中，人们仅仅是按照自己的价值观及社会、文化体系，来维持自己的民族认同，但是开放的环境之下，这种传统的价值观念及传统的社会模式都将面临挑战。"当人生活在一个不允许对既定的态度和信仰提出质疑的封闭世界里，没有人会感觉他是依据一套'价值'而行动。他不过是做他该做的事而已。今日的形式正好相反。当代的人们遭遇到'他者'从根本上的挑战。他们知道，有时候体验到，世界上有种种不同的规范价值引导人们的行为和态度，……因此，对许多人来说，发现'他者'的存在使得他们认为价值完全是相对的"。①

在当代的社会变迁环境中，人们很容易在与他者的对比之下，发现不同的价值，从而也思考自己的价值体系，思考自己的生存环境及生存状态，这样往往导致了很多民族的意识上新的觉醒，并导致了人们对自己文化价值的再认识，进而强化本民族的民族认同，这在当代是中国面临着的越来越明显的现实。在当代，一些民族的民族认同的增强不仅仅是基于对于民族生存状态的认识之上，还基于通过强化本民族的认同，去争取更多的政治权利及经济权利，争取其他民族对本民族的尊重，争取平等发展机遇。这一点是民族认同在当代开放环境中的一种特殊的表现形式，人们为了争取自己的生存权利及平等权利，往往通过强化本民族的认同来增强本民族的凝聚力。因此可以看到，在全球化的浪潮之下及当代的文化融合过程中，中外很多不同的民族文化传统都有一定的丧失，但是作为民族存在的核心要素——民族认同却并不因此而丧失，甚至会更加被强化。人们更加珍惜自己的传统，重建自己的传统价值体系，重构并强化自己的民族认同，作为对社会融合潮流的反抗，因为没有这种对抗性，这个民族将会在民族融合的过程中丧失自我。在中国，今天很容易看到，很多地方、很多民族都在尽可能地恢复自己的传统节日、宗教祭祀、服装等文化传统及价值规范，很多知识分子都在探讨或实践着对本民族文化传统的传承。

民族的自我再发现，也就是民族意识一种新的觉醒及民族认同的增强，这样一种新的现实不仅仅是一种未来发展的趋势，也使得中华民族

---

① 魏明德：《全球化与中国：一位法国学者谈当代文化交流》，商务印书馆2002年版，第35页。

在处理国内各民族间关系、维持中华民族整体利益的过程中可能产生不稳定的因素。一些民族的认同感的强化，或许会影响到与其他民族之间的相互认同，使原有的格局被打破。因为各民族都在重新发现自我，争取新的生存状态，同时互相之间的传统的认同及稳定性就会受到挑战。这也是一种不可回避的现实，如果处理不好将会导致整体认同状态的改变。

在国家的整体格局上，还存在中国大陆人民与港澳台人民在中华民族认同上的融合问题。在香港及澳门，由于百年的殖民统治，国家与民族认同都处于复杂而多元状态中，在回归以后如何融入中华民族认同重构与融合的一体化进程；在海峡两岸特殊的政治格局中，如何维持中华民族认同这一共同的意识层面上超越政治形态的要素，使之成为祖国统一的思想基础，抵制"台独"势力通过"去中国化"来削弱中华民族认同，仍然是一些十分复杂而艰难的问题，有待于进一步研究，在此仅仅将问题提出来。

（3）在涉及中华民族的认同问题中，在当代还有一个十分重要的问题，即"炎黄子孙"与中华民族认同问题。

"炎黄子孙"的概括，是对于有共同的族源、文化渊源关系，基于人种、共同的文化认同之上的全世界华人族群的一个总称，也可以称之为"华人"。炎黄子孙或华人有共同的族源上的认同，同时也有人种上的共同特征及文化特征，但是更主要的是对于共同的祖先——炎帝、黄帝的祖源认同。因此，炎黄子孙能不能成为一个民族，炎黄子孙是不是中华民族的成员，这是在学术界有较多争议的问题。炎黄子孙的祖源认同与中华民族的民族认同有什么关系，也同样是值得探讨的，不仅涉及中华民族的界定，同样也影响到具有共同文化与血脉渊源关系的华人关系，乃至国际关系。

在上面的论述中，已经阐述了中华民族是在近代国家形成的过程中所形成的一个以国家为基础的国家民族。在当代，中华民族是由居住在中华人民共和国境内的具有中国公民身份的各个民族所构成的一个国家民族，因此中华民族不是一个有共同血缘关系、共同的历史文化背景的民族，而是主要是随着一个共同国家的形成而形成，代表着一个国家所有国民的人际关系、价值观、认同的民族，中国公民才是中华民族的成员。可以肯定地说，非中国公民及居住在全世界的华人都并非中华民族的成员,这一点是十分重要的。中华民族的每一个成员都有对中华民族这一共同民族的认同,即中华民族的认同,这同时也就是对于中国的国家认同。但是海外的华人的民族认同又如何界定呢?这在当代是一个十分重要的问题。

从另一方面来看,由于中华民族构成的历史主体及主体文化的渊源关系,即华夏民族的源流及中华文化的原因,"炎黄"自然成为中华民族的共同象征。人们并不一定与炎帝和黄帝有直接的血缘关系,但却认同自己与炎黄有共同的渊源关系,这种渊源关系不论是在民族的归宿意识上,还是在文化的共同意识上,都是相同的。因此,对炎黄的认同成为中华民族认同的核心要素,是中华民族认同形成的基础及中华民族的核心凝聚力。有学者甚至认为,在中国境内,不仅汉族,而且满、蒙、回等族也同样是炎帝和黄帝的血脉子孙。[1]

由于历史的原因,今天大量的华人居住在世界各地,尤其是在近百年来,大批的华人移居海外,炎黄子孙也由此而散落于世界各地,形成了世界性的华人族群。海内外的炎黄子孙都有相同的民族渊源认同,这一点既包括了中华民族的成员,也包括了居住在世界各地的华人,都有共同的对于自己祖先及其文化的认同感。然而,对于中国境内的炎黄子孙来说,一般称为"中国人";而对居住在中国境外的炎黄子孙来说,则一般称为"华人"。这样就划分开了国家民族与一个历史上所形成的文化民族之间的界限。因此,在认同上,今天的炎黄子孙有两个不同层次:作为中国的国民,他们是炎黄子孙,在认同上则认同于中华民族这一以国家为基础的国家民族,自认为自己是中华国家民族的一员,在国籍意义上是中国公民,对外是中国人;而居住在海外的华人,他的认同仅仅是认同自己是炎黄子孙,认同中华文化以及共同拥有的族源关系,以此来区别自己在族源关系、地缘祖籍、语言文字、文化价值等方面与其他民族的不同,也就是说海外华人有炎黄子孙的族源关系及对中华文化的认同,但因为其不是中国的国民,不应具有中华民族认同。

从民族认同形成的过程来看,民族认同首先是对于自己的血缘、家族、民族乃至于族群的认识,进而发展到在民族的基础上所形成的对于民族文化的认同。因此,从网络关系来说,随着时代的发展,一个民族

---

[1] 张旭光:《中华民族发展史纲》,文化供应社印行,1942年版。

的社会网络会越来越扩大,血缘关系会越来越远,在这当中,文化的认同将是维系一个民族最重要的要素之一。居住在海外的华人,他们最早的民族认同事实上首先就是对自己的祖籍国及其文化的认同,即中国和中华文化;其次是对祖籍地的认同,如来源于福建、广东、浙江等,进而在不同的地区既保持了与中华文化的联系,同时又融入当地的社会文化之中,对居住国的国家及其民族文化也发生认同,从而进行着新的认同的构建。因此,居住在不同国家的人们有着共同的族源和中华文化认同,但又具有不同的国家认同,在落居不同的国家后,构建起了以中华文化及族源认同为基础的、融合了当地文化的新的认同。华人保持着中华文化的价值观及对于炎黄的认同,形成了华人的文化认同。因此在这一点上不论是作为中国公民的中华民族成员还是作为他国公民的华人都具有共同的民族渊源及其文化认同。

海外华人固守自己的民族价值观,即中华文化的价值观,首先是不可能被割断的祖籍与中华文化的联系。其次是华人在当地生活的需要,也是争取自己的权力,获得人们之间的相互认同,甚至是生存的重要基础。在华人社区中,人们能够找到共同的归宿感、共同的心理体验及生存安全,能获得生存的帮助。在不同地区的华人社会中,更多的是对中华文化的认同,这种文化认同包括了对于炎黄这一共祖符号的认同,以及中华文化的价值观和各种有形与无形的文化要素的认同。随着时代的发展,当地的华人融入当地的社会中,与当地文化进行融合。再次对自己的文化认同进行重构,他们可能以中华文化为基础,重构起一种融合了当地国家文化的新的文化认同,同时也有可能具有民族认同,但是这种民族认同不会是对中华民族的认同,而可能是对居住国国家民族的认同。海外华人的对祖国的认同是中华文化及祖籍的认同而不是中华民族认同。

4. 全球化时代的中华民族认同

人类今天正处在一个全球化时代,经济的全球化同样也带来了文化、技术、信息等的全球化,全球化对民族文化产生着深远影响,导致民族文化的新融合。[①] 文化的全球化过程与经济、技术、信息等其他全

---

① 郑晓云:《全球化与民族文化》,载《民族研究》2002年第1期。

球化过程一样，对于中华民族的文化认同产生了广泛而深刻的影响，中华民族认同将处在一种新的构建过程中。

在当代全球化背景下，文化认同的强化有十分重要的意义。在全球化时代，必须强化中华民族认同，使之成为中国稳定与强盛的基石。这一点可以理解为以下几个方面：

（1）增强中华民族认同有利于增强中华民族的团结与凝聚力。中华民族要团结，就需要有民族凝聚力，而对于今天的中华民族来说，最强大、最具有代表性的凝聚力就是中华民族的认同。尤其是在今天存在着大陆、台湾、香港、澳门等不同的政治体制的现实中，中华民族认同就是一种共同的凝聚力，在政治态度上也许不能达成一致，但是对于中华民族的认同上却是不应该、也不可能不一致的。增强了中华民族的认同，就会共同关心中华民族的未来，关心中华民族的发展，就有了共同的利益，当中华民族的共同利益受到损害时，如民族受到整体性的欺辱、领土受到侵犯等，不论居住在哪里的中华民族的成员都不会坐视的。而在当代的和平发展时期，增强中华民族的认同，能促使中华民族的每一份子来更多地关心中华民族的发展与强盛，为中华民族的发展壮大尽责尽力。

（2）增强中华民族认同有利于维护中华民族的优秀文化传统。在当代，全球化的浪潮对世界各民族的文化都产生着冲击，文化的传播与融合越来越快，尤其是因特网的发展，在时空上大大缩短了人类交流的距离，不同民族的文化都被卷入一个大的融合时代，文化的融合、冲突无时不在。一些经济发达的国家的文化凭借其经济的上优势，不断对其他国家的文化产生影响。除美国以外，近年来日本的文化影响力在全球的影响不断扩大，就是一个典型的例子。日本的电脑游戏软件、流行音乐、影视作品、Hello Kitty 等大行其道，"日本已经拥有一个超级大国才有的文化影响力"，"正是日本日益扩大的文化影响力产生了提高国家威势的巨大动力"。[①] 在这种全球化的浪潮中，中华民族的文化也将不可避免地要受到冲击，而事实上西方文化在中国境内的影响也在不断扩大。在这种大的背景之下，强化中华民族的认同，就会提升中华民族对

---

① 《日本的总体国家威势》，美国《外交政策》双月刊 5—6 号，转引自《参考消息》2002 年 6 月 8 日第 3 版。

于文化传统价值的认识与归属意识,使人们热爱并且注重保留优秀的民族文化传统。如果没有对于中华民族的强烈认同感,也就将失去对中华民族文化的热爱,就容易受到其他文化的侵蚀。作为一个现代民族来说,文化是除人这一生物体以外最重要的要素,失去了文化,一个民族的特征也将随之消失,最终可能融合在强势文化的汪洋大海之中。因此,增强中华民族的认同,在当代维护中华民族的文化传统与价值,维护中华文化这一全球华人的共同财富,是体现中华民族存在的一个重要标志,也反映着一个民族的团结兴盛,对于抵御外来文化的侵蚀,使中华民族文化在世界文化的格局中独树一帜,都有重大的意义。

(3)中华民族的认同是国内各民族和睦共处的需要,也是一个国家内社会稳定,人民安居乐业的需要。由于有了对一个民族的认同,作为同一个民族的一员,人们所共有的对文化、感情、伦理道德、风俗习惯、民间信仰的理解与体验等等都是容易的,能够导致社会的和睦。在自己所熟悉的文化环境中生活,带给人们的愉快与和谐也是明显的,这就是为什么在不同的国家中都会形成外来移民社区的原因。在一个国度里,人们同所认同的民族及文化对于社会的和谐显得更为明显,而相反如果在一个国家里没有人们共同的文化认同,那么种族及其文化之间的冲突就有可能发生,这种事例在今天世界上不胜枚举。如果没有了中华民族的认同,人们也就不再认为中华民族作为一个整体而存在,就有可能导致民族的分裂与社会的不稳定。这个道理很简单,如果居住于中国境内的某一个民族不认为自己是祖国大家庭的一员,也就是对中华民族这个现代民族没有一种认同感,那么导致民族的分裂与社会的不稳定就将是显而易见的。而只要认同于中华民族,那么生活在中国这个大家庭中的各民族才能和睦相处,共同繁荣发展。

在当代虽然强化中华民族认同对中华民族的复兴有重要意义,但中华民族认同的强化并不意味着使这种认同转化为一种狭义的民族意识、民族感情,甚至在对付一些突发事件产生时的民族情绪,而应该是中华民族内部的一种凝聚力,凝聚着整个民族向既定的目标发展,实现中华民族在新世纪的复兴。因此,强化中华民族认同不能使这种认同在全球化时代成为抵制外来文化甚至成为与其他民族不能相融、与其他民族文化不能相互借鉴的精神堡垒,而应该构建一种开放、宽容的民族认同,使之成为中华民族与世界各民族和谐相处的基石。在这个过程中,以数千年的悠久文化传统为基础,以中国国内各民族的优秀文化为组成要素,全面吸收世界上其他民族先进的文化来构建自己新的文化认同。

在全球化时代,对于每一个民族来说,其认同都是一个十分复杂的、重新构建的过程。

首先,由于文化的传播,出现了文化的多样性,而多样性往往会使民族文化受到冲击,甚至被同化。在当代,中国的许多民族文化传统渐渐淡化。以节日文化为例,传统的春节、端午节、中秋节等民族传统节日文化在淡化,尤其是节日期间体现着民族文化不断延续的种种文化要素丧失,使得节日渐渐成为一个假期,而不是一种文化。相反,圣诞节、情人节等外来的节日不断受到越来越多人的喜爱和追捧,尤其是在青年一代中,事实上外来的节日正在替代着中国传统节日的位置,这样极其容易造成文化认同的迷失。传统节日中的很多要素包含着中国人传统的核心价值,如亲情、友情、家庭观、家庭关系与社会关系中的价值观等,对传统文化认同的淡化,正导致年青一代认同外来文化。

其次,在发展的过程中,由于经济、社会、文化等发展的差距,往往容易使国人在全球化的时代看到本国、本民族与世界上其他国家和民族在发展上的差距,从而产生自卑感,甚至产生对民族文化传统认同的怀疑。而在特定的条件下,如随着国内经济有较快增长、国家实力增强等,人们又有可能强化本民族的认同,轻视其他民族,这种现象已有苗头。

第三,为了维护自己的文化价值与民族自尊感,民族认同有可能转化为民族情绪,尤其是在一些国家与国家之间的突发事件或国内的突发事件中都可能激起人们的民族情绪,使民族认同得以强化。民族情绪事实上是建立在人们对国家、对民族的认同的基础之上,由某种具体事件而引发上升到整个民族对外的一种情绪,从而促动一个民族对外的反应。例如,近年来所出现的中国驻南斯拉夫大使馆被炸事件,中日关系中的教科书事件、钓鱼岛事件,日本首相参拜靖国神社事件等等,在国内民众中产生了强烈反应,都反映出中国人在民族认同之上显现出来的一种民族情绪。这种民族情绪往往并不是以国家为代表,而是以国内民众的情绪表现出来的。分析这些民众的情绪,首先也是对民族的认同,从而才出现了强烈反应,甚至出现了极端的行为。极端行为不可取,但民族情绪在一定的条件下是积极的,反映了民众对国家的认同及对国家利益的关注，并不是将自己置身于国家之外。在国内，"非典"事件也激起了国人对于人与人之间关系，国家利益、集体利益之间关系的重新思考，也同样使民族凝聚力在这一时期得到了增强。这些突发事件涉及人们对于自己在全球化时代所处状态的思考，以及民族利益与国家前途的思考，从而增强了民族凝聚力，强化了对民族和国家的认同。因此，有学者认为，在当代社会中，最大的认同是民族和国家认同，最大的危机也是民族和国家的认同危机，只有认识到中华民族到了最危险的时候，意识到国难当头时，人们才会真正体会到危机的严重性和救助危机的责任，只有真正的民族认同的危机感，才能真正培养起对民族和国家的认同感。可以说，对民族和国家危机的认同是一个民族和国家最好的课堂，正是在民族和国家认同危机面前，人们才能真正体会到民族和国家认同中的价值观，体验到维系民族和国家认同的文化[1]。在笔者接触到的很多论述中，这种观点目前较有代表性，但却十分偏颇。

诚然，认同危机是当代全球化过程中各民族都不可避免的一个方面，尤其是以上所论及的一些因素对于人们的认同所产生的影响带来的认同危机。中华民族在历史上的认同得到了强化也是在一些国难当头的时候。[2] 在这个过程中，人们一方面因为有了对民族认同的危机感，对于国家与民族前途的危机的认同，从而强化了民族认同与民族的凝聚力；但另外一方面，民族认同的强化也可能造成片面的民族情绪和狭隘的民族意识，使这种危机感转化为一种对外来文化的片面抵触和反抗，成为一个民族在全球化时代认同感不成熟，没有得到良性构建的表现。因此，在当代构建中华民族认同的时候，我们面临两个方面的关系需要处理：一是如何强化中华民族的认同，二是如何在强化中华民族认同的同时处理好中华民族的族际关系。

不同的时代决定了中华民族认同得到强化的途径决然不同。关于强化民族认同的历史经验学界及笔者都已进行过较多论述[3]，民族意识、

---

[1] 王成兵：《当代认同危机的人学解读》，中国社会科学出版社2004年版。

[2] 王钟翰等：《中华民族意识的形成与发展》，载《光明日报》1997年7月22日第5版。

[3] 参阅郑晓云《中华民族认同与中华民族认同21世纪的强盛》，载《云南社会科学》2003年第1期。

民族情绪等与民族认同的关系在笔者的相关著作也已作过深入的探讨，在此不再多言。但是有一个大关系在当代却是十分重要的：当代中国与近代中国所处的中国历史时期与国际环境有不同，当代中华民族的认同的强化途径与近代中国也决然不同。在近代及中国的民主革命时期，中国深受帝国主义列强的压迫，更受到日本帝国主义的侵略，在反抗压迫与侵略中，中华民族的认同得到了空前的强化。在当代全球化的背景下，在和平与发展的世界潮流中，中华民族认同的强化不应该是在对外的对抗中得到增强，而应该是在国内各族人民的团结、国家的稳定和强盛、民族的繁荣基础上得以增强。如果今天中华民族的认同仍然是在与其他民族的对抗中得以强化，这种强化起来的认同就会成为使中华民族陷入孤立的推动力量，必将损害中华民族的长远利益。

首先，在全球化时代，中华民族需要增强民族危机意识，但不能通过民族危机感来强化民族认同，更不能通过与其他民族、国家的对抗与冲突来强化民族认同，在危机意识及对抗中获得强化的民族认同只能是一种狭隘的民族认同，它将使中华民族的族际关系陷入危机，使中华民族在世界发展潮流中处于独立与被动，这一点与中华民族在历史上处于一些危急时刻的景况是决然不同的。在当代，全球化不仅使世界经济得以融合，也使文化、社会、科技、信息等等方面获得交融，人类文明的方方面面往往变得你中有我，我中有你，很难全面用是与非来衡量文明与族际关系、国际关系，一切使国际、族际关系上升为全面对抗的做法都是有害于一个民族与国家长远发展利益的。中华民族在当代发展中也一样，任何使中华民族上升到与其他民族的全面对抗的举动都将损害中华民族长远利益。在对外的摩擦中所强化起来的民族认同，是一种虚无的、缺少现实基础的、狭隘的认同，这种认同感对于中华民族是不利的。现任外交学院院长吴建民先生指出，中国应当摒弃"弱国心态"，以平等、文明、包容、共赢的态度开展对外交往，如果总怀着一种"弱国心态"，只能是盲目自大，失去朋友，增加中国在前进道路上的阻力。吴建民先生指出的"弱国心态"之一便是"对别人缺乏包容心，对自己却很放纵"。[①] 因此，在当代中华民族的文化认同构建中，最需要反对的就是狭隘的民族意识和民族情绪，最需要建立的是一种成熟的、积

---

① 转引自《深圳商报》2006年3月16日。

极的民族意识和民族情绪。近年来中国经历了一系列的对外冲突事件,而这些事件最终都以民族意识得到强化,甚至被一些西方国家称为"中国民族主义高涨"等现象反映出来,不仅引起了国内的关注,更引起了国际社会的关注,甚至导致国际社会对中国的戒备与警惕。在我们肯定近年来中华民族民族意识的增强所带来的爱国主义增强的同时,也需要看到其中的显现出来的狭隘性,这种狭隘性表现在鼓动对外的全面对抗,忽略了就事论事的原则及中华民族的长远利益考虑。因此如果在当代仍然将不确定的危机意识(尤其是认为来自于受他民族的威胁所形成的危机意识)与对抗作为强化民族认同、增强爱国主义的主要途径与手段,那么从长远而言中华民族必将陷入孤立。在当代中国是否存在真正意义上的经济、文化、军事危机需要再思考,为什么中国人感到危机的同时,一些外国人往往对中国产生戒备与警惕,难道仅仅是一些国家借中国的高速发展诋毁中国那么简单吗?因此一个国家越是发展快,作为一个民族越是强壮,越要处理好在世界格局中的种种关系。在国际关系中我们要懂得就事论事,不能因一些事件而上升到社会、经济、文化甚至军事上对外的全面对抗,在国际政治中对方的挑衅往往是一张牌,对方一出牌自己就乱了阵脚,结果是对方得利,显现出国人在国际政治环境中的不成熟;同样在处理民族认同、民族主义等关系上,不可轻易在国家之间产生明确对抗之前形成有针对性的对外的民族情绪,似乎民族意识与情绪越强越浓烈越爱国,进而上升到所谓的民族主义层面上,否则只会迫使国家出现与其他国的对抗或国家的分裂。

其次,在涉及中华民族认同构建的问题中,也有很多文化因素值得反思。作为中华民族认同文化构成的中华文化中,有很多因子就是可能阻碍中华民族认同的良性构建的。例如王培元先生指出,中国传统的华夏中心主义容易助长中国文化民族主义的狭隘性与自大心[1],张汝伦先生指出,这种狭隘性和自大心的典型表现就是认为中华文化最高明,可以拯救今日世界的种种弊病,孔子不仅是万世师表,也是万国师表,中国文化的复兴就是人类的希望所在等等。这种文化虚骄自大的现象既是文化自卑感的另一面,也是弱势文化的精神自慰法。这种文化自大甚至可能演变成为种族文化中心主义与文化沙龙主义,因此即使为了对抗强

---

[1] 转引自张汝伦《现代性与中国现代民族主义》,载《江苏社会科学》。

势文化的压挤，文化自大也不可取，文化的自我批判永远比文化自大要明智得多，也要重要得多。因此在肯定中华传统文化，构建当代中华民族认同中的积极作用的同时，也必须要对其进行反思，摒弃其中一些虚骄的因子。中华民族要建立成熟的，与其他民族共容的认同。

在全球化时代，中华民族的认同要建立在对内国力强大、社会和谐、人民安居乐业，对外开放、与其他国家和民族的文化相互尊重、共容的基础上。以此强化起来的民族认同，才会使中华民族有一种真正宽容的、构建一种新的民族认同的心态与胸怀，接纳其他民族文化，构建一种与世界其他民族和睦相处的文化。中国的唐朝盛世时期事实上已经对如何体现国家的民族认同给出了一个最典型的注释：在一个强盛的时期，民族认同不仅是强大的，同时也是宽容的，强盛的唐朝并没有拒绝其他民族的文化，而恰恰在万国来朝的大唐盛世中，不同地区、不同民族的文化大量地融入汉唐文化中。[①] 今天的中国也应该从中得到启示，在自我奋发图强的基础上，获得全体民众对于民族和国家的认同，强化中华民族的认同，进而在中华民族认同的基础上，积极汲取世界上其他民族的有益文化，构建一种强大、开放、共容的中华民族认同。

5. 结语

中华民族的认同是对中国国家及中华文化的归属意识，这种认同是在长期的历史发展中形成的，是有深远的民族渊源及文化渊源的。中华民族认同是中国境内各民族共同的归属意识，它是超越于各民族自身文化之上的共同意识，在对中华民族的认同之下，包容了人们的共同价值观、感情、责任感、内部的亲和感与凝聚力。因此在当代中国，没有什么比中华民族的认同更具有包容性、广泛性和对一个古老民族的凝聚作用更大的力量，尤其是在海峡两岸政治割裂的现实中，中华民族认同成为不同政治环境中存在的共同因素，中国境内各民族的共同利益与未来发展都将是基于中华民族的认同这一基础上的。其中每个民族及其个人在中华民族认同的基础上都将具有这样的意识：我归属于中华民族，因此我与中华民族有共同的利益，有共同的发展愿望和责任。

在中华人民共和国成立以后，中华民族认同的整合与重构经历了复

---

① 姚大中：《中国世界的全盛》，台湾三民书局1983年版。

杂的历程，而今仍然没有最终得以圆满。在中华人民共和国成立以后，除了大陆各民族的识别基础上的国家民族整合过程外，还存在香港、澳门、台湾特殊的政治格局之上的民族认同问题。在香港、澳门回归之后，港澳同胞的中华民族认同问题的重构进程已开始，但目前我们还面临更为严峻的问题是台湾在政治割裂下的中华民族认同问题。如何使中华民族认同在当代中国得以圆满形成并为各民族、各地区人民一致达成，使之成为国家强盛的基石，是我们在当代面临的重大课题。

中华民族认同作为国家民族认同与构成中华民族的国内各民族的民族认同还不是一个层次上的问题。如上所述，中华民族认同的形成是在国家形成后构建起来，并且至今仍然处于不断的构建过程中，而各民族的认同则是有长期历史渊源关系的。这就带来了二者之间的融合关系，现代民族的发展要求国内各民族最终达成对国家民族的认同，调和各民族认同与国家民族认同之间的关系。

在当代中华民族认同的强化对中华民族的发展有着积极的意义，但是也应当注意到，民族认同的强化不能通过不确定的危机意识与对外的对抗来获得，不应该以片面的民族意识、民族情绪作为民族认同的主要表现形式，狭隘的民族意识及民族情绪都可能成为阻碍新时期融合其他民族文化、达到与其他民族相互认同，构建一种新的民族认同的障碍。如果达不到对其他民族文化存在的现实的认同，尤其是与其他民族存在的价值相抵触，那么很难与其他民族、文化共融，相应地就可能带来更多的经济、文化、政治等方面的摩擦与冲突，使中华民族在全球化的过程中显得孤立。在当代世界上，不论何种政治制度，何种宗教信仰，何种文化体系，都应该承认其存在的现实及存在的意义，在这个过程中所需要的仅仅是保持自己民族认同的独立性，使其成为一个民族奋发向上的凝聚力与驱动力。

（二）中华民族认同与中华民族 21 世纪的强盛

中华民族是一个古老而伟大的民族，在面临着巨大机遇与挑战的新世纪之初，增强中华民族的团结与凝聚力是民族振兴发展的重要基础。那么中华民族团结与凝聚力的核心要素是什么？中华民族最广泛的思想基础，尤其是目前中国海峡两岸还没有统一这一特殊的政治格局中最能获得一致的思想基础是什么？我认为就是中华民族认同。中华民族的民族认同是我们民族在新世纪中团结自强的重要支柱，维护并且强化中华民族的民族认同对于实现祖国统一、增强中华民族的凝聚力与发展的责任感、维护炎黄子孙的团结都有重要的作用。

本文将着重探讨中华民族认同的形成、中华民族认同与当代的族体、政体的关系，强化中华民族认同意识、促进中华民族的团结、统一等问题，以就教于学界前辈与同仁，更借以表达期盼中华民族在21世纪繁荣强盛之愿望。

1. 中华民族的族体与民族认同

什么是民族认同呢？简单而言它是一个民族中的人们对于自己所属民族的一种归属意识，即我属于哪一个民族。由于这种归属意识的存在，认同于一个民族的人们也由此而形成共同的民族心理、意识、价值观，甚至民族情绪与民族偏见，并由此而在一个民族中形成民族集合的力量。由于民族认同的存在，人们分清了自己的民族归属，有了我族与他族区别，在自己民族受到压迫时愿意挺身而出，在自己的民族文化受到歧视时个人的感情会受到伤害，而在和平时期人们对自己的民族的前途会自愿地负起责任，相反一个人如果失去或改变了自己的民族认同，那么这个民族的兴衰与自己也就没有什么关系了。这一切的事例在人类的历史上不胜枚举，因此民族认同是一个民族构成中灵魂性的要素，并且我认为它是一个民族构成中一个必不可少的要素。[1]

民族认同是民族构成中一个复杂的要素，是在长期的历史发展中形成的，并且随着时代的发展与变迁也会发生新的变化。中华民族认同的形成与发展与中华民族的族体形成过程是直接相关的，要深入地认识中华民族认同的形成，必须首先了解中华民族的族体形成过程与特征。

我本人将民族发展分为三个大的阶段：血缘民族阶段、文化民族阶段、政体民族阶段。

在民族形成的早期，人类的共同体都是由血缘而连在一起的，共同的血缘奠定了一个人的群体内人们之间的关系，同时也因此而有了与其他血缘体的人们之间的区别，形成一个以血缘为中心的社会网络，婚姻

---

[1] 参见郑晓云《文化认同与文化变迁》，中国社会科学出版社1992年版。

关系、家庭关系、社会关系都与血缘有关。虽然随着人口的增多，人们并不一定能分清一个族体内彼此之间的血缘关系，但都能认同自己是一个祖先的后代，血缘的概念依然存在。

在民族发展的文化阶段，人们的血缘关系渐渐疏远，而族称、共同的始祖、本民族长期形成的种种文化，尤其是成为制度、民族象征、价值取向的文化要素开始成为较血缘更为明确的维系一个民族存在的环链。在这个过程中，也会有一些其他的族体通过婚姻、共同居住、宗教、战争等因素而相互认同对方的文化，从而产生民族的融合。

民族发展的政体阶段，尤其是现代民族的存在，往往是因为共同存在于一个政体之中而被称为一个民族或在一个政体中相互融合为一个现代民族。在一个特定政体之中，由于推行共同的文化、语言、文字，具有共同的居住地域及经济生活而使得居住于这一政体内的各民族不断融合发展成为一个新的民族共同体。

中华民族的发展也经历了以上三个发展阶段。今天学术界都公认中华民族起源于华夏民族的始祖——黄帝轩辕氏，并且由黄帝的子孙后代为主体不断融合发展至今天。在华夏民族形成之初，这一族体也是以黄帝的血缘为纽带的，一些学者甚至认为今天的满族、蒙古族、藏族等古老的民族也都是黄帝的子孙。[①] 然而随着历史的发展，不少其他的民族由于各种原因，尤其是华夏民族在文化发展上处于优势，不少民族都渐渐融合进华族中去。在随后的数千年内，中国境内各民族经历了无数次融合，先后见诸史籍的有三苗、九黎、昆夷、匈奴、氐、突厥、契丹、党项、女真、蒙古、满等等数十种。在这个过程中，血缘关系渐渐淡化，融合的有催化剂除了战争、政权的更替与国家的统治等因素外，促使这些民族的融合的根本原因是中华文化，这是无争议的。在清代以后到民国年间，随着近代国家疆域与国家形态的形成，中华民族作为一个政体民族也最终形成，到今天而成为一个公认的屹立于东方的伟大民族。

中华民族是一个伴随着近现代国家形成而成长起来的民族，追溯其源当然可以清楚地知道它是由公认的黄帝的后代为主体渐渐融合其他民族而发展成今天的一个现代民族的，但是今天的中华民族并不是一个已

---

① 张旭光：《中华民族发展史纲》，桂林：文化供应社印行，1942年。

经完成了民族融合过程的民族，而是一个在特定的国家体制之下形成的民族，它与相应的现代国家的形成与存在有直接关系。今天的中华民族是由生活在中国境内的各民族构成的一个政体概念上的民族，而不是一个传统意义上的已经完成了民族融合过程的民族。在今天的中国除了主体民族汉族外，还有50余种少数民族，还有蒙古族、朝鲜族、藏族、维吾尔族、傣族、苗族等众多民族跨境而居，这些民族分布在中国境内外，只有中国境内的部分可以称为中华民族的一分子，而境外的相同民族则不是中华民族的组成部分。同时在中国历史上很多民族都已融合进了汉族中而消失，但今天在中国境内的各民族拥有保留与发展自己的民族文化的权利。可见中华民族的形成有历史的渊源与主体，但是今天的存在是以国家为基础的，与国家的存在是分不开的。如果作为中华民族的载体的国家不存在了，那么中华民族也就将分化了。

中华民族的民族认同的形成与这一民族的形成过程是相伴随的。追溯中华民族的起源，黄帝作为这个民族的始祖，起先的族体是以血缘为纽带的，人们作为这一民族的一员在初期是因为自己是与这一族的人们有血缘关系，以血缘作为自己归属于某一氏族的基础。而在夏、商、周及春秋时期，华夏民族已形成了自己的民族认同意识，形成了族体上的认同及与其他民族之间的界线，"非我族类，其心必异"（《左传》成公四年）。这里强调的"心"就是一种意识上的概念。除了民族族源上的区别外，这一时期特定的文化已渐渐成为民族认同的基础，这种文化的核心就是周礼。周礼所至的地方称为夏，识周礼、文化高的称为华，华夏合称为中国，而对周礼以外的文化较低的民族则称为蛮、夷、狄等。[①] 周礼包括了生活方式、生产方式、宗教信仰、语言文字、风俗习惯等，形成了一种文明程度较高的文化，也成为民族认同的基础，对华夏民族的认同从血缘阶段进入了文化阶段，并以此来区分夏夷。在春秋时期所出现的一批思想家如孔子、孟子等，其思想作为中华文化的基础的长期存在与深远影响，强化了中华民族的认同，为大一统奠定了思想基础。在秦代华夏大地上出现了第一个统一的帝国，统一了文字、货币、度量衡等，"大一统"成为人们认同的思想基础，在随后的二千余年历史发展过程中，经历了无数的战争及不断的朝代更改、民族融合、

---

① 详见范文澜《中国通史》（修订版），人民出版社1978年版。

国家分合等，但始终有一种共同的集合力在使这块大地上的人们要形成一个统一的群体，同时人们也始终认同于一些共同的文化，才使得作为中华民族主体的汉民族不断得到延续与发展，并不断地融合其他民族。在中国历史上由于人们认同汉文化而融入汉族的民族并非一二。①

由于近现代中国国家的形成，国家的疆域最终明确，中华民族作为一个政体民族最终形成，也同时形成了对于中华民族的认同。这种认同既包括了族源的概念，如"炎黄子孙"，也包括了对共同的民族思想伦理如孔孟思想、共同的语言文字、婚姻家庭模式、生活方式等等中华传统的要素，在今天更包括了国家的概念，在特定的基础上，对中华民族的归属就是对国家的归属，国家的意识也就是民族的意识，国家的荣辱与自己的荣辱息息相关，这就是为什么广大华人虽然身居海外，甚至已加入其他国籍，但对祖国的一切仍然关切。

概括而言，今天的中华民族是由居住在中国境内的各民族所构成的，是以汉族为主体融合或包容了中国境内各民族而形成的一个现代民族，它有主体民族但没有共同的血缘关系，有共同的主体文化但又包括了一些构成中华民族这一大族体的各民族的文化，并且各民族都有保持与发展自己文化的权利，作为一种国家政体内的亚文化。中华民族的认同就是在这种基础上所形成的，人们认同自己的国家以及国家内的主体文化，从而形成中华民族的民族认同。中华民族认同就是对中华民族这一族体的归属意识。

在当代，中华民族的民族认同可以分为三个层面：一是共同的民族渊源，二是共同主体民族的文化，三是共同的国家——中国，这三个层面共同构成中华民族的认同。中华民族的民族认同是对中国国家及中华文化的归属意识，这种认同是在长期的历史发展中形成的，是有深远的民族渊源及文化渊源的。中华民族认同是中国境内各民族共同的民族归属意识，它是超越于政治制度及各主体与非主体文化之上的共同的概念，在对中华民族的认同之下，包容了人们的民族价值观、民族感情、责任感、民族内部的亲和感与凝聚力。因此在当代，没有什么力量比中华民族的认同更具有包容性、广泛性与对一个古老民族的凝聚作用更大的力量，中国境内各民族的共同利益与未来的共同发展都将是基于中华

---

① 参见费孝通等著《中华民族多元一体格局》，中央民族学院出版社1989年版。

民族的认同这一基础上的。每个民族及个人在中华民族认同的基础上都将具有这样的意识：我归属于这个民族，因此我与这个民族有共同的利益，有共同的发展的愿望与责任，这一民族人与人之间都具有民族亲和感。

2. 中华民族认同与新世纪的强盛

在当今世界上，经济全球化、以因特网为代表的信息技术革命、基因技术、克隆技术等等的飞速发展正在改变着人类的生活，一方面使人类拥有了更多一致性的目标，人类文明获得了前所未有的进步，但另一方面也使人类社会的利益关系更加复杂，人类的生存面临着更加严峻的竞争。尽管和平与发展这两大当代人类发展的主题越来越为人们所广泛认同，但是这个世界并不太平，国家与国家之间、民族与民族之间、文化与文化之间的竞争与冲突仍然普遍存在。因此一个国家、民族，一种文化的生存在当代仍然面临着挑战，仍然需要不断发展进步，才能更好地生存于世。

中华民族是一个有数千年历史的古老民族，有深厚的民族文化与发展程度较高的文明，在当今世界上也是一个令人仰首的民族。然而在当代的发展过程，尤其是在21世纪的发展环境中，我们仍然在很多方面具有差距，仍然存在着来自于各种方面的挑战。国家的安全、人民的幸福、民族的发展仍然是中华民族每一份子需要时刻关注的。世界并不太平，居安思危必不可少。中华民族仍面临着发展壮大，更加强盛，对内使人民获得更加幸福的生活，对外抵御可能的危害的历史使命。因此强调中华民族在新世纪的团结与自强确实是高瞻远瞩的，有了中华民族的团结与自强，就能达到上述目标。

如何在新的世纪里增强中华民族的团结而达到自强？我认为强化中华民族的民族认同就是最重要的一个方面，因为只有中华民族认同这一要素是海内外中华民族的每一份子获得超越政治制度、宗教、地域等局限，达成团结、一致走向强盛的共同基点。不论是居住在大陆、台湾、香港、澳门还是海外的没有加入居住国国籍的华人，对中华民族的认同都将是一致的，都具有对于中华民族的归属感、对中华民族文化的认同以及对中华民族未来发展前途所应有的责任感。在当代的中国政治格局中，中华民族认同是最能达成一致、最具有广泛性的要素。

由此可见，增强中华民族的认同是中华民族在新世纪增强凝聚力、共同发展的现实需要。那么在新的世纪中如何强化中华民族认同呢？事实上民族认同的强弱是有规律可循的，从一般原理而言，一个民族的兴盛、团结与民族认同有直接的关系。一个民族越是兴盛，越是团结，这一个民族的认同感就越强，人们对于自己所属的民族充满自豪、优越感，为自己是这一民族的一员引以为荣。另一种在人类历史上较为普遍的情况是当一个民族受到外来侵略或压迫时，也会使一个民族的认同得到增强，同仇敌忾，团结起来一致对外，但这对一个民族来说是一种不得而已的情结。相反的事实是当一个国家、一个民族处于没落分裂的状态中，就很难让这一个民族的成员为自己的民族感到自豪，对自己的民族具有强烈的认同。因此，民族的团结与强盛给人们带来的对自己民族的认同才是一种真正能使每一个成员精神振奋的认同感。民族的团结与兴盛是中华民族认同在新的世纪得到增强的坚实基础。强化民族认同最根本的就是要夯实这一根本基础，这在当代中国将体现在以下几个方面：

（1）国家的经济发达，实力增强，在全球经济中占有一席之地；社会进步，人民生活水准提高，使人民对国家有自豪感，这样才能增强人民对自己民族的认同。因此必须极大地发展生产力，促进经济的发展，增强国家的综合实力，同时使人民的生活水平不断得到提高。

（2）民族平等、共同繁荣。由于中华民族是由居住在中国境内的各民族共同构成的，所以中华民族认同不仅是主体民族的认同，也应是中国境内每一个民族对中华民族的认同，这样才能提高中华民族的整体认同水平。这其中的关键就在于各个民族都要平等，都要获得发展的机会，都要为自己是中华民族的一员而感受到自豪。如果各民族不平等，发展水平差距太大，导致一些民族产生背离心理，这不仅不能增强民族认同，相反会削弱认同感。

（3）国家要统一，一个分裂的国家在整体上是不全面的，不利于国家的发展，也使同一个民族在认同上、心理上达不到一致。对于中华民族而言，两岸的分裂对于新的世纪中增强中华民族的认同是十分不利的，由于在下节中要专门论及，在此就不多言。

强化中华民族的认同是要增强中华民族的团结与内部的凝聚力，使中华民族形成合力，团结一致，在新的世纪中屹立于世界，抵御各种可能对中华民族形成的危害，获得更多的发展机遇与发展空间。因此，强化中华民族的认同并不是为了使中华民族这一族体更加显现出与世界上其他民族的不同，甚至增强狭隘的民族意识，划出中华民族与其他民族的界线。相反，在增强中华民族认同的同时还应当更多地认同世界其他民族的文化，从而有利于更多地吸收其他民族先进的文化来充实自己，促进自身的发展。这一点也是十分重要的。事实上，民族的强大而导致的对自己民族的认同的增强，并不会导致狭隘及对其他文化的排斥，相反会形成一种更宽容的心态，这在中国历史上是有前例的。[①]

3. 中华民族认同与祖国统一

中华民族认同与中国的统一有密切的关系。在中国的历史上也曾是分分合合，经历了多次的分裂与统一，在秦代形成统一的国家以后的二千余年中，统一的时间占三分之二，分裂的时间占三分之一，统一是主流，即所谓"久分必合"。但除了分与合的现实的同时，还有一个不变的主题贯穿中国的历史，那就是大一统的思想，这种思想不论是在中国统一时还是分裂时都存在着，正是这种思想的存在，今天的中国才没有分裂为不同的国家。这种大一统的思想也是今天中华民族认同形成的根源之一。因此有了对国家与民族的一致性认同与思想，国家就有了统一的保障，而对国家和民族的认同往往并不因为国家存在的状态而改变，在中国历史上的分裂时期，每一个帝王莫不把统一天下作为自己的理想。

今天中华民族的载体为一条海峡分为两岸，祖国还没有统一，实为中华民族历史发展中之不幸。但在这种不幸中仍然存在的幸运之处在于海峡两岸仍然有共同的东西，那就是中华民族的认同。虽然海峡两岸政治体制不同，还没有实现国家的统一，但都认同我们是中华民族的一部分。我们认同两岸都有共同渊源的主体民族与主体文化，都认同我们是炎黄子孙，都拥有中华文化，我们是中国人，是一个现代民族，而两岸人民都是中国同胞。这一点十分重要，它使两岸不论经历任何政治风云都不能违背同属一个民族的事实，从而也没有造成国家的真正分裂，虽然中国还没有统一，但是对中华民族的认同却是共同的，由此可见中华

---

① 姚大中：《中国世界的全盛》，台湾三民书局1983年版。

民族的认同所具有的强大威力。中华民族认同可以认为是海峡两岸统一的最重要的思想基础之一。如果我们丧失了中华民族认同这一共同的因子，那么祖国的统一也就丧失了根本的思想基础。葛永光教授指出："如何在海峡两岸强化共同的中国意识，乃是决定中国未来能否统一的关键"[1]。在这里葛永光教授所讲的虽然是"中国意识"，但我认为它是可以与中华民族认同画等号的，如前所述中华民族认同是具有国家内涵的。葛永光教授的这一见解是高屋建瓴的，共同的中国意识，或中华民族认同，直接关系到中国未来能否统一，如果背离了这一基础，海峡两岸就有可能走向分裂。因此今天强化中华民族认同，还不仅仅涉及中华民族在世界民族格局中的地位问题，更直接地关系到我们一个民族的统一与分裂问题。

今天在涉及中国统一的问题上，大陆虽然也存在"东突"、"藏独"等民族分裂分子，但都是极少数人，形不成气候，台湾的问题较大陆要严重得多，这就是已经形成气候的"台独"问题。"台独"也直接地危害到中华民族认同的坚固性，"对中国认同而言，最大的挑战则是来自于所谓的'台独'意识，以及据此而发展出来的'台独'运动。"[2] 因此，"台独"意识可以认为是中华民族认同的对立面，而台湾的独立最终的结局将是导致国家与民族的分裂，据前所论，中华民族是包含了国家的概念的，国家的分裂自然也就等同于民族的分裂。今天强化中华民族的认同意识，还具有维护国家与民族统一的重大现实价值。只有增强中华民族的认同意识，才能防止国家与民族的分裂。

在新的世纪里，中国的统一可视为中华民族强盛的重要基础，统一的中国将铸就一个强大的中华民族，同样也将强化中华民族的认同。试想一个统一的中国以其国家的巨大规模与强大的综合实力而铸就的一个现代民族，将是何等伟大，人民将何等自豪！因此作为国家统一的重要思想基石……中华民族认同应受到加倍的珍重，中华民族认同的强化，应受到海峡两岸的共同重视并加以努力。在中华民族的振兴之路上仍然是不平坦的，维护中华民族内各民族的平等与团结，缩小各民族发展差距、反对民族分裂等问题仍然是长期而艰巨的，都是维护并增强中华民

---

[1] 葛永光：《文化多元主义与国家整合》，台湾正中书局1991年版，第4页。
[2] 同上。

族认同的重要环节。海峡两岸虽然没有统一，但都负有维护与强化中华民族认同的共同责任，都有消除不利于维护中华民族认同的因素，增强中华民族认同的义务。

4. 结语

综上所述，中华民族认同是中华民族最具有广泛性的思想基础，是中华民族共有的跨越政治体制、地域，构成中华民族的各民族及其文化的要素。强化中华民族认同，对内能增强中华民族的团结与凝聚力，在海峡两岸的统一上形成一股强大的向心力，御制分裂中华民族的思想，促使中国早日实现统一。同时由于中华民族认同的增强，使中国人维护民族的文化与价值观，真正体现中华民族的存在，并在世界民族发展的格局中获得更广阔的发展空间，对于中华民族在 21 世纪的强盛有重大的现实意义。

然而，维护并强化中华民族的认同仍然需要中华民族的每一个成员做出共同的努力，需要与一切危害中华民族认同的人与事作斗争，需要中华民族团结一致，实现国家的和平统一，使中华民族强盛起来，在目前也需要刻意对增强中华民族的认同感去做大量针对民众的基础工作。

特别需要指出的是，目前关于新世纪中华民族认同问题的研究仍然很不足，在增强中华民族的认同，推动海峡两岸的统一上，将会有大量的课题等待着学者们去做，如何消除海峡两岸在认同上的差异，求得更多一致的问题；海峡两岸对存在的不利于中华民族认同的负面的认识以及消除这些负面影响的手段问题；海峡两岸如何共同努力增强中华民族认同的问题；加强海峡两岸经济、社会、文化的交流，促进海峡两岸的融合，从而是促进民族融合的问题等等，都是具有重大现实意义的课题，需要海峡两岸学者共同努力。

（本文于 2002 年 7 月 22 日于台湾台北市圆山大饭店"中华民族团结自强学术研讨会"宣读。载《云南社会科学》2003 年第 1 期）

（三）澳门回归后的文化认同研究

澳门于 1999 年结束葡萄牙的殖民统治回归祖国，根据《澳门基本法》的精神,作为中华人民共和国特别行政区仍然保持着特殊的政治与社会、文化地位①。澳门是一个多元文化较为突出的地区。在澳门28平方公里的土地上,生活着以华人为主体的多个族群,加上长达四百余年中西文化交流融合的历史,使澳门在今天仍然呈现出多姿多彩的文化多元状态,族群与文化的多元是澳门文化认同的根基。澳门回归10年以来,经济持续增长、社会和谐稳定,与祖国内地的交流不断扩大、对全球经济的融入不断加深,呈现出繁荣的景象。由于澳门的人口结构以及族群的生存状态在澳门回归以后发生了较大的变化,澳门的文化格局在不同文化的交融与竞争中呈现出了新的势态,澳门文化认同也随之发生了较大的变化。

文化认同是一个国家、一个地区的凝聚力与社会和谐的基础,对于一个国家来说也是文化整合的重要内容。澳门的文化认同既反映了澳门人对于澳门的文化归属感与对前途的信心,同时也是澳门从法律框架内对祖国的回归到文化意义上回归的基石。因此在增强澳门人对澳门的地方文化认同的同时,构建澳门的国家文化认同也是澳门"文化回归"的重要内容与澳门长治久安的重要基础。把握当代变化中的澳门文化认同的势态,构建有利于澳门社会和谐稳定的文化认同,对于保持澳门的长期社会稳定与经济繁荣,通过文化认同的构建来强化澳门的凝聚力与竞争力,在此基础上促进澳门的国家文化整合有十分重要的意义,与此同时,澳门的文化认同问题研究对理解当代世界的文化生态、构建和谐社会也有较大的启示。

本项研究的目的在于探讨回归以后澳门的文化认同发生的变化,把握当代澳门文化认同的结构与特征,并就如何在保持澳门的文化传统的同时促进澳门文化与国家文化认同的整合,如何通过文化认同的构建来

---

① 澳门是位于珠江出口处的一个小半岛,与广州、香港同处于珠江三角洲的三个顶点,面积28平方公里。2007年总人口数513427人,人口密度每平方公里1795人,是世界上人口较为密集的城市之一。在澳门的居民中,具有中国国籍的居民为93.9%,菲律宾国籍2%、葡萄牙国籍1.7%,在常住居民中非本国籍人口占了4.1%,这在世界上也是不多的。澳门居民出生地统计,出生在澳门的人口占人口的42.50%,出生于内地人口占47.1%(这其中出生于广东的占74.1%,出生于福建的为15.2%),其他出生于香港的占3.7%、菲律宾2%、葡萄牙0.3%。2007年澳门本地生产总值1143.6点亿元,人均生产总值22.75万元。当年入境旅客人数为2198.81万人次。(据《澳门年鉴》2007年,澳门特别行政区政府新闻局出版)

增强澳门长期稳定、繁荣与发展的所必需的凝集力等问题进行探讨①。

1. 当代澳门文化认同的社会文化背景

文化认同是指人类对文化的倾向性共识与认可。由于人类存在于不同的文化体系中,因而文化认同也因文化的不同而各异,不同民族、国家、地区都可能存在不同的文化认同。不同的文化体系中有不同的文化认同,文化认同也因此而表现为对其文化的归属意识,同时也可能成为区分不同文化的边界,即在文化意义上的"我"和"他"的边界②。在本项研究中,文化认同的概念包括了澳门人对影响澳门文化特定的族群文化、宗教文化、地方文化、西方文化、移民文化及当代全球文化影响等不同层次的文化认同,及在此基础上建立起来并通过自己的身份认同获得表达的澳门地方认同及国家认同。

任何一个民族、国家、地区的文化认同与其民族形成和历史发展的背景、社会环境有直接关系,因此澳门文化认同的形成和现状与其历史、族群与文化的基础有直接关系。考察澳门的文化认同的现状,我们需要首先考察其社会与文化背景,尤其是澳门回归以来的社会文化背景的变化。

(1) 澳门族群结构的变化

澳门自古就是一个移民城市,澳门的人口结构和族群结构在澳门有史以来一直都在不断发生着变化,近年来这种变化更为明显③。由于文化认同首先是建立在不同文化体系之上的,因此澳门族群结构的特征及其变化也同样影响到了澳门文化认同的现实与构建。

澳门从400年以前一个为葡萄牙人占据为贸易港的半岛发展至今天,人口结构和族群结构都发生了巨大的变化。据有关的统计数据,在1555年,澳门只有葡萄牙人300人,在随后的数百年中,中国人及其

---

① 本项研究基于2005年、2008年的实地研究及近年的出版物、网络文献研究而进行。2008年的专题研究获得澳门基金会资助。

② 参阅郑晓云《文化认同论》,中国社会科学出版社2008年版。

③ 族群的概念学术界目前有不同的争论和看法,关于澳门的族群概念笔者同意目前流行的用法,参阅卡布拉尔《澳门的族群构成》,《文化杂志》1994年,澳门出版。并参阅周大鸣《澳门的族群》,《中国社会科学》1997年第5期。

他一些国家的人口也陆续迁入澳门。据1910年的统计,澳门的总人口为74866人,其中中国国籍的71021人,葡萄牙国籍的3601人,其他国籍的244人。中国国籍的人已经超过其他国籍的人口。1981年,澳门总人口241729人,其中中国国籍的177691人,葡萄牙国籍49007人,其他国家国籍的15031人。1991年澳门总人口335693人,其中中国国籍的240496人,葡萄牙国籍的101245人,其他国籍约13952人。2001年12月止,澳门总人口为435235人,其中中国国籍的414200人,葡萄牙国籍的8793人,其他国籍的12242人[①]。2002年,澳门总人口436686人,按照国籍划分的居民人口中95.2%属于中国国籍。其余人口较多的葡萄牙国籍人口占2%,菲律宾国籍人口占1.2%。按照血统划分,居民人口大部分属于单一的中国血统,占95.7%,属于单一葡萄牙血统或有葡萄牙血统的居民比例为1.8%。2002年以后的人口统计中,已经不再显示居民的血统状况。2007年,澳门的居住人口为513427人,具有中国国籍的居民为93.9%,菲律宾国籍2%、葡萄牙国籍1.7%。澳门人口持续增长仍然是由于外来人口的移入,2006年1年内,包括了来自内地的合法和非法移民、获准在澳门居住的外地人在内为27585人[②]。

近年来澳门外来的雇佣人员仍在迅速增加,这也在改变着澳门的族群和文化结构。截至2008年1月,澳门雇佣的外来人员达到86500人,其中内地48000人、香港13500人、菲律宾10700人、印度尼西亚3800人,其他还有来自越南、澳大利亚、泰国、美国等国家。至2007年1月,澳门外来的雇佣人员为38400人[③]。

从上面的数据中可以看出,澳门的人口变化有以下几个特点:一个是人口增加较快,从1981年到2008年不到30年时间人口已经增长了一倍多,同时人口的迅速增长不是本地人口的自然增长,而是外地人口大量迁入造成的。这可以看出今天的澳门仍然是一个快速成长的移民社会。

---

① 转引自黄汉强、程惕洁《新来澳定居之内地移民论析》,澳门大学澳门研究中心出版,2005年。

② 根据《澳门年鉴》2002年、2007年。澳门特别行政区政府新闻局出版。

③ 《澳门日报》2008年2月25号。

第二个特点是族群多样化特征明显。在人口迅速增加的同时，澳门族群的多样性仍然十分明显。除了主体族群华人外，还有土著葡萄牙人及来自菲律宾、泰国、缅甸等国家的居民。事实上居住在澳门的华人祖籍和近代移民也主要来自广东、福建两个地方。据统计2001年出生于中国内地的移民占澳门人口的47.4%，其中出生于广东省的占78.5%，出生于福建省的占14.9%。尽管同是华人，但在澳门特定的社会环境中，这种来自于不同的祖籍地、具有相应的文化特征的人群也可被视为不同的族群[1]。在20世纪90年代初，虽然95%以上为华人，但居住在澳门二代以上的只占7%[2]。这些特征都使澳门形成了一个以华人为主体的多族群社会。

第三个特点是澳门社会结构还处在不断调整的过程中，包括族群结构、社会阶层结构、居民结构等，使得澳门社会变得多元化。目前澳门外来的雇佣人员人数已经达到了澳门总人口的15%以上，与此同时一些新的族群正在本地化。例如在澳门长期工作的菲律宾、泰国等一些亚裔人事实上已经获得了在澳门的永久居住权，通过通婚等方式已经本地化，加上临时工作的人口，一些澳门专家估计人口已经达到了30000人左右（杨允中、邓思平，2008）。近年来随着美国博彩公司的涌入，越来越多的西方国家人到澳门工作，预计未来几年内澳门旅游业、会展业需雇佣高级管理人员30000人以上，而这些人员主要来自于海外。在这种趋势之下，在澳门的总人口中华人的比例将可能不断下降，非华人的族群比例则将上升。

从以上这些分析可以看出，澳门自古就是一个移民社会，移民的浪潮发生在古代，近几十年来仍然在继续着，并且出现了前所未有的高潮，仍然在不断地改变着澳门的人口结构和族群结构。今天走在澳门的街头上，不同人种、装束的行人频频迎面来往，在亚洲城市中实属少见。同时由于非华人的大量迁入，澳门社会的族群多元化在今天仍然很明显，这一切也同样改变了澳门的文化结构并影响到澳门的文化认同。由于人口之中族群结构的变化，不仅使得澳门文化认同变得复杂化，同时也使澳门一致的文化认同难以形成，包括了公民意识、对澳门的归属

---

[1] 周大鸣：《澳门的族群》，《中国社会科学》1997年第5期。
[2] 转引自魏美昌著《澳门纵谈》，澳门基金会出版社1994年。

感、对国家的主体文化认同等。"澳门人口组成的特点是流动性大,教育水平和生活水平难以提高,公民意识难即归属感难以形成。"[1]

(2) 澳门文化的背景及其变化

澳门特殊的历史决定了澳门文化的特征。澳门历经了400年的对外贸易历史与近代葡萄牙的殖民历史,同时作为宗主国的中华文化的影响、近几十年来内地人口的大量迁入、当代与全球经济和社会、文化的互动的影响等,都对澳门的文化产生了深远的影响。因此澳门文化是一个多元化特征非常明显的文化体。在这种特殊的历史和社会环境背景下,澳门文化之中既有中华文化、也有作为葡萄牙殖民地的文化遗产、以宗教为主体的西方文化、不同族群带来的文化及在当代全球化过程中接受到的文化影响。澳门的多元文化主要来源于以下几个方面:

①中华文化的影响。澳门在历史上尽管曾经是东西方重要的贸易重镇,同时也曾经历过葡萄牙的殖民统治,但宗主国仍然是中国,中国文化对澳门的影响仍然是最大的。在澳门族群中主体的居民始终是华人,中华文化的影响反映在澳门大多数人使用中国语言、文字,保持着中国的建筑风格、生活方式和带有中国特点的佛教、妈祖等宗教信仰。因此在澳门大多数建筑、尤其是民居是中国风格,中国人的寺庙随处可见,中国的节日文化包括春节、端午节、清明节等仍然是澳门人最重要的节日。近代以来大批的中国人迁入澳门居住,更增强了澳门中华文化的基础。

②葡萄牙文化的影响。澳门经历了葡萄牙人数百年的贸易开拓和殖民地历史,因此澳门也深受葡萄牙文化的影响,尤其是澳门沦为葡萄牙殖民地之后,葡萄牙文化的影响对澳门的政治、经济、文化都有较大的影响。澳门的政治制度、司法制度设计等都源自葡萄牙,葡萄牙人在澳门长期居住繁衍生息并处于社会上层,是文化和社会的精英阶层。在澳门的土著葡萄牙人中,其祖先有很多都不是葡萄牙人,而是马来西亚人、印度人甚至是华人等,为了攀附上层社会通过各种渠道融入土著葡萄牙人中[2]。在社会生活中葡萄牙生活方式、建筑风格、作为官方语言

---

[1] 魏美昌:《澳门纵谈》,澳门基金会出版,1994年。
[2] 邓思平:《土生葡人》,文稿。

的葡萄牙语言、文字、法律与政治制度等在殖民时期作为社会的精英文化起着主导作用。

③西方宗教的影响。历史上澳门作为贸易自由港以及葡萄牙殖民地，为西方文化大量涌入澳门提供了便利，这其中影响最深远的是西方的宗教文化。在澳门主要的西方宗教有基督教、天主教等。基督教在澳门的宗派包括了全球性的主要宗派，例如浸信宗、圣公宗、路德宗、长老宗、改革宗、五旬宗等。天主教在澳门于1576年1月23日成立，目前有耶稣会、方济会、道明会、澳斯定会等。随着宗教的涌入，不仅有拥有不同数量的信徒，同时宗教倡导的价值观、宗教建筑、教会学校的教学以及西方的生活方式等都对澳门社会产生了广泛的影响[①]。

④其他地区移民的文化影响。除了中国人、葡萄牙人以及西方人之外，澳门还有很多来自其他国家的合法移民和非法移民，包括菲律宾、泰国、越南、马来西亚等国家的移民。不同国家的移民带来了不同的文化，并且在澳门有新的发展，例如数以万计的菲律宾人在澳门工作和生活，菲律宾人的生活方式和文化在这个族群中得到再现，成为澳门社会中的一种文化现象。在泰国人、缅甸、越南人居住区不仅有很多泰国、缅甸、越南的餐馆，同时这些国家的节日在澳门已经得到了展现。随着这些群体的扩大，他们所带来的不同国家文化尽管难以成为主流，但是仍然会产生更大的影响，成为澳门文化中现实存在的因子。

⑤当代以西方文化为主体的全球文化影响。当代澳门所处的是一个全球化时代，澳门是一个开放的社会，澳门社会必然受到全球文化的影响。近年来澳门对美资开放博彩业，既有美国拉斯维加斯经营风格的大型博彩娱乐场金沙、永利、星际、金都、威尼斯人、华都等纷纷落户澳门。伴随着博彩业而来的西方的管理经验、文化、价值观、生活方式等纷纷涌入澳门，对澳门社会产生着新一轮广泛而深远的影响。

在上述的文化背景下，形成了澳门文化的多元状态，这种文化状态对澳门的文化认同有直接的影响。下面我们对一些和本项研究有关的现象做简单的描述。

宗教文化的多元现象。澳门的宗教自由受法律保护。《澳门特别行政区基本法》第34条规定，澳门居民有宗教信仰的自由，有公开传教

---

① 参阅郑炜明、黄启臣著《澳门宗教》，澳门基金会出版，1994年。

和举行、参加宗教活动的自由。在澳门这个不大的地方有 10 多种宗教存在，在这其中势力较大的是天主教、基督教、佛教等宗教，并且在基督教、天主教等较大的宗教中还有不同教派存在。澳门的居民中大多数是华人，因此佛教在澳门有较广泛的影响，特区政府成立后，将每年的农历四月初八"佛诞日"定为公众假期。除此之外还有伊斯兰教、巴哈伊教、摩门教、新世界会、神慈秀明会、基士拿教、新使徒教会等宗教。在澳门各种宗教依照法律从事宗教活动，开展传教、社会服务等各项宗教工作，信仰不同宗教的信徒自由信教，参加各种宗教的崇拜活动和节日活动，都能够互相尊重，和平共处。宗教在澳门社会中的影响较大，对社会生活的渗透十分深入，例如澳门天主教会兴办了学校、幼儿园、医疗诊所、敬老院、疗养所、职业培训机构等场所，积极推动当地的社会福利事业。基督教教会提供多方面的社会服务，涉及社区、家庭、儿童、青少年、老人年人、劳工、残疾人士、犯罪人家属、流浪者等。巴哈伊教办有一所包括中学、小学、幼儿园在内的学校。

社会生活的多元。由于澳门的居民来自不同的国家并拥有不同的文化背景，信仰不同的宗教，因此澳门社会生活呈现出典型的多样化特征。宗教对社会生活有广泛的影响，因此澳门人有丰富的宗教生活，不同信仰的人参加不同的宗教礼拜和宗教活动，尤其是一年一度的圣母圣像、大耶稣圣像、妈祖圣像游行等，都是盛大的群众活动，参与的人成千上万。在节日方面，在澳门既有西方的圣诞节、情人节、母亲节、父亲节等，也有中国的春节、端午节、清明节，同时还有佛祖、妈祖诞生的节日。居住在澳门的一些其他国家的人包括泰国、缅甸、越南、菲律宾等国家的人们也过自己的节日，近年来泰国、缅甸等国居民每年都举办泼水节，节日的规模也越来越大，吸引了不少地居民参加。这些节日都是群众参与非常广泛的社会生活。此外由于澳门是一个多族群构成的社会，不同的族群都有自己的生活方式，在澳门一年四季都可以体验到来自于不同国家、文化背景的人们的生活方式、饮食、节日、文化等。

教育的多元。澳门的学校分为政府公立和私立等不同类型，其中私立学校的数量最多。目前澳门有学校 143 所，其中公立学校 24 所、私立中英文学校 117 所、私立葡文学校 2 所。有大学 10 所。澳门的私立学校大多数是教会所办。澳门的天主教教会共兴办教育机构 31 所，目前有包括大中小学生在内学生35000余人。基督教会开办的中学4所，这些中学附设有小学、幼儿园3所，特殊教育学校1所、成人教育中心1所。巴哈伊教办有1所包括中学、小学、幼儿园在内的学校①。这些学校中有中文教学和英文教学、葡萄牙文教学，同时由于不同的学校采用不同的学制，学制也是多样化的。由于学校由政府、教会及社会组织出资兴办，教学的内容、学制、语言、目的都是不相同的，因此澳门的教育呈现出一种典型的多元化特征。在不同学校中受教育的学生由于教学背景的不同受到的影响也是复杂的。

文化的多元。在澳门既有中华文化的存在，也有其他文化的存在，并且有其明确的载体。目前澳门在语言的使用方面除了中文以外，葡萄牙文、英文也很流行。尤其是葡萄牙文和中文作为官方的语言文字，在政府的公务活动、司法诉讼、公文行文中使用最多。澳门出版的报刊中，有《澳门日报》、《华侨报》等7家中文报纸，还有《澳人报》、《今日澳门》、《澳门晚报》葡萄牙文字报纸。同时还有《时事新闻》、《讯报》、《澳门论坛周报》、《香港澳门中国经济报》等数十家中文、葡萄牙文、英文周刊。政府的公告以及政府所办的杂志往往都是以中文、葡萄牙文、英文同时出版，例如《文化杂志》、《行政》、《澳门政府公报》等。澳门的电视台、电台也都有华语、葡萄牙语、英语广播。

反映澳门文化多元的另一个典型现象是澳门的地名，目前在澳门每一条街都有一个中文名称和葡萄牙名称并用。在澳门回归后，葡萄牙文的地名仍然被保留下来。

近年来随着西方博彩业的大规模进入，相应的西方文化也随着进入澳门，这不仅仅表现在价值观上，同时西方的消费时尚、歌舞娱乐、艺术也随之进入澳门。博彩公司不仅仅经常举办艺术表演活动，邀请世界上的顶级艺术团体、时尚消费品到澳门表演展示，与产业相关的文化活动多融合了西方的价值观、时尚、高科技的等要素为一体，对大众有较强的吸引力。这种文化现象的影响是不可忽视的。

澳门的物质文化也典型地反映了文化的多元性。澳门的物质文化中融合了大量中西方文化，这其中最典型的就是建筑文化。目前在澳门除了中国式建筑以外，还保存着大量的葡萄牙式建筑和葡萄牙风格的街

---

① 《澳门年鉴》，2007年。澳门特别行政区政府新闻局出版2007年10月。

道，值得一提的是目前澳门的世界文化遗产大部分构成内容多是葡萄牙建筑。漫步在澳门街头，有时仿佛置身于欧洲的城市中。

总体而言，澳门文化是以中华文化为主体、融合了葡萄牙和一些其他东西方国家文化的一种多元文化体，虽然在澳门大多数居民是华人，文化的根基是中华文化，但是文化的主导地位尤其是表现在官方文化层面上西方文化的影响较中华文化大，这是客观现实。如果要说什么是澳门文化的现实，那就是基于族群、国家（中国文化的传统、葡国殖民地传统）、宗教、当代全球文化影响之上的文化多元状态。澳门的文化认同正是植根于族群多样性和历史、社会现实造成的文化多样性之上的。认识了澳门的文化格局以及文化特征，我们就容易理解澳门的文化认同及其现状。

2. 澳门文化认同的结构与意义

文化认同的产生和存在与特定的文化有直接关系，文化认同首先产生于特定的文化之中，进而产生对其他文化的认同。澳门的文化认同也同样和澳门特殊的文化背景有直接关系，在澳门特殊的族群构成和特殊的历史背景形成澳门文化的多元格局，形成了澳门文化认同特殊的结构。概括而言，澳门的文化认同由以下几个层次构成：中国文化认同（包括国家认同）——澳门文化认同（地方认同）——族群文化认同——亚文化认同（包括宗教文化、葡萄牙文化、广东等内文化、外来移民的祖籍地文化、西方文化等）等不同层面的因子。下面我们分别就这些文化认同的构成因子进行简单论述。

（1）对中华文化和中国的国家认同

澳门自古就是中国的领土，澳门的主要族群是华人，因此尽管澳门经历了葡萄牙长期的殖民统治，但是中华文化仍然是澳门的根基，对中华文化的认同仍然是澳门最主流的认同。澳门的华人大多数出生在中国内地，在20世纪50年代以后大批内地居民移居澳门，他们已经深受中国文化的感染，具有中华文化的根基，因此在澳门主体民族保持有对于中华文化的认同，是特定的历史背景与社会环境决定的。由于有对中华的文化的认同，人们保持着华人的价值观、生活方式、社会风俗习惯等。

对中华文化的认同，形成了对中国国家认同最重要的基础，在澳门回归中国之后，人们容易形成对中国的国家认同。在澳门一个特殊的现象是出生或者长期生活在澳门的西方人和土著葡萄牙人也同样是具有对中华文化的认同，对中华文化有亲切感，同时愿意接受中华文化[1]。出生或者长期居住在澳门的土生葡人，由于长期与中华文化的接触，已经吸收了很多中华文化的因子，例如学习中国的语言文字，适应甚至吸收中国的生活方式、饮食、艺术等，对中华文化拥有一定的认同感。这一点不仅对土生葡人，对于长期生活在澳门的其他国家的人也一样，由于和中华文化的长期接触，往往都会对中华文化产生一定的认同感。

澳门新的国家认同问题是随着澳门的回归而凸显出来的。在澳门回归前澳门的国家认同问题是一个复杂的问题，一方面居住在澳门的大量华人与中国内地有割不断的血肉联系，对中国怀有认同感，但是澳门在葡萄牙的统治之下，澳门的精英文化和主流文化是葡萄牙文化，尤其要进入澳门上层社会，就必须要认同澳门的葡萄牙的宗主国的地位，因此非华人的国家认同是倾向葡萄牙的，很多的华人一方面怀有中国的国家认同，同时也既有对葡萄牙的国家认同。澳门回归后，澳门人曾经有过对澳门前途的担忧和迷惑，因此在国家认同上曾经有过反复，这主要表现在大量的澳门人选择葡萄牙国籍，随着时间的推移中国的国家认同问题不仅仅成为每个澳门人的需要认真思考问题，事实上中国的国家认同在澳门不断地得到了强化。这一点将在后面进一步论述。

对中华文化认同和中国国家认同有重要的现实意义。首先是澳门人自身的国家身份问题，只有达成了对中华文化的认同和中国的国家认同，个人才真正从文化根基上解决了自己的国家身份问题。由于澳门是一个多族群的移民社会，在当前由于澳门特殊的经济地位和移民所带来的社会结构的变化还在扩大，因此也造成了不同族群对中华文化和中国国家身份认同的困难。不同历史时期的移民，尤其是来自不同国家的新移民，成为澳门的居民是容易的，但是要使他们能够具有中华文化的认同，甚至对中国的国家认同就是不容易的，包括澳门回归后的土生葡人等在当地已经生根的族群都存在相应的问题。但无论如何，当移民成为

---

[1] 宋柏年、牛国玲《澳门多元文化负补互动格局的形成与发展》，《中西文化研究》2006年第2期。

澳门的合法永久居民以后，尤其是外国籍人对中华文化和中国的认同，是澳门长期稳定的根本。否则澳门就会成为一块文化飞地，形成当地相当比例的居民不具有对中华文化、中国国家的认同的现实，从长远来说将影响到澳门的稳定。

其次，澳门人对中华文化和中国国家的认同，是澳门维护国家统一、促进澳门和中国的文化整合、从文化上实现国家整合的重要环节。尽管澳门已经回归中国，但是制度上的国家整合还不是完全意义上的国家整合，彻底的国家整合必须包括文化意义上的整合。因此如果澳门仅仅是在法律的框架中保持着中国领土的地位，但是在文化上却并没有和中国文化相融合[①]，澳门的居民也不具有对中国的国家认同和对中华文化的认同，那么不仅是貌合神离，而且对澳门的长治久安和繁荣稳定都将产生极大的负面影响。澳门一旦丧失了中华文化的根基，人们对中华文化和中国的国家认同就将会被弱化，形成文化上的分离状态，甚至会影响到国家的稳定，这一点在今天澳门族群多元化和文化多元化的现实之中尤为重要。因此澳门的中华文化认同和中国国家认同是澳门实现真正意义上的国家整合、是澳门的繁荣稳定和长治久安的最根本的文化基础。

（2）对澳门的文化认同

澳门文化认同作为中华文化与中国认同之下的一种地方性认同，包括了两个层次，一是对澳门文化现象的认同，二是澳门身份的认同。

居住在澳门的人们对于澳门的文化存在认同感是必然的。这里最大的问题在于什么是澳门文化，今天澳门是否已经形成了一种特别的文化体系，这仍然有待于深入研究。在笔者访问过的一些澳门学者当中，他们都认为澳门如今并没有形成一种可以称得上是"澳门文化"的文化体系。虽然大多数华人置身于中华文化的氛围中，但主要受到的是广东、福建的文化影响，同时澳门的精英文化是葡萄牙文化，西方宗教的文化影响也深入到澳门社会的各个阶层中，最近几年随着澳门华人移民的增多以及人口结构的改变，文化的多元现象还在不断扩大。因此澳门

---

① 在这里我们更多地强调了"国家文化"这一概念，因为它不仅包括了中华文化的内容，国家文化更多地反映了国家的当代文化形态与文化利益。

文化处于多种文化的交织过程中，是一种以中华文化为主体，同时融合了葡萄牙文化、西方宗教文化为主的西方文化以及其他文化的多元文化。

笔者认为，尽管是否能将这种文化多元体称为"澳门文化"还值得进一步研究，但澳门文化的多元共存现象作为澳门文化的象征与概念，这一点已是现实。澳门的文化认同正是植根于规范这样一种多元文化之中，因此对澳门文化的认同主要是表现在对这种文化象征和文化概念的认同之上，而不仅仅表现在对具体某一种文化的认同之上。认同澳门文化多元的构成现象和现实，就是对澳门文化的认同。澳门文化认同可以表述为对植根于澳门的文化多元现象的认同，它不表现为对澳门的某种文化的认同。它认同不同文化可共存共生，认同已植根于澳门的不同文化并对新的文化的进入持有宽容的态度。

其次，对一种地方文化认同来说，更重要的是身份认同。身份是一种文化符号，这种文化符号包括了文化归属、国家和地方的身份归属、社会地位乃至于政治倾向等因素，因此身份认同也是最直观的国家和地方文化认同。澳门人对于澳门身份的认同是澳门文化认同最核心的构成要素，当人们承认自己是一个澳门人、对澳门有归属感，人们也就有了对澳门这个概念的归属感和相关的文化认同。因为"澳门"和其他地方的一样，既是指一个地方和地名，事实上又是指一种文化现象，在这个地名之中包含了深刻复杂的文化内涵，包括这个地名所代表的地方文化、人们对这一地方的印象、概念、个人对于这个地方的特殊经历而形成的地方意识、感情、地方归属感等诸多的文化内涵。有了对澳门的身份认同，也就具有了对于澳门的文化认同。如果澳门的居民不认同自己是澳门人，那么就很难具有对于澳门的文化认同。因此所谓的澳门文化认同就是澳门人对于澳门的身份认同及其表达澳门文化特征的多元文化这一概念的认同。人们对于澳门的身份认同也同样存在法律意义上的（即取得了法律意义上的澳门身份）与文化意义上的（即具有了对澳门的归属意识）身份认同。

澳门文化认同作为一种地方文化认同对于澳门的和谐、繁荣稳定有重要的意义。澳门人认同澳门是对澳门的归属感和澳门的信心、感情体验等，这些通过澳门人对于澳门的文化身份的认同表现出来。在澳门回归祖国这一特殊的历史背景下人们拥有对澳门的文化身份认同，是对澳门信心的表现，这一切对于澳门的稳定繁荣、社会和谐有重要意义。澳门文化认同的又一个重要意义在于它是澳门的社会和谐、社会稳定的重要基础。澳门不同族群对澳门的文化认同，是增强澳门凝聚力的重要基础，澳门的各种社会群体都在澳门文化认同之下得到文化意义上的整合，澳门才能团结稳定。如果没有对澳门的文化认同，甚至这种认同非常弱化，澳门的社会凝聚力就得不到增强，澳门社会将成为一个多族群居住的松散社会。在目前越来越多的人移民到澳门，甚至成为澳门的永久居民。取得澳门身份证、成为澳门居民是容易的，但是要达成澳门文化的认同却可能是困难的。澳门文化认同不仅是国家整合的需要，同时也是澳门从一个多种族群、多元文化并存的社会整合为一个稳定的社会的重要动力。

(3) 族群文化认同

澳门是一个多族群构成的移民城市，因此族群认同是澳门文化认同中重要的构成部分。族群认同的重要基础是对自己祖籍的认同，这种认同感是居住地的变化割断不了的，它融合了人们对于自己祖籍地和祖籍民族、国家文化的怀念，同时也是自己的身份象征。在澳门较大的族群包括了华人、葡萄牙人、菲律宾人、缅甸人、泰国人和长期居住的其他国家人。华人中又主要是祖籍广东和福建的两大群体。因此，不仅土生的华人和土生葡人拥有自己的族群文化和文化认同，其他不同的族群在移居澳门以后也仍然保持着自己原有的生活方式和尽可能多的文化，同时也保持着自己的族群文化认同。同样是华人，来自于广东和福建的两大族群之间不仅有文化之间的差异，更重要的是有族群文化之间的差别，人们更直接地认同于自己的广东或是福建祖籍族属，同时保持着对相应族群的归属感和社会联系。族群文化认同的存在，强化了族群的概念，也强化了族群在澳门存在的现实。

澳门族群文化认同的第二层次，是不同族群之间文化的相互认同。这种文化认同比较复杂：一方面是对于其他族群文化的认同，因为不同族群之间有可能存在相互间的文化认同和文化融合，包括长期居住在澳门的土生葡人和其他国家的人，都可能吸收了的中华文化，包括对语言、文字、生活方式、文化艺术的热爱和吸收等，对中华文化拥有认同感。另一方面，长期居住在澳门的不同国家或地区的移民，对澳门的社会文化会产生认同感，这其中就包括了对澳门各个族群共同构成的澳门文化的认同，这是不同的移民融入澳门文化的本土化现象，这一点无论是土生葡人还是菲律宾人、缅甸人等不同的文化背景的人们都是一样，长期居住在澳门必然学习澳门的语言、适应澳门的风俗习惯和生活方式。但是族群文化相互间的认同并不表现在一个族群对另一个族群文化的归属之上，而是对于其他属性文化存在合理性的认可和尊重。各个祖籍不同的族群都因为各种特殊原因而保持着自己的文化认同，不可能放弃自己的文化认同或者在保持自己文化认同的同时完全认同其他的文化，尤其是宗教信仰的限制更难以逾越。因此对其他族群的文化的认同，可以表现在容忍、尊重其他文化的存在，不干涉其他文化的存在，和其他文化共同相处，甚至吸收、融合，这是澳门族群文化认同的重要特点。

在一个移民社会中，不同的族群维持着对自己族群的文化认同是一种普遍现象。并且有其特殊意义，这既是一个族群强化其凝聚力以及族群内部人们相互之间情感体验的需要，同时也可能是表达社会诉求，争取社会地位和政治地位的需要。在族群内部，由于族群认同的存在，增强了族群内的凝聚力，表现族群内人们的感情依托、互帮互助，从而提高一个族群内部成员以及这个族群在社会中的整体生存能力。族群认同还可以成为争取政治权力和政治地位的基础，一个有较强凝聚力的族群必然有利于争取更大的社会生存空间。族群意识的强化能够增强族群的凝聚力，但是族群意识的存在有可能造成一个族群和社会的不相容。从对不同族群文化的认同这一意义上讲，在澳门这一多个族群构成的社会中，不同族群都能够在尊重其他族群文化、承认其他族群文化存在的基点上认同其他族群的文化，这将有利于澳门的各族群间的和谐以及澳门的整体社会和谐。如果不同的族群不能够找到一个实现文化认同的基点，那么澳门的社会将会因为族群文化的多元化而出现分裂和不稳定，因此族群文化认同是澳门社会和谐的重要基础。

（4）亚文化认同

澳门是一个多元化社会，多种文化并存是澳门长期的现实，为了便于表述，在此我们将国家文化认同、澳门文化认同、族群认同之外的某一方面的文化认同称为亚文化认同。澳门的亚文化主要包括了基督教、天主教、佛教为主的不同的宗教文化、葡萄牙文化、不同族群的祖籍文化如华人族群中的广东和福建等地方文化、博彩等娱乐文化及澳门已经存在的不同的外来文化，尤其是全球化带来的不同文化。

在澳门亚文化中影响较大的是由西方宗教带来的文化。由于澳门特殊的历史背景，澳门社会受西方文化的影响也较大，因此在澳门存在对西方文化的认同是必然的。对西方文化的认同虽然不代表澳门人的主流，但它却是相当一部分人所持有的，并且可以通过很多现象得到验证的。对西方文化的认同首先表现在对基督教、天主教等西方宗教的信仰上，对宗教的信仰而形成了对西方文化的认同。由于西方宗教的影响，持有这种认同的人群就可能比较复杂，既有社会精英也有普通百姓。基督教、天主教等西方宗教也带来了相关的生活方式和社会风俗，例如对大众影响较大的宗教节日，包括圣诞节、情人节、母亲节、父亲节等。对这些节日的参与也表现了对西方文化的一种认同感。

澳门在葡萄牙的长期统治之下，葡萄牙的文化对澳门的影响也是非常广泛的，葡萄牙的语言、文字、生活方式不仅使当地的葡萄牙人所保持，当地的不少华人以及其他长期居住着澳门的不同国家居民也同样认同葡萄牙文化，尤其是在葡萄牙统治时期，这不仅仅是一种时尚，更是一种政治上的象征。澳门的土生葡萄牙人作为一个相对特殊独立的群体，自然地保持着对以葡萄牙文化为主流的西方文化的认同。

澳门的亚文化内容较为广泛，除西方宗教、佛教、本地人民间宗教、妈祖崇拜的宗教文化认同之外，还包括了不同地域文化认同，例如华人族群中的广东地域文化认同、福建地域文化认同等，近年来随着西方博彩业的进入而带来的更多西方文化要素的认同。由于文中将会分别论述到，在此不再详加论述。

基于前述对澳门文化认同特点的分析，在澳门对不同的亚文化的认同并不表现在对这种文化的归属之上，而是对这种文化存在的认可，即认同不同文化存在的现实、合理性并且加以尊重。对澳门的亚文化的认同，也就是对澳门文化多元的现实的认同，这表明了澳门文化认同的一种包容性，澳门能够包容不同文化并且相容共处，这些特点也使澳门容易吸收更多不同的文化，外来文化也同样容易进入澳门，对澳门的文化产生影响。对于不同文化的认同，是澳门社会和谐的重要基础，如果没有这种认同，那么澳门的各种文化冲突将会变得激烈，使澳门成为一个文化对抗的半岛，不利于澳门的社会稳定。另一个方面对多元文化存在认同，也是体现澳门基本法精神的重要环节。

综上所述，澳门文化认同是由多个层次的因子构成的。在澳门特殊的文化认同结构中，不同的构成因子都有不同的意义和功能，如果澳门不了解各个因子的功能和意义，就不能真正理解澳门文化认同的实质。当代可以通过对不同因子的功能的调整来进一步优化澳门文化认同的构建，使澳门的文化认同成为实现国家文化整合、增强澳门凝聚力、促进澳门的社会和谐稳定，实现长治久安和繁荣的文化动力。从这个意义上讲，不理解澳门文化认同的结构和结构内不同因子的功能和意义，就不能够真正的理解澳门社会。

3. 回归后澳门文化认同的变化

1999年澳门回归祖国是澳门文化认同变迁过程中的里程碑。澳门的文化认同，包括澳门人的国家认同、中华文化认同、对澳门文化认同、族群认同、对西方文化认同等构成因子都由此开始了一个新的变迁过程。促使澳门的文化认同产生变化的不仅仅是澳门回归祖国这一里程碑所包含的文化概念，更由于一系列的经济、社会、文化新的变化所带来的影响。在这种背景下，澳门的文化认同在回归后发生了较大的变化。在此我们选择一些反映回归后澳门文化认同变化的重要方面进行论述。

（1）身份认同的变化。

身份认同是最能反映一个人或者是一个群体对某一地方归属感的重要的文化现象。身份认同一方面是天生的，一个人的出生地决定了其所具有的身份认同；另一个方面则是后天的，取决于一个人在成长过程中影响到自己身份认同的社会、经济、文化、政治等环境。对澳门人来说不同的族群有自己的出生地所决定的身份认同，但是更重要的是后者。

在澳门回归前后，身份认同成为澳门文化认同一个较大的热点。澳门回归前，澳门经济连续四年负增长，人们对于澳门的经济信心和政治形势、澳门的前途都表现出了前所未有的担忧。因此这一时期很多澳门人对自己的澳门身份产生了犹豫。这其中最突出的是在澳门的土生葡人,他们对于自己在澳门的生存前景普遍感到担忧①。与此同时,很多长期居住在澳门的西方人也纷纷离开澳门,这其中尤其是很多葡萄牙居民离开澳门前往祖籍国定居,使得在澳门的土生葡人人数大大减少。不仅如此,很多在澳门的华人对自己的身份也是迷惘的,在当时有大量的澳门人华人申办了葡萄牙国籍,申领了葡萄牙护照。至1988年,澳门官方发出加入葡萄牙国籍的中国居民113000个葡萄牙国籍认别证,澳门回归前已经有10多万中国公民持有葡萄牙护照②。很多人在就业、上学时将自己的身份申报为葡萄牙国籍公民。据澳门科技大学李小平教授回忆,在澳门回归前一两年的大学招生过程中,一个突出的现象就是很多学生都将自己的身份申报为葡萄牙国籍,这其中大部分是华人学生,这表明了当时人们对于澳门前途不明确的担忧和由此导致的身份选择。不仅如此,甚至有很多澳门人对外接触时自己作为澳门人的身份还可能不愿坦诚公开。但是随着澳门的回归以及澳门经济的增长、社会形势的好转,澳门人的身份认同有了较大的变化。澳门著名学者吴志良先生在一篇《别问我是谁》的短文中写道:"长达12年围绕特别行政区如何成立的广泛、深入讨论,显然对澳门人的身份认同产生了冲击和积极的影响。在这个参与过程中,身份认同自然地明显起来了。"澳门的身份认同问题在澳门回归前后成为一个转折点。吴志良先接着生动地写道:"回归前,澳门治安不靖且声名远扬,许多澳门人在外地被问起身份时,不无尴尬,有时还不得不左右而言。澳门回归近五年取得的成就,大大增加了澳门人的信心和自豪感。这五年来居民对特区建设的积极参与,也大大加强了对澳门的文化认同和归属感。即使身在外地,被人问起的时候,非但不必再冒充其他地方的人,越来越多的澳门人还从'我从澳门来'改为'我是澳门人'来作自我介绍。③"

　　澳门人对澳门信心的增强得益于澳门回归以后经济的高增长与社会繁荣。在中央政府的大力支持以及澳门特区政府的努力下,澳门回归之

---

① 杨允中《土生葡人——澳门社会稳定、发展、繁荣的重要因素》,《论回归意识》,澳门经济学会出版,1999年。

② 转引自黄汉强、程惕潔《新来澳定居之内地移民论析》,澳门大学澳门研究中心出版,2005年,第12页。

③ 吴志良《别问我是谁》,载《一个没有悲情的城市》,澳门日报出版,2007年。

后不仅扭转了经济负增长的局面，而且出现了连续七年的持续性高增长。2006年澳门公共财政盈余超过100亿澳门元，总收入接近是总支出的两倍。全年GDP增长15%。2007年人均生产总值约28436美元，创历史新高，首度超越香港。全年GDP增长13%。澳门博彩业收益在2006年甚至跃居于美国赌城拉斯维加斯的金光大道之前，博彩业收益及旅游业带动失业率创10年新低，出现了人力资源不足的问题。2007年澳门在中国200个城市综合竞争力中名列第十名。澳门经济的持续增长，不仅增强了澳门人对于澳门发展前景的信心，同时也有效地缓解了澳门回归前由于经济负增长所造成的社会矛盾。澳门的大多数居民领取了澳门身份证，自愿成为澳门居民。据统计，至2006年12月31日止，澳门居民身份证的人数为528746人。另外一组数据表明，自2000年至2006年12月31日，澳门加入中国国籍的人数536人，恢复中国国籍的人数358人，退出中国国籍的人数27人，并选择中国国籍的人数199人，选择葡萄牙国籍的人数31人[1]。加入中国国籍的人主要是外国人和无国籍者，恢复中国国籍的人主要是曾退出中国国籍的中国人，选择中国国籍的情况是具有中国血统又有葡萄牙血统的土著葡萄牙人。这其中可以看出很多曾经退出了中国国籍或不具备中国国籍的人在澳门回归后选择了中国国籍。

今天应该说澳门的身份认同问题在法律框架内已经基本得到了解决，人们领取了澳门身份证成为澳门人，但是身份认同最根本的还是一种文化认同，意味着对于自己所属的地方的文化归属意识的确立。澳门社会中的文化生活现实是多种多样的，包括澳门现行的政治制度、法律制度、社会生存状态和阶层现实、宗教、节日、教育制度乃至于博彩业及相关的亚文化现象。一个人要对这种社会文化现实产生认同，并且融入这种文化之中并不容易，因此对于新的移民来说对澳门文化的认同还是一个长期的过程，尤其对于来自不同国家、不同文化背景的人们来说更是如此。在这个意义上讲形成对澳门文化的统一认同，包括对澳门的身份认同和澳门的文化现象认同都需要一个长期过程，并非定居澳门并且取得了澳门身份证的人就完成了对澳门的文化认同过程，具有对澳门的文化认同。

---

[1] 《澳门年鉴》，2007年。澳门特别行政区政府新闻局出版2007年10月。

（2）国家认同和中华文化认同的变化

在澳门回归后，首先明确了对澳门的文化认同，也就确立了国家文化认同的基础，因为澳门作为中国的一个地方，对其认同是国家认同的起始。与澳门的地方文化认同一样，国家认同的形成也具有自然和社会两个方面的因素。在自然方面，当一个人出生在某个国家的时候在法律意义上就自然拥有了对某个国家的国籍，包括自己出生的祖籍的认同构成了自己自然的国家认同。但是当一个人在成长和社会化过程中，对国家的认同便从法理意义上的认同变成一种文化认同，自己可以选择自己的国家认同，这可能出于对于国家的政治归属、个人的社会化经历、文化体验、受教育等复杂的因素。因此出生地所带来的法律意义上的国家认同是不能选择的，但是个人社会化过程中文化意义上的国家认同是可以被选择的。

澳门回归后对于澳门人来说最大的身份转折是国家身份的变化。对于国家认同感的确立也是人们文化认同新的构建历程中的里程碑，这一点对于具有其他国家国籍的澳门居民来说更是如此，人们在解决自己的澳门身份认同的同时，也要解决自己的国家身份认同问题。但这两者之间有较大的差别，因为在澳门特殊的法律地位中为人们保持自己的地方身份认同留下了较大的空间。人们可以因为自己生长、生活在澳门而产生对澳门的地方性认同，但是对国家认同毕竟是一个复杂的问题，它包括了人们的政治认同、文化认同、祖籍地认同等复杂的因素。国家认同所表达的身份认同最根本的还是对国家的文化认同，包括对国家的政治归属感、文化归属、情感归属等诸多复杂的因素。因此在法律的框架内，澳门永久居民可以选择中华人民共和国的国家身份，但是在文化上形成真正的国家认同仍然具有较长的过程。

事实证明回归后随着澳门经济的强劲增长，人们对澳门的信心有了较大的提升，澳门和内地的社会和文化交流空前扩大。如上所述，澳门经济在回归后连续七年强劲增长，增强了澳门人的信心，在这个过程中中央政府和内地对澳门经济发展和社会稳定繁荣所给予的巨大支持，对澳门人的心理也有较大的影响。近年来澳门在融入全球经济的过程中，社会对外交流取得了极大的进展。澳门回归后，澳门特区政府大力推进旅游业的发展。在2007年澳门入境旅客超过2700万人次，升幅为

22.7%。其中中国内地的旅客 1487 万人次，增幅为 24%，香港游客为 817 万人次，增幅为 17%[①]。在澳门的社会交往中，内地游客占绝大部分，近年来还有大量澳门的学生到祖国内地就读，不仅学到了知识，同时也增加了对国家和中华文化的了解。内地与澳门的人员交流的扩大，有利于内地和澳门的社会、经济、文化交流，有利于内地和澳门的文化理解，进而增强人们的国家认同感。据调查在 2006 年：澳门人认同自己是中国人的占被调查者的 34%，认同自己是澳门人也是中国人的占被调查者的 47.8%[②]。这些数据表明，完全认同自己是中国人和既认同自己是中国人也认同自己是澳门人的人数相加，认同自己的中国人身份的澳门人已经成为主流，也就是多数人具有对中国的国家认同。在北京奥运会之前对 634 名大学生的一份调查表明，97.9% 的被调查学生表示相信中央政府，其中表示"完全信任"的占 69.9%，较上次调查大幅上升近倍。超过七成受访者表示自己是"中国人"，较该六月的同类调查结果轻微上升；认为自己是"澳门人"的比率则下降至不足三成。超过九成大学生对国家举办奥运感到自豪及骄傲，88.4% 的受访者更认为国家成功举办奥运，增加了自己对国家的理解[③]。

客观地讲，今天澳门人的国家认同问题还没有从文化意义上得到根本解决，仍然有近 30% 的学生和相当比例的社会各阶层人士没有完全构建起对中国的国家认同，甚至在这个过程中还存在着地方认同和国家认同之间的矛盾，尤其是近年来不断移居澳门的不同国家移民和原居住在澳门的西方人士对中国的国家认同和中华文化的认存在着新的整合过程。但无论如何在澳门回归以后的 9 年来，中国的国家认同已经成为澳门人国家认同的主流，澳门人已经应逐步建立起来了对中国的国家认同。国家认同后面最根本的就是对以中华文化为基础的中国文化的。当然和澳门身份认同一样，要实现从法律框架内的身份认同到文化意义上的国家身份认同仍然有较漫长的历程。

[①] 澳门《乐报》2008 年 1 月 16 日第二版。
[②] "台湾、香港、澳门、冲绳民众文化与国家认同国际比较调查" 2006 年。http://esc.nccu.edu.tw/newchinese/news/2006newletter.pdf。
[③] 据《澳门学联网》。

(3) 族群文化认同的变化

在全球化背景下的开放社会中，文化认同的显现一方面是对外来文化更多的认同，另一方面则是不同的民族、国家、地方及群体在强化自己的认同，通过强化自己的认同表达自己的各种诉求、实现和全球化的对抗，巩固自己的生存根基[1]。澳门目前在多维文化状态下的族群文化认同特点也基本如此。

与当代的文化多元特点相对应，澳门文化的认同同样呈现出多元的状态。回归后，澳门处于一个国家整合和全球经济一体化的过程中，社会、经济、文化与祖国内地的融合不断得到加强，同时也和世界发生着更广泛的联系。在这种过程中不同群体更加强调自己的利益，包括不同族群、社会阶层、宗教群体、政治团体等不同的社会生态构成者，而强化自己的文化认同是其社会生存的一种重要手段。回归后澳门的族群认同不但没有相互发生大的融合，相反随着族群构成的变化被强化。在华人社会中，由祖籍地形成的不同群体的认同更加强化，这典型地表现为不同的商会、宗亲会等社团及家族的势力在扩大，对社会有更广泛的影响力乃至于控制力。商会、宗亲会等社团在社会中生活中的影响往往是以文化为基础的，其核心凝集力就是祖籍地的、家族的、宗亲的文化认同。据统计，在澳门有社团2500多个，其中华人社团500多个，就澳门的人口比例而言是非常高的。澳门大量华人社团的形成和澳门在回归前所处的社会环境有关系，回归以前的华人社团较为封闭，今天这种传统虽然也还在延续，但是基于祖籍、宗亲、家族的社团已经越来越多地介入了社会生活和政治生活中，尤其是一些较大的社团。对一个社团来说既有传统意义上的社团责任，包括联络、互助、争取社团的利益的功能，履行社团的社会责任，例如办学校、医院，在各种节日中举办节庆活动等。澳门回归后，澳门的华人对于社团同样有较强的归属感，强化了族群认同。在社会和政治生活中，很多华人基本都以社团的态度作为自己的态度，甚至把社团的态度看得比社会价值更高。笔者在澳门调研时曾经听到一个典型的例子：一个华人因为个人违法被法院传唤，在法

---

[1] 郑晓云：《论全球化时代的文化认同》，载《文化认同论》，中国社会科学出版社2008年版。

庭上面对法官提出的一系列问题他都表示要回去问了社团的负责人后才回答，在此之前一概不回答问题。因此在澳门回归后澳门华人对族群的认同感仍然较强，与回归前相比，澳门族群认同除了天然的祖籍、宗亲、家族和社会归属等基础之外，还增加了更多的表达社会诉求和政治诉求的因素，在葡萄牙统治之下澳门的华人社团最主要的功能是华人社会的团结、互助及利益的表达，澳门回归后华人已经成为社会生活和政治生活的主流族群，社团的意义在这个过程中随之发生了变化，有了更多的经济、社会及甚至是政治上的诉求，使澳门的族群认同被强化并且更加复杂化[①]。

此外，澳门目前族群结构中不可忽视的是亚洲裔居住人数的增长，目前迅速扩大的菲律宾人以及缅甸人、泰国人等，他们的族群认同也同样是典型的。据笔者调查，这些族群一方面努力融入澳门的社会生活，另一方面也在强化自己的族群势力和族群认同，在澳门形成稳定的社会网络，自成一个社会圈子。笔者曾在公园、车站、餐厅、街道边休息处等场所对一些亚裔人进行访谈。这些人有的已经在澳门居住多年并结婚生育，有的是刚到澳门不久的。他们都希望能够在澳门长期居住下去，因为澳门的社会环境和经济环境比他们本国好，收入也较高，有很多人还在介绍更多的本国亲友来澳门工作。有了工作，但他们认为自己在澳门在社会地位并不高，因此在澳门社会生活中，他们和澳门当地人只发生工作关系，工作之外大多数人的生活圈子是本国人，很难和其他族群的人发生社会联系，菲律宾人由于信仰基督教、天主教的人较多，他们与教会的联系较密切，教会也有很多工作关系及项目是涉及到澳门的菲律宾人的。他们认为生活在澳门最可靠的社会关系网还是本国人、本乡人，因此他们都有在澳门的社会关系圈子。由于人数逐渐增加也给不同国籍移民完善自己的社会圈子提供了机会，有的还有同乡会性质的组织，有负责人，通过宗教、节日、日常联络和社会中的互相帮助等方式结合在一起。在这些组织中，人们在社会生活和介绍工作机会等方面互相帮助。很多人都认为，他们这些群体在澳门很团结，他们会越来越壮

[①] 关于华人社团在当代社会生活中的论述，参阅杨允中、黄鸿钊、莊文永等著《澳门文化与文化澳门——关于文化优势的利用与文化产业的开拓》，澳门大学澳门研究中心出版，2005年。

大，因此他们刻意保持自己的生活方式、节日、宗教，从而使自己的族群认同被强化。

澳门又一个特殊的族群是土生葡人。澳门回归后土生葡人的社会地位发生了变化，他们的心态是复杂的。一方面对于政府是否能保证他们既有的政治、经济和社会利益有一定的担心；另一方面也在极力维持自己的文化传统以谋求自己的族群利益能够得到延续。不同的研究表明在澳门回归后，除了一部分青年人族群意识有所淡化，土生葡人的族群文化认同并没有淡化甚至被强化了。对于葡萄牙文化的认同存在两极化，一方面是失落，一方面是强化，这都是由于当前的社会环境所决定的。他们通过种方式来保持自己的族群认同，争取更多的社会权利，例如成立了"澳门土生葡人学会"、"根在澳门"、"澳门自由协会"、"澳门民主协会"等澳门土生葡人的社会团体，借以加强自己的凝聚力，整合族群资源。霍志剑先生指出，当华人族群的地位在澳门不断得到显现的时候，土生葡人族群感到和过去相比他们已经处于弱势地位，他们希望他们内部可以增强凝聚力，对他们群体内部的事情以及外部对他们的评价更加敏感和关注，族群的边界变得更加明显，"他们的内心深处族群认同意识较回归前更加强烈[①]"在将来，随着土生葡人和当地人的融合以及澳门土生葡人人数的减少，澳门土生葡人的族群文化认同是否被减弱，这还有待观察。

总之，在澳门回归以后，不同族群的认同不是弱化而是强化了。族群认同是不同的族群获得群体利益，在社会生态中表达自己的利益诉求、强化生存能力的必然表现。为在开放、多元的社会环境中获得更强的生存能力和更多的利益，人们的需要强化个人对族群的归属感进而强化族群的凝聚力，这是澳门现阶段族群文化认同被强化的重要原因。

(4) 多元文化认同

澳门回归以后，由于澳门基本法得到了较好的贯彻，澳门的多元文化在回归后得到了较好保持，澳门人的多元文化认同也得到了维持，因此多元文化认同仍然是澳门的地方文化认同中最重要的构成因子。

澳门回归后随着文化结构的变化，澳门多元文化认同也有了较大的

[①] 霍志剑：《澳门土生葡人族群的起源与认同》，载《中西文化研究》2006年第2期。

变化，这主要反映在文化认同的内涵的扩大化趋势上。一方面，澳门人依然保留着多元文化认同，即构成多元文化认同的族群认同、宗教认同、地方文化认同、西方文化认同等；另一方面多元文化的认同内涵的扩大表现在澳门身份文化认同、中华文化认同和中国国家认同得到强化的同时，对西方文化的认同由于西方文化的影响力的扩大同样也被强化。关于澳门地方身份文化认同和国家认同在前面已经进行了论述，这里将重点讨论西方文化影响下的文化认同变化。

澳门存在着对西方文化的认同，包括中国人对西方文化的认同，这是一种客观存在的现实。这种认同在澳门历史上主要是由于宗教和葡萄牙的殖民统治所带来的。在澳门回归后，澳门的各种西方教会都加强了自己的传教工作来巩固在澳门的根基，扩大自己的影响，因此在回归以后澳门和西方世界的宗教交流显得更加频繁，各种教会在社会参与方面的工作更加投入，形式也更加丰富，包括强化教会学校的教育、积极参与社会福利事业、文化活动。笔者在澳门调研期间曾经访问过几个教堂，和一些神职人员交谈，他们都认为当前各种教会势力在澳门的竞争空前激烈，都在积极争取更多的信徒，尤其是到澳门工作的新移民和青年人，其中菲律宾等亚裔移民最受关注。在澳门街头上也经常看到西方的传教士与行人攀谈，散发宣传品，笔者在街上行走时曾多次有传教士主动上来攀谈、散发宣传品、邀请到教堂参观等。在这些传教工作的扩大化过程中，对人们的认同影响是较大的。

如果说西方宗教的传播所带来的澳门人对西方文化的认同已经成为澳门文化认同中的一种传统，那么近年来随着博彩业的发展和澳门对全球化的进一步融入所带来的西方文化认同那就是一种新的形势。今天澳门对西方文化认同的内涵扩大并不完全是教会势力的影响，更多的是后者。西方博彩业进入澳门所带来的文化冲击造成了澳门新的一轮文化竞争势态。

近年来澳门的经济增长中，博彩业的发展仍然是推动的龙头。在澳门回归后，澳门政府对外资开放博彩业，引进了一系列西方博彩业巨头。2007年8月，亚洲最大的综合式酒店及世界第二大建筑物——澳门威尼斯人度假村酒店开业，其作为全球最大的复合博彩设施，被视为澳门旅游博彩业新的里程碑。此外，2007年底美高梅金殿投入营运，澳门博彩业6大赌牌悉数登场，使2008年博彩业的竞争逐渐白热化。

到 2008 年，澳门的赌桌将由 2007 年第二季度末的 3102 张增加至 4700 张，直接带动赌场员工由 5 万人增至 7 万人，酒店工作人数也会由现在的 1 万多人猛增至 3 万多人，而外籍高级管理人员也将会成为未来三年内急需的人才。澳门的博彩业收益及旅游业带动失业率创 10 年新低，人力资源危机开始凸显①。与此同时，澳门大力发展会展产业。预计 2008 年澳门会展业直接收入为 3.68 亿澳门元；2009 年为 4.78 亿澳门元；2010 年为 6.22 亿澳门元②。以此增速，澳门将是亚太地区会展业增长最快的城市。此外，澳门会展业拉动相关行业收益可放大至 9 倍，带动酒店、餐饮、购物、娱乐等多个产业发展，对总体经济产生拉动效应。会展产业不仅是一种经济产业，同时也能带来巨大的文化影响。澳门的西方博彩企业同时也经营旅游业和文化产业，博彩业和旅游业、文化产业往往是一体化的。他们经常邀请西方的艺术团体、体育团体到澳门举办活动，如马戏、交响乐、舞蹈、美术展览、NBA 活动，对当地人，尤其是青年人有较大吸引力。西方的博彩企业和会展业所带来的价值观、经营管理理念、生活方式、文化、甚至是产业中的高科技内涵，都对澳门文化产生着较大冲击。

澳门博彩业和会展经济大发展，为澳门提供了大量的就业机会，对于澳门的经济增长和减轻社会就业的压力有较大好处，但是同时它也带来了潜在的文化负面影响，因为进入博彩企业绝大多数的就业者是青年人。近年来大批青年人在高中毕业以后，有的甚至高中还没有毕业就放弃上大学的机会进入博彩企业工作，由于目前澳门博彩业发展对于职员的需求较大，因此并不需要什么学历条件就可以找到工作，获得高收入。由于青年人大量进入博彩企业工作，使很多青年人丧失了提高文化的机会，转而接受西方文化，促使青年人改变观念和生活方式。澳门博彩业资深人士霍志剑先生向笔者讲述到，目前博彩业对于员工的要求低到只要是一个能说话的正常人。进入博彩业工作以后最大的问题就是人们价值观的变化，在过去很多人虽然生活在存在博彩的澳门社会中，但对于进入博彩企业工作在心理上还是有一定疑虑的，尤其是华人家庭并

---

① 《2008 年经济形势预测：大陆经济增长带动台港澳经济》，《人民日报海外版》2007 年 12 月 6 日。

② 《中银澳门分行预计澳门今年经济增长可达 13%》，新华网，2008 年 02 月 26 日。

不乐意子女到博彩企业工作。但是目前青年人都很愿意放弃升学进入博彩企业工作，尤其是西方博彩业，家庭的观念也发生了变化。在博彩企业中工作人们的价值观、生活方式都将发生根本性的变化。事实上今天澳门大批的青年人，都倾向于对西方文化的认同，缺少中华文化的坚实根基。因此霍志剑先生很担心将来澳门年青一代在这种西方文化的影响下价值观发生根本性的变化而带来严重的后果。除了进入博彩业以外，很多青年人也向往西方国家的工作，目前在澳门青年人补习英语的热情之高前所未有。在其他一些方面也可以反映出西方文化认同的扩大。据一项最新的调查，澳门青年人对于节日的选择第一位是圣诞节，其次是春节、情人节①。以上这些现象，表明了澳门多元文化的内涵在扩大，一方面是对中国国家文化的认同的增强，与此同时对西方文化的认同在扩大。

4. 当代澳门文化认同的整合问题

通过上面的分析可以看出：澳门在回归后文化认同出现了两极化特征：一极是强化，一极是泛化。由于特殊的社会生存环境，澳门不同族群文化认同有所强化，同时澳门人对澳门及国家文化认同也得到了强化。在另一个方面由于澳门处在一个开放的文化环境中，在澳门回归以后经济社会进一步融入全球化的过程，带来了外来文化对澳门新的影响与冲击，使得澳门的文化认同在多元文化的环境中更加泛化，甚至是多极化，成为当前澳门文化认同的一个新的特点。

澳门文化认同的这种新势态，实际上反映了澳门不同利益群体的诉求以及代表不同背景的文化势力在澳门的竞争。包括澳门的文化在内，目前并没有形成一种新的融合势态，而且从目前的发展趋势来看，各种文化产生大的融合从而取代澳门的文化多元性在短期内是不可能的。包括澳门的族群在目前也向着边界明确化的方向发展，而不是向着族群融合的方向变迁，这仍然是目前的客观现状。因此有一些学者曾经预言，在澳门回归后随着政治上的整合，澳门的文化也将趋于整合，同时还将出现一个不同族群基础之上以汉族为主体，融合了澳门其他族群的新族群——"澳门族群"。周大鸣先生1997年提出这一观点，2000年再次

---

① 《澳门日报》2008年2月21日第9版。

宣称这观点得到验证①，但事实上今天澳门的族群文化并没有像周大鸣先生所言的那样发生了融合并且形成了一种新的族群，而是各种族群的边界更加明显化、族群的状态更加多元，文化非但没有实现大融合而是更加多元化、泛化。当然这一切并不是学者判断力出现了偏差，而是由于澳门的新的发展势态所造成的，这种势态很难获得预言，例如只要澳门政府调整移民政策，又将会有大量的新移民涌入澳门，尤其是亚洲国家移民的大量涌入，将使澳门的族群格局更加多元化，此外对外资开放博彩业也不是此前可以预料到的。

澳门由于拥有多元文化的环境，因此在澳门各种族群尽管自己的认同感在增强，凝聚力在强化，同时文化竞争更加激烈，但是各种文化并没有出现明显的对抗，而是相互尊重、和谐共处，这也是澳门难得的势态，这与澳门的根本的文化价值观有直接关系。吴志良先生指出："澳门之所以成为今天的澳门，是因为澳门一直处于一个开放的参照系中，与不同文明长期对话的结果，对话的前提——容忍、承认、尊重以及由此产生的信任、合作、互助、共同承担和社会责任感，便是澳门社会的核心价值。②" "在求同存异和不同的环境下，不同的政治主体和社会群体之间的长期共处，不同社团组织的共同生活、造就了澳门特有的精神状态、政治传统、文化氛围和社会习惯，造就了澳门的居民容让、迁就和互相尊重、互相信任、团结、合作的核心价值③。"澳门这种不同文化和谐共处、互相尊重、不同而和、和而不同的文化核心价值观是澳门长期和谐稳定的重要基石。但尽管如此，澳门的国家文化认同整合问题仍然是一个必须思考的问题，否则国家在澳门的文化利益和澳门的国家整合从长远来说将会受到影响，由外来文化所形成的文化多元格局的影响在不断扩大，非中国文化的比重在增加，这不可能完成澳门从法律框架内对祖国的回归到文化意义上对祖国的回归的转变，澳门甚至可能成为由于国家文化之外的一块儿文化飞地，这对中国的国家文化战略也是

---

① 周大鸣：《澳门的族群》，中国社会科学1997年第5期。周大鸣：《澳门人的来源与文化认同》，《港澳台文化研究》2000年第2期。

② 吴志良：《寻找澳门文化意义》，载《一个没有悲情的城市》，澳门日报出版，2006年。

③ 同上。

不利的。下面我们对一些涉及国家文化认同整合的问题进行探讨。

关于国家认同和地方文化认同问题。目前存在的事实表明澳门在国家认同整合中仍然存在着较多的问题。首先，回归后澳门人对于国家的认同，即认同自己是中国人的比例有了较大的提升，澳门人的国家认同意识不断增强，但是如前所述在2006年底的调查中，在澳门完全承认自己是中国人的占被调查者的比例不到40%。目前在澳门完全具有国家认同的大学生只占70%左右。因此在澳门对国家的认同问题并没有从根本上得到解决，仍然有相当大比例的人对国家认同和个人的国家身份持不确定的态度，这表明了国家认同的整合仍然需要付出艰辛的努力。

与之相关的另一个问题是关于国家认同和地方认同的问题。虽然说对澳门的认同也表达了对国家的认同，但是这两者之间仍然是较大差别的。近年来随着澳门社会经济环境的改善，澳门人的地方认同有了较大增强，这一方面表达了澳门人对于澳门信心的提升以及对澳门归属感的强化，但是澳门的地方认同也可能成为表达对国家认同的一种风向标，形成地方认同和国家认同的一种博弈状态。因为在承认自己是中国人的时候，同时又强化自己的澳门人身份认同，这包含了复杂的文化内涵和政治内涵，反映了人们对于国家的归属感的微妙变化。如前面所提到的2006年据调查显示，澳门人认同自己是中国人的占被调查者34%，认同自己是澳门人也是中国人的占被调查者47.8%，比例大大高于对中国人身份的单一认同。这种现象还有不确定性。同一项调查显示，在2005年认同自己是中国人的被调查者占37.7%，2006年这一比例下降到34%。2005年认同自己是中国人同时也是澳门人的占被调查者的47.8%，到2006年底这一比例上升到49.8%[①]。这反映了澳门人的澳门意识在增强，或者对国家某些态度的变化，导致国家认同的不确定性的存在。同时另一项调查表明，在非知识阶层中或者社会下层中国家认同意识较强，在知识阶层或者社会上层国家认同意识相对较低。在澳门认同本土身份的比率，学历愈高比率也愈高，低、中、高学历的比率依次是31.6%、39.2%及44.4%；至于认同"中国人"身份的，则学历愈

---

① "台湾、香港、澳门、冲绳民众文化与国家认同国际比较调查" 2006 年，http://esc.nccu.edu.tw/newchinese/news/2006newletter.pdf。

高比率愈低，低、中、高学历的比率依次是 47.0%、39.9% 及 32.1%[1]。笔者在研究时接触到的一些知识界人士也认为，目前很多知识界、企业及政府中上层职员等都比过去强调澳门身份及意识。这一切表明，澳门受教育高的知识阶层中国家认同问题仍然是一个有待进一步强化的问题，"中国人"身份认同作为国家认同的文化象征，在澳门还没有上升到一个应该有的比例。

关于中国文化的主体地位问题。在前面我们已经论述到，澳门近年来随着博彩业对外资的开放以及澳门融入世界经济步伐的加快，回归后各种文化势力、包括体现西方价值观的文化、宗教、政治及殖民地遗留的势力在澳门的文化竞争十分激烈，尤其是外资博彩业带来的文化影响更不容忽视。目前大批的澳门青年人进入博彩业工作，深受西方博彩业所倡导的价值观、生活方式、流行文化等的文化的影响，对于中国文化中的传统价值体系造成较大的冲击，也可能改变一代人的文化根基。澳门博彩业和酒店的高级管理人员主要来自于西方国家和亚洲的菲律宾、马来西亚、印度尼西亚等国家，因此对澳门的文化控制会产生一定的影响，澳门博彩业一些资深人士认为，随着外资博彩业势力的扩大如果这些人在澳门的控制力增强，将来澳门文化的很大一个部分将不是澳门人在管理，带来的后果可想而知。与此同时澳门还存在着各种西方宗教势力的激烈竞争，在回归后西方教会对于社会生活的渗透和推动澳门教会与西方教会的交流都更加积极。近年来澳门基督教教会和境外的教会交往非常密切，每年来到澳门访问的基督教教会团体超过 300 个次，同时基督教教会也组织当地教会人员到海外交流。2006 年 7 月 17 日在澳门的第七届世界华人福音事工会议，共有来自世界各地的 2000 多名教徒参加[2]。在今天的澳门，教会对高中以下教育的控制仍然是主流，大多数西方教会都办有从幼儿教育到高中教育的学校，澳门 90% 的学生都是在教会学校里读书，这种从教育根基上对人们的影响是巨大而深远的。与此同时，澳门文化中还有大量的葡萄牙文化遗产，包括法律制度和政府管理制度、社会生活中的内容如建筑、世界文化遗产的构成、一些生

---

[1] 郑宏泰、黄绍伦：《身份认同：台、港、澳的比较》，转引自南京大学社会心理研究所网。

[2] 《澳门年鉴》，2007 年。澳门特别行政区政府新闻局出版 2007 年 10 月。

活方式等。在这种形势下，尽管澳门居民的主体是华人，但是如果西方文化势力的渗透和影响不断扩大，那么国家在澳门的文化根基也将发生根本的变化。因此从国家整合的角度来说澳门存在着文化生态中国家文化的主体地位问题。如果在澳门的文化生态中国家文化丧失了主体地位，取而代之的是西方文化，那么澳门的国家整合过程将会失去文化的根基，将产生严重的后果。因此必须高度重视国家文化在澳门生态格局中的主体的问题，采取必要的措施扩大国家文化在澳门文化格局中的影响和地位。近年来中央政府加大了推动澳门和大陆的社会、文化交流力度，澳门当地政府和当地很多社会团体在推进中华文化的影响力方面做了大量有效的工作，尤其是一些社会团体所做的工作非常有意义。例如澳门人文社会科学学会从《论语》中挑选出215条富有思想意义，教育意义以及现实意义的语录编辑成《孔子语录》从2002年开始，将数千册《语录》免费赠送给澳门的大中学生，受到广大学生的喜爱和欢迎。从2003年起，在澳门的中学校里，连续四年举办了《我读孔子》征文比赛，至今已有20多所学校（占全澳中学总数一半多）的1400多名同学参加了征文比赛，对普及中华文化、让青年人加深对中华文化的理解有非常重要的作用。中央政府应借用民间社团组织的力量积极推动中华文化在澳门的普及，尤其是对青少年的普及，这样才能促进澳门的国家认同和中华文化认同的提升。

关于族群认同的整合问题。目前澳门随着新的产业发展和移民、外雇人员的不断增多，澳门的族群结构还在不断地调整过程中。澳门是一个人口仅有50多万人的城市，人口结构中不同族群背景的人数的增加只要数千上万就将导致澳门的族群结构发生改变。如上所述，近年来菲律宾等亚裔人大量进入，而目前澳门政府在开放内地家庭劳务等比对其他亚洲国家仍然有更严格的限制，导致内地人员到澳门进行家庭务工的人数远远少于外籍人员，外来家务工人还将大量涌入澳门。这样，澳门不同族群社会中并没有产生明显的融合，甚至很难产生融合，因为不同的新移民到达澳门首先还是在自己的圈子获得生存的依靠，由于文化背景的不同甚至完全不可能产生包括婚姻在内的社会关系上的融合。笔者在澳门研究时曾经和一些澳门工作的菲律宾人进行过交谈，他们自己感觉到很难在工作关系外和非菲律宾人群体的人进行交流，他们更多的是在菲律宾人群体中建立社会关系，或者和西方教会建立关系寻找感情和社会生活的依托和支持。目前在澳门的族群中势力较大的包括华人族群、土生葡人社会等族群，都保持着对自己的社会网络、经济利益和族群认同。

未来几年中澳门博彩、会展、旅游业还将雇佣数万名管理人员，这些管理人员中很多都还将来自菲律宾、马来西亚等亚洲国家。澳门的族群结构将会进一步发生变化。因此在澳门目前族群不存在融合的趋势，不同族群共存并且扩大化仍然是主要的格局。澳门大学澳门研究中心主任杨允中教授在和笔者交谈中指出，随着近年来菲律宾、马来西亚等亚洲人口的增多以及西方人的大量涌入，他们在澳门工作并且定居，甚至传宗接代而本地化，使得澳门的族群整合问题日益突出，这个问题解决不好将会使澳门变成族群分裂的社会。在上面已经论述到，由于各种族群利益诉求和社会生存、情感归属的需要，不同族群的认同在当代澳门社会中是强化了的。因此如何促进不同族群的社会整合，尤其是文化认同的整合，将直接影响到澳门的社会和谐与稳定。族群认同整合的关键在于不同族群的互相理解和尊重以及对澳门的发展的关注、建立对澳门的归属意识，进而建立起对中国的文化意义上的认同。防止族群间的文化对立和社会对立、不同族群认同的对立而形成澳门社会的对立和与国家的对立。虽然在澳门这样一个有多元文化社会基础的地方，新移民不会很快形成文化上与其他族群的对立，但从长远来看，如果没有共同的文化认同，那么文化的分裂状态是肯定会出现的。因此在当代必须加强不同族群之间的文化交流与理解，扩大不同族群之间在了解、理解、尊重基础之上的文化认同。要减少不同族群之间在文化上的封闭状态，求得文化上的互相了解与理解，建立文化上的尊重，进而增进文化上的交流、融合，构建更多的共同价值观与共同文化，扩大澳门不同族群之上的文化认同，这将有利于澳门的社会和谐与长期稳定。这一点从中央政府、地方政府到民间都强化意识，采取积极的措施。

5. 结语

澳门回归以后，随着经济发展和社会稳定，与祖国大陆的政治、经济、社会、文化交流不断增加，澳门人的地方认同与国家认同意识不断强化，国家文化的影响不断扩大，显示了澳门人对澳门和国家的信心和归属感，这一切表明澳门正在加快从法律框架上的回归到文化意义回归进程，有利于澳门的国家文化的整合。

但与此同时，在澳门回归后由于澳门移民所带来的族群社会结构变化以及澳门对国际社会和国际经济环境的融入不断加深，澳门以对外资开放博彩业导致的经济结构的调整，澳门的文化认同也出现了如前所述的两极化现象，使澳门的文化认同面临着新的一轮整合问题。这主要表现在澳门的地方认同不断被强化，引发了与国家认同的博弈；澳门不同族群认同在当代环境中被强化；中西方文化等各种文化势力的激烈竞争所带来的对澳门文化认同的冲击。澳门的文化认同也在这种状态下处在一种裂变过程中，文化认同更加多极化，并且受到西方文化更为强烈的挑战。这一切直接影响到国家文化在澳门的主体地位，进而影响到澳门从法律框架下的回归到文化意义上的回归这一个国家整合的深层次进程。

澳门有文化多元、不同文化和谐共处的价值核心，同时也有多元文化的现实基础与事实，是澳门稳定重要的文化基础。尽管澳门基于族群、宗教之上的文化及族群很难以实现融合，各种文化也不能完全认同，但不同文化相互尊重、和谐共处，是澳门处理文化多样性的重要经验，维持多元文化状态有利于澳门的长期稳定与繁荣。澳门的多元文化也表明，多种文化共处是社会和谐的基础，对我们认识当代世界文化的格局有较大的启示。但在另一方面，澳门文化的包容性既表明了澳门文化的宽容和弹性，同时也表明了澳门的文化防线是模糊的，在当代激烈的全球文化竞争中受到冲击的可能性和容易性。

澳门以多元文化为价值取向的文化认同是对中国文化认同的主体层次之下的地方认同。这种认同的存在，造成了人们对于澳门存在不同的文化现象的理解和宽容，同时对新的文化现象的产生以及更多新的文化进入澳门将持有宽容的态度，有利于社会和谐，但是也使不同的文化容易进入澳门，对澳门产生影响，动摇澳门原有的文化根基。由于澳门人生活在多元文化的社会环境中，人们往往可能持有不同的文化认同，对文化认同的构建和选择会有更多的不确定性，因此随着族群结构的调整可能会使澳门统一的文化认同，尤其是国家认同显得更为困难。

澳门回归以后，中华文化及当代的国家文化影响在扩大，同时澳门在融入全球经济的过程中以及对外交往过程中，西方文化的影响也在不断地扩大，澳门文化竞争事实上是空前激烈的，包括教会的影响、美国资本赌场带来的西方文化影响、当代的自由经济观念、全球化影响等，尤其是博彩业、会展业的发展带来的文化冲击更是非常明显。西方的博彩企业和会展业所带来的价值观、经营管理理念、生活方式、文化甚至是其产业中的高科技内涵对澳门都有较大影响。青年人大量进入博彩业，在西方文化的影响下可能动摇一代人的中华文化传统根基。因此澳门博彩业为主要动力的新一轮经济增长，势必带来西方文化的更大影响、针对历史上西方教会带来的文化影响，这是一种新的文化影响形态，造成澳门新的文化竞争势态。

基于以上势态，澳门以中华文化及国家归属为核心的文化认同的构建仍然没有完全解决，仍然需要作出长期的努力。

从长远来看，如何强化国家文化的主体地位，将影响到国家的根基，尤其是青年人的认同的形成对澳门的长远发展有巨大的影响，否则在几十年以后一代青年人已不知道自己的文体根基，与国家主体一定会形成文化上的割裂，这就将影响到澳门长期的国家整进程，甚至稳定。由于族群文化多元，文化认同多元也是必然的，但要加强以中华文化为主体的国家文化建设，使中华文化成为多元文化的主体，在这个过程中强化对国家与中华文化的主体认同。

既然澳门存在文化竞争，那么国家应该积极参与这种文化竞争。这是由于澳门特殊的政治环境所决定的，处理澳门的文化问题必须用特殊的方法，与处理大陆的文化问题完全不能等同，不可能用简单的权力手段与行政手段强制推行某种文化价值与文化形态、文化体制等，只能在主权的基础上发挥优势，参与文化竞争，赢得文化竞争。一方面要加大与澳门的文化、社会、经济交流，扩大国家文化的影响力；另一方面应大力扶持澳门本地的社团开展中华文化的推广工作。总之，澳门的长治久安和繁荣有赖于经济的发展，也有赖于在地方文化认同的基础上构建起明确而牢固的国家文化认同。

（笔者在此要特别感谢在本项研究中给予了指教的澳门学者吴志良博士、杨允中教授、宋柏年教授、邓思平博士、李小平教授、霍志剑博士及在研究工作中给予了热诚帮助的澳门基金会李崇汾委员、黄棣乐处长、黄丽莎小姐、刘诗詠小姐）

2008年4月第一稿
2008年8月第二稿

（四）泰国北部傣泐人文化认同的变迁与重构

在历史上由于不同的原因，有很多中国少数民族迁移到东南亚国家定居下来，如傣族、苗族、瑶族、彝族、哈尼族等的先民，今天他们的状况如何仍然是一个值得关注的问题，尤其是在今天日愈开放的社会环境中，人们的社会、经济、文化交往趋于频繁。在泰国北部居住着大量在历史上不同时期从中国云南西双版纳地区迁徙来的傣泐人，他们是当地泰人中的一个支系。大多数傣泐人的先民迁移到这里已经有200年的历史。在长期的繁衍生息和社会变迁过程中，今天的傣泐人已经成为当地的土著族群。尽管如此，当地的傣泐人至今仍能保持对于自己的民族支系的文化认同，成为一种非常有意义的文化现象。在今天泰国所处的日愈开放的社会环境之中，这种认同感还在增强。那么是什么原因使人们还在维持着自己的文化认同，而这种支系的认同的主要构成内容是什么，人们是通过什么来维持自己文化认同，支系认同和泰国北部大的社会文化认同的结构是一种什么现实，都是值得人深入研究的问题，有利于我们理解泰国北部的社会状况，尤其是居住在泰国北部的与中国西双版纳有直接民族渊源关系的少数民族社会现状有非常重要的价值，同时也有助于我们理解当代的全球化过程中少数民族族群的文化发展趋势。

本文将以帕腰府景康县勐满傣泐人村作为田野研究的对象。

1. 村子的历史

勐满村（Ban Mang village, Yuan Sub-district, Chiang Kham, Phayao）靠近帕腰府景康县元镇中心。村民们的住房散落分布在茂密的树林中，自然环境非常好。住房有较大的差异，保留了很多古老的傣泐人建筑，但也有很多现代的别墅式建筑，这和经济条件的改善有关系。村中建有一座傣泐人古老的住房，这主要是供参观的。在旁边还有一座制作传统纺织品的作坊，有很多妇女正在纺织傣泐人传统的服装。这些传统服装不仅在本地销售，还有代理商销售到内地甚至是海外，为村民们带来收入的同时也保持了传统的纺织技艺。

据村民们代代相传的记忆，这一个村子是在150年前从中国云南省西双版纳勐腊县的勐满地方迁徙到这里，因此叫勐满村。今天勐满地名在云南仍然存在，但是人们已记不起过去具体的村子，人们仅仅是记住了自己的祖籍地，同时也在建立这个村子的时候沿用了祖籍地的名字。这个村子的先民来的时候不是村子中的少数人家，而是大多数人家都被同时迁移到这里。历史上移民的原因和其他地方的傣族基本一致，都是由于战争之后的封建领主重新配置居住地，从西双版纳大量迁移人口到今天的泰国北部居住，解决当地人口不足的问题，巩固自己的领土。人们在迁移来这里的时候，是由当时西双版纳勐满地区的头人带领而来的，因此当时迁移到这里的人包括了头人、头人的家属和村民。头人由此成为了今天人们的精神象征。在这个村子的先民搬迁到这里来之后，当地的头人划分了土地给农户，因此村民都自己的私有土地。在村子中人们建立起了寺庙，建起了住房和村子的公用设施，在150年的历史发展中，形成了今天这个村子的规模。在调研期间，我们访问过村子中的小学校，学校中自己编写的乡土教材中就有关于本村子历史的记载，并通过老师讲授，让学生知道自己的祖先来自于西双版纳。

从西双版纳迁移到这里的这个村子是傣泐人村，但是在最后的发展过程中，也有一些其它族群的人搬到村子里居住，包括了泰老人，在20世纪50年代以后还有一些汉族人搬到这个村子居住。因此这个村子的村民大部分是傣泐人，同时还有泰老人、汉人等。目前这个村子一共有500多户、近2，000人。其中汉族有五户人家，30人。

5户汉族的定居历史，有助于我们了解这个村子的文化融合状况。在这个村子周围的其他村子，还有40多户汉族人家。他们都是在20世纪50年代随国民党军队来到当地的。20世纪50年代后国民党军队败退到泰国北部，盘踞在一些山区，其中的一些人以做生意为名来到平坝地区。来到这里的这些汉族人就是一些跟随国民党军队来的人，他们来到这里最初是做些小生意，凭借做生意的机敏，不多年就有了可观的积累，在村子里购买土地，并且建房子居住下来，成为村子的村民。和我们见面的张秀兰婆婆今年72岁，1958年跟随国民党军队中做事的丈夫来到这里，开始的时候是在村子边做些小生意，最后开一家小餐馆，在积累一些钱以后便在村子里买了土地，盖了自己的房子定居下来。丈夫也经营一些生意。在90年代初期，张秀兰和一些村民到台湾打工长达四年之久，在工厂中为工人做饭，积攒起来一些钱，他们渐渐在村子中购买了耕地，成为当地的居民。他们有八个孩子，按照华人的传统，他们十分重视孩子的学习和教育，他们总是把孩子送到最好的学校中学习，并且力图让孩子接受更高的教育，其中大儿子送到台湾读大学。目前八个孩子中大多数都已经大学毕业，其中五个孩子在曼谷工作，分别在银行、公司等单位从事会计、经理等工作，都是属于比较体面、收入高的职业。因此张秀兰老人家目前的村子中也算得上生活比较富裕的人家，有一栋漂亮的房子。按照老人的观点，汉族人之所以能在这个地方定居下来，主要还是因为他们有比当地人更为精明的生意观念和能力，从做些小生意发展到今天拥有自己的土地和住房。第二个方面是汉族人比较注重教育，只要有可能就要把孩子送到好的学校受教育，然后送到外面工作，这种现象在汉族中非常普遍。在文化方面汉族人保留着自己的文化传统，各种传统节日包括春节、端午节、中秋节仍然是汉族人较为重视的节日，每年在过节的时候虽然说人口不多但是还是要认真过，邀请当地其他民族的亲朋好友前来参加。当然他们自己已经完全融入了当地的泰人社会，他们都能讲标准的当地语言，平时穿着当地人的服装，尊重当地的习俗，和当地人一样信仰佛教和传统宗教，按照当地的文化习俗的规范自己的行为，因此和当地人相处非常融洽。事实上当地的社会文化也非常包容，并没有把它当作外人，对他们的习俗也非常尊重。不同民族的人们在这个村子中相互尊重，是和睦相处的重要原因。

2. 文化习俗

文化是身份认同的重要标志。在帕腰地区虽然有很多不同的民族或者不同种类的泰人居住在一起，但是人们都保留着自己的身份认同。当地泰泐人的认同首先就是对自己泰泐人身份的认同，并通过一系列的文化现象来保持维持这种身份认同。

村子中的傣泐人使用和西双版纳一样的傣泐人语言，传统习俗和西双版纳的傣泐人基本一样。目前在文化身份方面，当地不同族群的人文化身份是非常清楚的，我们在调查时曾经到了当地的一个中学，我们询问一些中学生他们的族群身份，每一个学生都明确地知道自己属于哪一种族群，傣泐族群的学生都能讲傣泐语言。

和其他泰人族群相比较，傣泐人保持着很多自己的文化习俗。除语言文字，还还包括了住房形式、饮食习俗、宗教信仰等。今天在当地仍然有很多传统习俗可以看到，典型的有以下几个方面：一是当地傣泐人的传统住房风格。在村子里面还保存了很多传统风格的住房，这些住房大多数使用木材建成，有的住房居住已经有100多年的历史。在当地一些村子的寺庙中还保留着最古老的住房，作为村子中的博物馆供人们参观。

二是傣泐人妇女的裙子有傣泐人的文化标记，在当地人们只要看裙子的花纹就可以知道是傣泐人。今天傣泐人的传统纺织业仍然在很多村子中保留着，生产的产品不仅供本地人使用，也可以卖到外地。傣泐人的传统纺织业被认为是傣泐人文化传统的重要内容加以发展，今天的当地妇女仍然普遍使用有傣泐图案的裙子，尤其是在过年过节的时候当地人都会穿传统的民族服饰参加各种节日活动。

三是当地傣泐人的饮食习俗也和其他族群有一些差别。例如傣泐人食用一些特别的植物，这些植物当地的其它族群的人并不喜欢吃，因此这些植物便成了傣泐人的文化标志之一。大多数植物和西双版纳相同，包括名称也是一样的。在调查时笔者来自西双版纳的成员能够辨别其中的大部分植物种类。一位热心于傣泐人文化保护和传承的当地中学教师在中学的空地上种植了很多这些相关的植物，让学校中的傣泐人学生参观、品尝，让他们保持对傣泐人文化的认识。此外在饮食方法上也有很多和当地其它族群不同的地方，例如在食用蔬菜的时候人们和西双版纳傣族一样喜欢将蔬菜用水煮熟，制作各种酱作为佐料拈着吃，也就是傣族人称的"喃咪酱"。此外当地人也有吃生牛肉的习俗，也吃米线。在过年的时候包年糕（傣族人称为"毫罗梭"），这些饮食习俗其他族群的泰人是不喜爱的。

四是节日。傣族新年在西双版称为泼水节。过新年的第一天，人们要杀猪杀牛、制作米线、包年糕"毫罗梭"等，准备各种节日食物。在当天晚上人们会聚在一起进晚餐。第二天的重要内容是到寺庙中赕佛、听和尚诵经。同时还要在寺庙周围堆沙塔，这是一种佛教习俗。第三天的主要内容是祭祀村寨神，希望获得村寨神的保佑，在新的一年中风调雨顺、五谷丰登、人畜平安。第四天的主要内容是泼水，人们首先会用鲜花、树枝互相洒水表示祝福。随后年轻人也会泼水狂欢。

由于村子中有一些其他族群的人居住，因此也有一些其它族群的文化存在，这些文化之间的关系显得非常有意义。例如目前居住在村子中的汉族人家保持了自己的一些文化传统，包括在家庭中讲汉语，保持着华人的生活习惯，每年过春节的时候也杀猪杀鸡庆贺，按照汉族的习俗过春节。结婚的时候也是完全按照汉族的传统进行的，向我们介绍情况的张秀兰老人说，她的孩子在结婚的时候一般都要摆100多桌酒席，请其他村寨的汉族人家、村子里的亲戚朋友以及有声望的人前来参加，由于当地村子中主要是傣族，因此它们的厨师都是从曼谷请来的，目的就是要保持汉族的传统饮食习俗。但是在日常生活中他们也完全尊重并且跟随村子中傣族人的习俗，包括宗教习俗、饮食习俗、社会风俗习惯等，力图和当地人融为一体。村子里的汉族人文化习俗方面尽量跟随村子里傣泐人，除了自己的家庭生活中保持自己的文化习俗，在社会生活中基本和村子里的傣泐人文化习俗一致。村子里的傣泐人尽管尊重汉族人的文化习俗，但是并不学习或者模仿汉族人的文化习俗。因此除了保持华人的生活习俗以外，一般人是看不出他们和村子的其他人有什么区别的。他们和村子中的其他村民相处得非常融洽，没有矛盾和心理上的隔阂。但是当地的汉族在娶了村子中的傣族人为妻子以后，他们在家庭生活中往往会跟随汉族的习俗生活，学汉族的语言。我们在调查的时候遇到一个嫁给汉族人家的傣族妇女，她能够讲流利的普通话。

近年来还有一些西方人和本村的女子结婚，在村中建房，往返于本地和男方的国家居住。在村子中目前外来的人有100多人。这个村子目前还有一些其他族群的人居住者，除了汉族以外人数较多的是泰老人，他们在家中也保持着自己的一些传统习俗。但是由于这个村子是傣泐人建立的，因此傣泐人的文化是这个村子的主体文化。尽管近年迁来了一些其他地区的人，但是人们的风俗习惯完全遵照傣泐人的文化。因此在这个村子的文化现象是，不同的族群居住在一起，在家庭生活中他们可能尽量保持一些自己的族群传统文化，但是在社会生活中则完全融入傣泐人的文化氛围中，遵从傣泐人的文化生活，讲傣泐人的语言、过傣泐人的节日，穿傣泐人的服装，尤其是宗教生活，人们共同信仰佛教，崇拜村子的神灵，这一切使人们有了统一的村寨认同。在村子中，一个典型的和西双版纳傣族人相同的文化现象是在结婚以后新郎到女方家居住一段时间才看情况自立门户，这种传统一直保存到现在，但是在村子中的汉族人家结婚则是新娘到男方家居住。因此村子中的汉族人说傣族人结婚是上门、汉族人结婚是讨媳妇。这些习俗的差别也得到了村民们的认可，村子中的傣族人和汉族人结婚的时候，傣族人也会尊重汉族人的习俗。一个非常有意思的现象是，汉族男子结婚的时候可以讨媳妇，女子结婚的时候也可以按傣族的习俗将男方招上门。由于人们彼此尊重不同族群的文化习俗，尤其是人数较少的族群遵从傣泐人的文化传统，因此尽管这个村子是多族群构成的，但是人们的文化关系很融洽，并没有冲突。

村中的很多青年人目前都在外地打工，包括在台湾和新加坡。这也导致了很多青年人更多地接受了外来的文化，而对本民族的文化并不是非常了解，甚至对本民族文化传承并不看重。我们调查时遇到了村民皮塔亚先生，他曾经在曼谷的银行工作，能够讲一口流利英语，并且对于在全球化文化环境中民族文化的状况有自己的看法，让我们另眼相看。他认为目前在全球化的环境中要保持自己民族文化非常困难，尤其傣泐人在当地是一个少数民族，要保持自己民族文化没有太多意义，而应该更多地融入到兰那文化、甚至是曼谷文化中间去，这样才能获得更多的发展机会，现实地来看就是会有更多的工作机会和经济发展机会。如果不这样那么一个村子在当代的发展中就可能落后，会丧失很多发展的机会。因此他认为只要保持族群的认同就可，但是在文化上没有必要更多地强调保持传统，他甚至认为在10年或者20年以后傣泐人的文化在村子中只会成为一种记忆。但是与我们座谈的很多村子的老人们都认为必须要保持自己的文化，忘记了自己的传统和历史，就会和其他的泰人没有区别，就会变得更落后。傣泐人在历史上就是因为100多年来完整地保持了自己的传统文化，才使得村寨的人们团结和谐，繁衍生息、发展到今天。因此人们认为傣泐人的族群文化永远也不能丧失，丧失了自己的文化最严重的后果是造成人们的不团结，丧失了生存的根基。

事实上在当地傣泐人社会中人们还是非常注重保持传统文化的，很多村子中都有小型的博物馆。在这一个村子中的寺庙侧面有一所小博物馆，收藏并展示了村子里的各种文物，包括宗教活动中所使用的各种装饰物、用品、雕刻品，以及各种生产工具、生活用具等，有数百件之多，总之人们能够收集到的过去生产生活以及宗教活动的用具用品都被集中在这里保存。村子里的小学也会组织学生来参观。此外人们的宗教生活和节庆活动也使得民族文化传统得到传承。

3. 经济生活

当地傣泐人的传统生计是水稻种植。这里可以种植双季稻，但是人们大多数情况下只种植一季。过去村民都是农民，都下地种田。但是近年来人们已基本不下田耕种，土地都是出租给外地人耕种，或者是由在外面打工的亲属寄钱回来请人耕种。耕地出租给别人耕种有几种方式：一种方式是分配收获的稻谷，租种田的人得三分之二，土地的主人得三分之一。另一种方式是请人来耕种，每天每人150~200泰铢。来租借土地耕种的人以及打工的人，大多数从山区来的其他少数民族以及来自于缅甸、老挝的农民。这样拥有土地的村民有稳定的粮食和一定的经济收入。在过去有些外地人前来购买土地，是因为当时的价格比较便宜，但是目前土地的价格已非常高，1莱（当地的计价单位，大约等于3亩）土地需要100多万泰铢。

村中很多青年人都在外地打工，村子中的老人基本上是靠外地打工的亲属寄钱回来供养的，老人们基本不再干农活，一些老人晚间参加集体体育锻炼，平日里看管小孩子、参加各种宗教活动，日子过得非常悠闲。

这个村子由于靠近当地的城镇中心地区，因此城镇化现象也很明显。由于在城镇地区都有了全国统一的商业网络，尤其是超级市场，使得当地人的传统生计越来越困难，比如超市的出现和全国统一的商业服务的普及，使得当地人在耕种土地之外的经营变得十分困难，没有竞争力。传统的饮食业、出售蔬菜和日用百货等小生意都被连锁超市所排挤。由于每家每户都有汽车，人们都会到超市中去购买日用品和食物，超市中的快餐店也非常受当地人欢迎。这样，传统基于农业之上的生计方式受到了城市化发展的较大影响。

4. 宗教信仰和文化认同

村民们都信仰南传上座部佛教，村中有一所佛教寺庙，相应的宗教习俗和其他泰人村子基本一致，甚至和泰国中部的佛教一致。但是当地泰人的信仰体系中佛教的信仰与自然神灵的信仰同时存在，这是傣泰民族传统信仰的一个重要特点。因此自然神灵崇拜是当地傣泐人最具有代表性的宗教信仰活动之一，它不仅是一种崇拜，同时既有非常丰富的历史和文化内涵。

勐满村的神灵崇拜有四个层次。一是祭祀勐腊神。这个祭祀活动是最大的活动，但不是这个村独有的，是整个地区从勐腊县迁到这里的村子共有的。由于这里的很多村子是在过去由中国西双版纳的勐腊地区（今勐腊县）迁到此地的，因此为祖籍地的神也就成为了当地重要的崇拜神，以此来表达对祖先的崇敬与记忆。祭祀勐腊祖宗神每三年一次，称为祭"召勐腊"，"召"是傣语王意思，"召勐腊"即勐腊王。祭祀的时间根据佛历决定，在祭祀的时候，所有从勐腊搬迁到这里的傣泐人后代都要参加，当地其它的泰人也有代表参加，因此十分隆重。

二是勐满神。由于这个村子是从西双版纳勐腊地区勐满迁到这里的，因此要祭祀勐满的祖宗神，每年一次，时间在每年佛历的8月6日，全村子的人都要参加。在村子中有一个勐满神的小庙，周围围起来一个300平米左右的院子。勐满神的小庙中供着勐满神的神像，是一个骑着马，手持长刀的武士。他就是带领着人们从西双版纳勐满迁徙到这里来的祖先。过去的小庙是用木头建成的，几年前已经重新修建成水泥结构。

三是村寨神。村寨神的祭祀每年进行一次，祭祀的对象是建立村寨时神灵，事实上就是建立这个村子的祖宗。在村子中建有村寨神的小庙，是一所水泥结构的房子，里面面对面供着两座村寨神的神像。祭祀村寨神的时候，要在村寨神的祭祀地方杀一头黑色的猪，并且在祭祀的地方插上白色的菊花。祭祀的地方只有男人进去，女人不能进去。此外在祭祀村寨神的时候其他村子的人不能进入，以此保持本村村民的身份。对村寨神的祭祀是人们村寨认同的重要基础。在当地老百姓中有这样的说法：拜哪个村子的神就是哪一个村人，在一个村子里面无论是哪一种族群背景，只要他崇拜这个村子的神，他就是这个村子的人。因此对村寨的认同是依据崇拜村社的神来确定的，村寨神成为人们维持村寨认同的重要标志。在祭祀活动的当天，全村人都要参加。在祭祀活动结束以后全村子的人一起吃饭。

四是家神灵。家神是家庭祖先的神灵，一般没有具体的祭祀物体，每到过节的时候在住房的一个角落供上一些食物。

和西双版纳不同的是在西双版纳目前仍普遍存在"寨心"，即表示一个村子中心的标志，它和人们的自然崇拜结合在一起，在一个村子建立的时候就要建立寨心，同时人们也对它进行祭祀。这一习俗是傣族最重要的习俗之一。按照西双版纳的传统，寨心是一个村子中人们灵魂的归属，当一个人出生以后父母就会去寨心处进行祭祀，将孩子的灵魂交给寨心。在随后的岁月中，村民们如果有较长的时间要离开村子，就必须到在寨心祭祀，有告假的意思。返回村子的时候也要进行祭祀，表示自己的灵魂再次回到村子。在人死之后，也要进行祭祀表示这个人已经不再存在，也不能让他的灵魂再次回到村子。中国一些傣族地区，村子中有多少村民就要在在寨心放多少个人形木偶。这个古老而重要的传统在勐满村曾经存在，但今天已经淡化，仅仅有一个寨心存在过的地方，但是人们已经不祭祀。寨心存在的地方，今天位于村子中的一条公路旁，已没有任何特别的标记，甚至被民房的围墙挡住。为什么这一个古老的传统在今天已被人们逐渐放弃？根村民说这种现象与今天村子里的青年人大量外出工作、人们的社会关系变化、甚至疏远有直接的关系，因为寨心最的核心的内涵反映的就是人们密切的村寨社会关系。尽管人们的社会关系和生活方式导致这一古老传统的淡化，但是人们对表达族群认同的祖籍地祭祀，也就是今天仍然存在的勐神、村寨神祭祀仍然保持着，这表明人们对族群的认同仍然有较强烈的意识，对族群认同的重视高于人们灵魂对一个村寨社会关系的归属。这种现象也反映了社会的变迁，人们今天已经不完全依赖于村子去生存，和村子的传统制度（即包括了人们经济关系、社会关系、宗教关系在内的传统的村社制度）相比较，今年人们对于村子的依附关系已经较少，在更大的社会环境中获取生存资源的可能性远远大于传统的村社，是导致这一个古老传统丧失的重要原因。

今天人们仍然保持着很多自然崇拜。例如在每年稻谷收获之后要祭祀新米，即稻神。祭祀的时间是傣历的3月15日，由于傣历和阳历不一致，2008年是12月23日。祭祀的时候在当日早晨，每家每户都会拿一些当年的新米到寺庙旁边的稻米神坛处参加祭祀活动，祈求新的一年获得好的收成。今天这一祭祀活动在很多地方已经和佛教融为一体，由和尚主持祭祀。

在村子有一棵古老的大树木头放在勐满神庙中，这颗大树木头长40公尺、直径超过1了公尺，上面建了一座没有围墙的房子。人们对这棵大树经常进行祭祀，在上面挂了很多纺织的条幔、鲜花。据说这棵大树是在很久以前在村子边的河中发现的,人们认为它有灵性,因此把它打捞起来放在这里,这样的大树木在邻近的村子中还有一棵。这一现象是村民们崇拜自然的典型反映。

目前很多物质层面的文化都已经渐渐淡化,维持人们的族群认同最重要的因素是对祖先神灵的崇拜,并且保持着丰富的相关仪式,使得族群认同能够在现实生活中通过这些仪式表达出现。人们每年都要进行不同的神灵祭祀活动,这些祭祀活动最重要的内涵是历史内涵,它一方面表达了对祖宗的尊重、崇拜,另一方面使人们的祖籍认同不断得到延续和强化,使后代的人们不忘记自己祖先的丰功伟绩,更不忘记自己从什么地方来到这里。通过这种祭祀活动,使人们的民族认同和文化认同得到延续,在这一活动中相关的各种宗教用品、祭祀的程序、内容、禁忌等文化不断得到再现,成为一种传承传统文化的重要途径。在现实生活中更重要的作用是能够增强人们的团结,不忘记自己是同一个祖宗的后代,因而在现实生活中互相帮助,共同获得生计。不论今天的现实生活发生了什么样的变化,但在这一点上人们观念上的认同感仍保持着。

5. 结论

通过上面的论述和分析我们可以看到,居住在泰国的傣泐人尽管经历了长期的历史变迁,但是仍然保持着自己的文化认同。由于处在特殊的社会环境之中,他们的文化认同和自己的迁徙历史以及本民族原有的文化有直接的关系。当地傣泐人文化认同的结构也反映了民族的历史和社会现状。其文化认同结构主要表现在以下几个层次:

一是身份认同。尽管经历了200年的社会变迁,傣泐人已经成了一个当地的族群,但是人们始终保持着自己的身份认同,使自己在文化身份和当地其他民族以及泰人的支系有明确的差别。人们都认同自己自己的傣泐人身份。当地人自称"泰"(Tai),而傣泐人仍然自称"傣"(Dai)。

二是对祖先以及祖籍地的认同。人们在历史上搬迁到当地已经有200年左右的历史,但是人们仍然非常明确地保持着对于自己祖先、祖籍地以及祖籍地文化的记忆和认同。这种认同反映在村民们对于祖先的祭祀及对一代一代青少年的教育过程之中。人们至今仍然非常明确地认同自己是来自于中国云南的西双版纳地区,对于祖先的崇拜和祭祀又可以分为对于祖藉地王者的记忆和崇拜,以及对本村子开拓者的记忆和崇拜。尽管今年村子中绝大多数人都没有去过西双版纳,但是他们都知道自己的祖先是来自西双版纳的。

三是对本民族文化的文化认同。人们不仅保存的对自己的身份的人同,对于自己的祖先和祖藉地的认同,同时保持自己本支系的文化认同。人们在日常生活中维持着一些重要的反映本支系文化的文化符号,包括语言、宗教、服装上的图案、饮食习俗,歌舞等。对于这些文化的认同也是维持文化身份的重要内容。

近年来随着全球化的加速、社会的开发以及经济环境变化,泰国社会也处在一个较大的变革之中。当地傣泐人所处的这种开放环境也深深地影响到了自己的文化,使传统文化受到了较大的影响甚至被改变,但是在这个过程中傣泐人的文化认同不是被弱化了,而是更加强化,这是一个大的现实。人们的文化认同并没有随着社会的开放和很多本民族文化的消失被弱化,相反得到了增强。这其中的原因在于人们希望通过维持自己的文化认同去争取在一个激烈变化的社会环境中的文化生存空间,获得本民族文化、甚至是自己的作为一个民族的支系的亚文化的传承。因此今天泰国北部由多种族群构成的社会中,文化认同也典型地分化为几个不同的层次:第一个层次是对泰国国家文化的认同,人们越来越深地在文化上融入到国家文化之中。第二个层次是对当地社会的文化认同,在泰国北部传统上存在对兰那文化的认同,包括使用兰那语言,认同自己是一个泰国北部的人。第三个层次是对本民族及民族支系的文化认同,也就是本文所分析的以傣泐人支系为例的支系文化认同。这三个层次构成了泰国北部文化认同的现实和趋势[①]。因此在当代全球化的背景下,一方面是全球文化在不断地融合,不同的民族文化都有一体化发展的趋势,但与此同时每一个民族的文化,尤其是作为民族和文化最基层构成的支系文化及其认同不仅不可能消亡,相反可能被强化。

---

① 相关的论述参阅郑晓云著《全球化背景下的中国及东南亚傣泰民族文化》,民族出版社2008年版。

主要参考书目

基辛（P. Keeing）：《当代文化人类学》上下册，台湾巨流出版公司 1980 年中译版。

［美］威廉·费尔丁·奥格本：《社会变迁——关于文化和先天的本质》，浙江人民出版社 1989 年版。

［美］怀特：《文化科学——人和文明的研究》，浙江人民出版社 1988 年版。

《文化与自我》，九歌译，江苏文艺出版社 1985 年版。

马德邻、吾淳、汪晓鲁：《宗教：一种文化现象》，上海人民出版社 1987 年版。

杨堃：《民族学概论》，中国社会科学出版社 1984 年版。

［日］富永健一：《社会结构与社会变迁》，1988 年版。

［以］S. N. 艾林斯塔德：《现代化：抗拒与变迁》，1988 年版。

庞朴：《文化的民族性与时代性》，中国和平出版社 1988 年版。

［美］露丝·本尼迪克特：《文化模式》，华夏出版社 1987 年版。

［美］小摩里斯·N. 李克特：《科学是一种文化过程》，三联书店，1979 年版。

陈华：《新疆》，新疆人民出版社 1986 年版。

李晓：《中国封建家礼》，陕西人民出版社 1986 年版。

［苏］B. B. 索柯洛夫：《文艺复兴时期哲学概论》，北京大学出版社 1983 年版。

《中国伊斯兰教研究文集》编写组编：《中国伊斯兰教研究文集》，宁夏人民出版社 1988 年版。

赤烈曲扎：《西藏风土志》，西藏人民出版社 1982 年版。

阮西湖：《加拿大民族志》，中国社会科学出版社 1986 年版。

［美］克莱德·克鲁克洪等：《文化与个人》，浙江人民出版社 1986 年版。

王治心：《中国宗教思想史大纲》，上海三联书店，1988 年版。

［美］W. 古德：《家庭》，社会科学文献出版社1987年版。

《中华近代文化史丛书》编委会编：《中国近代文化问题》，中华书局1989年版。

韩国磐：《魏晋南北朝史纲》，人民出版社1983年版。

李宗桂：《中国文化概论》，中山大学出版社1988年版。

费孝通等：《中华民族多元一体格局》，中央民族学院出版社1989年版。

刘仲宇：《中国道教文化透视》，学林出版社1990年版。

姚大中：《中国世界的全盛》，台湾三民书局1983年版。

周谷城：《中国通史》上下册，上海人民出版社1957年版。

翁独健主编：《中国民族史研究》，中央民族学院出版社1987年版。

［英］伯纳·路易：《历史上的阿拉伯人》，中国社会科学出版社1978年版。

中国社会科学院民族研究所世界民族研究室编：《外国民族问题与民族政策》，时事出版社1988年版。

赵锦元等：《走向现代化》，四川民族出版社1989年版。

［法］让·斯托策：《当代欧洲人的价值观》，社会科学文献出版社1988年版。

陈顾远：《中国婚姻史》，上海文艺出版社1987年版。

［美］J. 艾斯特斯：《各国社会进程》，华夏出版社1989年版。

［日］吉田茂：《激荡的百年史》，世界知识出版社1980年版。

［法］J. 谢和耐：《中国文化与基督教的冲撞》，辽宁人民出版社1989年版。

钟叔河：《走向世界》，中华书局1985年版。

《八十年代中西文化讨论文集》，中共中央党校科研办公室编。

阮西湖：《澳大利亚民族志》，青海人民出版社1987年版。

刘文龙：《墨西哥：文化碰撞的悲喜剧》，浙江人民出版社1990年版。

王树英：《印度文化与民俗》，四川人民出版社1989年版。

［美］E. T. 霍尔：《超越文化》，重庆出版社1990年5月版。

中国世界民族研究学会编：《世界民族研究》，世界知识出版社1984年4月版。

宋子良、王子主编：《科学社会史》，科学技术文献出版社1991年2月版。

［美］爱德华·麦·伯恩斯、菲利普·李·拉尔夫：《世界文明史》，商务印书馆1987年版。